JN035236

高山正也・植松貞夫　監修

現代図書館情報学シリーズ…10

三訂

情報資源組織演習

小西 和信・田窪 直規

［編著］

飯野 勝則・岡田 智佳子・蟹瀬 智弘
川村 敬一・小林 康隆・鴇田 拓哉
原田 智子・松井 純子・渡邊 隆弘

［著］

樹村房

監修者の言葉

　わが国に近代的な図書館学が紹介されたのは19世紀末頃と考えられるが，図書館学，図書館情報学が本格的に大学で教育・研究されるのは1950年に成立した図書館法による司書養成制度を受けての1951年からであった。それから数えても，既に半世紀以上の歴史を有する。この間，図書館を取り巻く社会，経済，行政，技術等の環境は大きく変化した。それに応じて，図書館法と図書館法施行規則は逐次改定されてきた。その結果，司書養成科目も1950年の図書館法施行規則以来数度にわたって改変を見ている。

　それは取りも直さず，わが国の健全な民主主義発展の社会的基盤である図書館において，出版物をはじめ，種々の情報資源へのアクセスを保証する最善のサービスを提供するためには，その時々の環境に合わせて図書館を運営し，指導できる有能な司書の存在が不可欠であるとの認識があるからに他ならない。

　2012（平成24）年度から改定・施行される省令科目は，1997年度から2011年度まで実施されてきた科目群を基礎とし，15年間の教育実績をふまえ，その間の図書館環境の変化を勘案し，修正・変更の上，改めたものである。この間に，インターネット利用の日常生活への浸透，電子メールやツイッター，ブログ等の普及，情報流通のグローバル化，電子出版やデジタル化の進展，公的サービス分野での市場化の普及などの変化が社会の各層におよび，結果として図書館活動を取り巻く環境や利用者の読書と情報利用行動等にも大きな構造的な変化をもたらした。この結果，従来からの就職市場の流動化や就業構造の変化等に伴い，司書資格取得者の図書館への就職率が大きく低下したことも率直に認めざるを得ない。

　このような変化や時代的要請を受けて，1997年版の省令科目の全面的な見直しが行われた結果，新たな科目構成と単位数による新省令科目が決定され，変化した図書館を取り巻く環境にも十分適応できるように，司書養成の内容が一新されることとなった。そこで，樹村房の「新・図書館学シリーズ」もその改定に合わせ内容を全面的に改編し，それに合わせて，「現代図書館情報学シリーズ」と改称して新発足することとなった。

「図書館学シリーズ」として発足し，今回「現代図書館情報学シリーズ」と改めた本教科書シリーズは，幸いにして，1981(昭和56)年の創刊以来，樹村房の教科書として抜群の好評を博し，実質的にわが国図書館学，図書館情報学の標準的教科書として版を重ねてきた実績をもつ。これもひとえに，本シリーズをご利用いただいた読者各位からのご意見やお励ましと，執筆者各位の熱意の賜物と考えている。

　監修にあたって心がけたのは，この「現代図書館情報学シリーズ」で司書資格を得た人たちが図書館で働き続ける限り，その職能観の基礎として準拠しうる図書館情報学観を習得してもらえる内容の教科書を作ろうということであった。すなわち，「図書館学は実学である」との理念のもとに，アカデミズムのもつ概念的内容とプロフェッショナリズムのもつ実証的技術論を融合することであった。そのこと自体がかなり大きな課題となるとも想定されたが極力，大学の学部課程での授業を想定し，その枠内に収まるように，その内容の広がりと深さを調整したつもりである。一方で，できる限り，新たな技術や構想等には配慮し，養成される司書が将来志向的な視野を維持できるよう努力したつもりでもある。これに加えて，有能な司書養成のために，樹村房の教科書シリーズでは各巻が単独著者による一定の思想や見方，考え方に偏重した執筆内容となることを防ぐべく，各巻ともに，複数著者による共同執筆の体制をとることで，特定の思想や価値観に偏重することなく，均衡ある著述内容となることをこのシリーズにおいても踏襲している。

　本シリーズにおける我々の目標は決して学術書として新規な理論の展開を図ることではない。司書養成現場における科目担当者と受講者の将来の図書館への理想と情熱が具体化できる教材を目指している。その意味で，本シリーズは単に司書資格取得を目指す学生諸君のみならず，現職の図書館職員の方々や，図書館情報学を大学(院)等で研究する人たちにも役立つ内容をもつことができたと自負している。読者各位からの建設的なご意見やご支援を心からお願い申し上げます。

　　2011年2月

　　　　　　　　　　　　　　　　　　　　　　　　　監　修　者

三訂の序

　本書は2013年に刊行した，新省令科目「情報資源組織演習」（必修）の教科書『情報資源組織演習』（本シリーズ第10巻）の三訂版である。2017年に，主として『日本十進分類法　新訂10版』への対応を図るために改訂版を刊行した。以来４年しか経過していないが，この間に従来から進行していた目録分野の大きな変化が，『日本目録規則2018年版：NCR2018』の発刊という形で一つの区切りを迎えたので，本書もこれに対応すべく再改訂を図ることとなった。

　本版では，複雑化している「情報資源組織」分野を概観し，全体を見通すことができるよう，新たに序章「情報資源組織とは何か」を設けた。また，Ⅰ部目録編の２章「目録作成作業の前に」・３章「目録作業の実際：図書」・４章「目録作業の実際：図書以外の資料」・５章「書誌ユーティリティにおける目録作成」と，Ⅲ部　応用編の10章「ネットワーク情報資源のメタデータ」・11章「索引・抄録作業」の各章については，新たな執筆者をむかえ，最初から稿を起こしていただいた。その他にも，Ⅱ部分類・件名編の６章から９章までは，大幅な書き換えではないものの，目録規則の改訂に連動する部分の変更や改訂版以降の同分野の変化および利用者から寄せられた要望等を踏まえ所要の改訂を施している。

　三訂版においても，初版以来の方針である，初学者でも理解できる丁寧な説明であること，情報資源組織の専門家ではない教員にも指導できる内容であること，大学レベルの水準を維持すること，「目録規則」「分類表」及び「件名標目表」が手元になくても演習授業が可能であることに心がけた。また，情報資源組織分野の基本知識と理論を整理した，シリーズの姉妹編『三訂情報資源組織論』との連携をより一層強化したので，ぜひ併用することをお勧めしたい。

　三訂版の最初の企画編集会議が持たれたのは昨年３月で，折しも新型コロナウイルスに対する緊急事態宣言が出される直前の時期であった。人類全体に襲いかかったこの災厄は，１年後の現在も猛威をふるっている。感染症を防ぐために，大学の授業形態もオンラインやオンデマンドを利用することが一般化し，対面型が望ましい演習科目においても遠隔授業が余儀なくされている。このよ

うな困難な状況の中で改訂作業が進められたため本教科書の刊行時期に遅れを生じたことは否めない。この教科書を待っていてくださる多くの皆様にご迷惑をお掛けしたことをお詫びいたしたい。

　しかし本教科書は，各章を担当した執筆者の強い熱意と情熱に支えられて，新しい目録規則に本格的に対応した演習教科書となった。この三訂版教科書も従来版同様，司書課程に学ぶ多くの学生の皆さんにご活用いただけるよう切望している。

　今回も教科書刊行までに多くの方々からご支援，ご協力をいただいた。特に，目録の新動向に精通された蟹瀬智弘氏には，3・4章の分担執筆のみならずⅠ部各章のチェックをお願いし，実質的なⅠ部の編者として寄与いただいた。ここに記して感謝の意を表したい。また，前版までと同様に，シリーズ全体の監修者である高山正也先生，植松貞夫先生のご指導・ご助言と，樹村房大塚栄一社長のご配慮，そして煩瑣な編集作業を黙々とこなして下さった石村早紀編集部員に心からの感謝を申し上げる。

　2021年6月16日

編集責任者　小西　和信
田窪　直規

改訂の序

　本書は2013年に刊行した，新省令科目「情報資源組織演習」（必修）の教科書『情報資源組織演習』（本シリーズ第10巻）の改訂版である。初版は幸い好評を得て，司書課程に学ぶ多くの学生諸君から活用いただいてきた。

　今回，初版刊行後それほど時日を経ていないにもかかわらず改訂する目的は，この教科書に関連する分野において大きな変化があったためである。

　具体的には，2014年12月に刊行された『日本十進分類法』の新訂10版への対応で，そのために7章「分類作業の実際(1)」および8章「分類作業の実際(2)」は全面改稿となっている。また，2章「目録作成の実際：図書」・3章「目録作成の実際：図書以外の資料」については，新たな変化への対応ではないが，よりわかりやすく正確な理解が得られるよう改訂が施された。ほかの各章においても，初版使用者から寄せられた意見要望等を踏まえて全体的な見直しを行い，小規模ながら改訂が行われている。ただし，本書の姉妹編である本シリーズ第9巻『情報資源組織論』の改訂版（『改訂 情報資源組織論』2016刊）で新たに扱われることになった「AACR2の後継目録規則とされるRDA」や「書誌情報・典拠情報のLOD化」および「BIBFRAME」などについては，改訂の対象とはしなかった。とはいえ，5章「書誌ユーティリティにおける目録作成」，10章「ネットワーク情報資源のメタデータ」，11章「索引・抄録作成法」などを中心に，図書館現場が置かれている最新の状況にも十分配慮した構成の演習教科書となっていると考えている。

　司書課程の教育現場で痛感することは，この科目の対象とする「記述目録法」と「主題組織法」のエッセンスをどのように学生諸君に伝えるかである。なぜなら，これらの領域の知識・技能は，司書になるならないにかかわらず，現代社会に生きる人間の「常識」となるべきだと考えるからである。少し牽強付会気味であるが，演習科目を学修した学生諸君の授業評価でも，「社会で役に立つ」知識・技能として認識されている。

　司書課程では，「情報資源組織論」を履修した後，この「情報資源組織演習」を受講するのが一般的である。この分野の知識・理論を前提としての演習だか

らである。しかし学生諸君の大半は，いざ演習を受ける段階になると「情報資源組織論」での学びをまったく忘れ去っているのが残念な事実である。その意味で，演習での実践を通じての知識・理論の定着を図る必要があるのである。ただ勘違いしてはならないことは，定着すべきなのは目録規則の条文や目録レコードの作成方法，あるいは分類法の記号そのものなどではない。そうした個別の知識や技能を支える「理論」そのものの方である。なぜこのような記述を行うか，どうしてこのような分類記号を付すのか，その背後にある「理論」をしっかり身に付けることが期待されているのである。そうでなければ，「社会で役に立つ」知識・技能になるはずがない。

　本教科書で心がけたのは，「情報資源組織論」での学修内容を振り返り，情報資源組織に関する「理論」を定着するために使用できることである。読者には，理論を重視し，本書との連携が図られている『改訂 情報資源組織論』（本シリーズ第9巻）との併用をお勧めしたい。

　初版に引き続き，「目録規則」や「分類表」，「件名標目表」などのツール類，あるいは書誌ユーティリティを使用できる環境がなくても演習授業を行えるようにという司書課程現場からの要望には配慮したつもりである。より充実した「情報資源組織演習」授業を進めるための伴侶として，本書の活用を希望したい。

　末尾ながら，今回もシリーズ全体の監修者である高山正也先生，植松貞夫先生のご指導ご助言と，樹村房大塚栄一社長，編集部石村早紀氏の細部まで行き届いたご教示ご配慮に深甚の感謝を申し上げたい。

　　2017年2月28日

編集責任者　小西　和信
田窪　直規

序　文
（初版の序）

　本書は，新省令科目「情報資源組織演習」（2単位）のテキストとして編纂されたものであり，「現代図書館情報学シリーズ」を構成する一冊である。この科目は，近年の情報通信技術の急速な進展に対応するために，旧科目「資料組織演習」を改訂したものである。今回の改訂により，従来からの資料組織法の分野（目録法・主題組織法）にネットワーク情報資源のメタデータ作成などの分野が加わった。

　本テキストで扱う内容は本シリーズ第9巻『情報資源組織論』の内容とおおよそ対応しており，本書は，同書で学んだ理論や知識をもとにして，具体的な事例による演習課題に取り組むことで，情報資源組織業務についての実践的な能力を養うことを目的としている。

　かつて，司書になるためには，情報資源組織（当時は「分類・目録」などと呼ばれていた）の知識と技術は必須のもので，これは司書科目の中でももっとも重視され，単位数の配分も多い「基幹科目」であった。司書になった者の多くは，分類・目録業務に携わったし，この業務は花形として位置づけられていた。しかし，図書館業務のコンピュータ化が進行するなかで，この業務の省力化が図られ，分類・目録業務はごく一部の担当者のものとなり，さらに公立図書館の場合，分類・目録業務自体がまったく行われなくなったところすら出現してきている。

　このような情勢の中で，情報資源組織——すなわち書誌データを作成したり（目録法），主題付与を行って検索に備える（主題組織法）などの業務——を行うことに意義を見い出すことができるであろうか。もちろん，答えは「意義がある」である。ネットワーク情報資源など近年爆発的に増大する情報資源を利活用するために，情報資源組織の分野はいっそうその重要性を増してきており，これにかかわる業務を行う立場になるならないにかかわらず，この分野の理論，知識および技術の習得なしには，情報資源の善き利用者にはなれないのである。この科目の意義を改めて強調しておきたい。

　本書は，本シリーズ第9巻『情報資源組織論』と併用されることを意識して

x

おり，編集方針も引き継いでいる。すなわち，初学者でもわかる説明を念頭に
置き，大学で使用される教科書として考え方や知識の背景を重視した点である。

　また，演習のテキストとして，実際に教室で使用される場面を想定し，①理
論，知識の解説，②演習問題というパターンで演習授業が進められるよう，本
書の内容を構造化した。

　目録作成，分類・件名付与の演習では，「目録規則」「分類表」「件名標目表」
などの実務のためのツール類が必須となる。しかし，これらのツール類すべて
を受講生分用意するのは大変であるし，受講生が直接触れることのできる目録
システムを用意するのも難しく，演習環境を整えるのには困難が伴う。そのた
め編者らは，ツール類やコンピュータ設備がなくとも演習ができる内容とする
ことを執筆者に要請した。幸いにしてこのことはほぼ実現され，「目録規則」
「分類表」「件名標目表」を別途用意しなくても演習が行える内容となった。な
お，目録システムの章は，実際の「NACSIS-CAT 目録システム（教育用）」と
の連動を意識して，このシステムの「教育用テキスト」の構成に準拠している。

　本シリーズ第9巻『情報資源組織論』との併用可能な構成や，ある程度ツー
ル類がなくとも解答できる演習問題など，本書は新機軸の演習テキストとして
世に問うものであるが，編者の力不足により，誤謬・過誤の少なからぬことを
危惧するものである。大方のご叱正，ご意見を賜りたい。

　末尾ながら，監修の高山正也先生，植松貞夫先生のご指導ご助言と，樹村房
大塚栄一社長，編集部石村早紀氏のご教示ご援助に深甚の感謝を申し上げたい。

　2013年9月26日

編集責任者　　小西　和信
　　　　　　　田窪　直規

三訂 情報資源組織演習

も　く　じ

【本書の執筆分担】

序章　小西和信＋田窪直規

1章　小西和信＋田窪直規

2章　岡田智佳子

3章　蟹瀬智弘

4章　鴇田拓哉＋渡邊隆弘＋蟹瀬智弘

5章　岡田智佳子

6章　川村敬一

7章　小林康隆

8章　川村敬一

9章　松井純子

10章　飯野勝則

11章　原田智子

序章 情報資源組織とは何か

　「情報資源組織（organization of information resources/organizing information resources）」とは，図書館で扱う「情報資源（information resources）」を利用者が容易に検索し入手することができるように組織することである。情報資源組織は，具体的には，「目録作業（cataloging）」や「分類作業（classification）」などの図書館業務等によってなされ，これらの作業で構築される「目録（catalog）」や「書架分類（shelf classification）」という“仕組み”によって利用者は情報資源を容易に検索・入手できるようになる。

　「情報資源」には，これまでは「資料」という語が当てられてきた。しかし，図書館で扱う資料には，図書や雑誌などの紙媒体のほか，マイクロ資料やCD，DVDなどの視聴覚資料も加わり，さらに扱う資料の範囲が電子資料やオンライン情報資源にまで拡大したことで，紙媒体の語感が強い「資料」に代わる語として「情報資源」という用語が使用されるようになった。しかしながら，本書では，目録演習で準拠する新しい『日本目録規則2018年版（Nippon Cataloging Rules 2018 edition：NCR2018）』において，図書館の扱う「情報資源」に「資料」の語を使用しているので，原則として「資料」の語を用いる。

　情報資源組織分野は，図書館が扱う情報資源自体の多様化に対応するために，大幅な変化を余儀なくされている。したがってその全体像をコンパクトに把握することは，現場で実務に携わっている図書館職員にとっても容易なことではない。ここでは，情報資源組織全体を俯瞰した概念図（次ページの序 - 1図）[1]を示し，それに基づいて説明することとする。

　まず，図書館の「情報資源組織」の方法は，大きく「資料データの組織法」と「資料自体の組織法」に分けることができる。「資料データの組織法」は，図書館の所有する資料を対象とした「目録法（cataloging）」，主にネットワー

1：この概念図は，あくまで便宜的なもので，全体像を理解するための補助的なものと考えられたい。

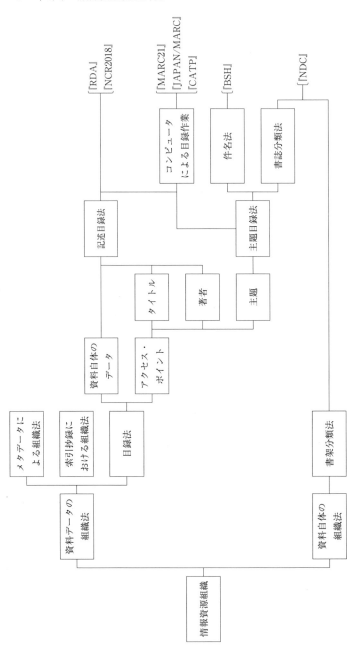

序-1図　情報資源組織の概観

▶なお，「メタデータによる組織法」「索引・抄録における組織法」は応用にあたることもあり，これらの詳細については図から省かれている。

ク情報資源を対象とした「メタデータによる組織法」，および主に雑誌記事や新聞記事などを対象とした「索引・抄録における組織法」などの組織法に分けることができる。

　「目録法」はさらに，「記述目録法（descriptive cataloging）」と「主題目録法（subject cataloging）」に分けられる。「記述目録法」は，「資料自体のデータ」を作成することと，資料への「アクセス・ポイント（access point）」[2]のうちタイトル・著者などからのアクセス[3]に関するものであり，「主題目録法」は，資料への「アクセス・ポイント」のうち主に主題からのアクセスに関するものである。なお「主題目録法」では，アクセス・ポイントの付与法として，資料の主題等を表す語（名辞）から資料の検索を可能とする「件名法」と，主題概念等を分類し，これを記号化したもの（いわゆる分類記号）から資料の検索を可能とする「書誌分類法（bibliographic(al) classification）」が使用される。

　大きく分けたもう一方の「資料自体の組織法」は，図書館利用者が資料自体を探し出しやすいように排架する仕組みであるが，これには通常，資料を主題ごとに分類し，その主題を表す記号の下に書架上に排架する方法が用いられ，このような方法を「書架分類法（shelf classification）」と呼ぶ。

　主に「記述目録法」のルールをまとめたものを「目録規則（cataloging rules）」という。これには，英語圏を中心として多くの国々で採用されている『RDA：Resource Description and Access（資源の記述とアクセス）』や日本の標準規則である NCR2018 などがある。

　目録規則等を利用して資料自体のデータ（「書誌データ（bibliographic data）」[4]や「目録データ」[5]などという）が作成されるのだが，この作業には近年はコンピュータを使用するのが一般的である。コンピュータを使用して目録デ

2：アクセス・ポイントは，資料を検索するための手がかり（となるデータ）のことである。　1章2節1項をも参照されたい。

3：アクセスは，「接近」の原義から，情報資源組織分野では，資料を検索し入手することを指す言葉として使用される。

4：資料のタイトル，著者，出版社，出版等のデータとアクセス・ポイントのデータをあわせたもの。

5：「書誌データ」に図書館における資料の所在位置を示す「所在記号」と呼ばれるものなどを加えたデータのこと。なお，「目録データ」という用語は説明の便宜上使用しているものなので注意されたい。

ータを効率的に作成する方法に，「集中目録作業（centralized cataloging）」[6]と
「分担目録作業（shared cataloging）」[7]がある。

　前者は，どこかの機関が目録データを集中的に作成し，それを各館で利用し
ようというものである。従来は，同じ資料のデータをその資料を所有する各館
で重複作成していたが，これによって重複作成がなくなり，一カ所で作成する
だけで済む[8]ので，効率化が図られる。このためなどにコンピュータを使用す
る目録データの作成作業を「機械可読目録作業（MAchine Readable
Cataloging：MARC）」という。一方，この作業に用いられるデータの形式を
「MARC フォーマット（MARC Format）」といい，現在事実上の世界標準と
されるのが「MARC21」というフォーマットである。日本では，MARC21に
準拠した国立国会図書館の「JAPAN/MARC」が代表的 MARC フォーマット
である。

　後者は，多くの図書館が協力・分担して目録データを作成することで，目録
作業の効率化を図ろうとするものである。これには，日本の場合，「国立情報
学研究所（National Institute of Informatics：NII）」の提供する目録システム
「ナクシス・キャット（NACSIS-CAT）」で用いられている「CATP フォーマ
ット（CATP Format）」が使用される。

　主題目録法のアクセス・ポイントには，上述のように件名法と書誌分類法が
使用されるのだが，前者によるアクセス・ポイントである「件名（subject）」[9]
を付与するために用いる語彙のリストを「件名標目表」といい，日本での代表
的な件名標目表としては，『基本件名標目表（Basic Subject Headings：
BSH）』[10]や国立国会図書館の『国立国会図書館件名標目表（National Diet
Library Subject Headings：NDLSH）』などをあげることができる。また，書

6：この語は近年では，コンピュータを使用した目録作業に使われるが，コンピュータ以前
　　の時代でも集中目録作業は存在した。これについて詳しくは，5章1節2項aを参照され
　　たい。
7：「共同目録作業（cooperative cataloging）」ともいう。詳しくは，5章1節2項bを
　　参照されたい。
8：数カ所で作成される場合もある
9：上述の「件名法」のくだりから分かるように，これは主題等を表す名辞のことである。
　　なお，「件名法」については「件名作業の概要」というタイトルのもと，9章で解説する。
10：最新版は「第4版」（1999年7月刊）。

誌分類法によるアクセス・ポイントとして使用する分類記号のリストを「分類表」といい，日本で最も流通している分類表は『日本十進分類法（Nippon Decimal Classification：NDC）』[11]である。

　本書では，1〜5章（Ⅰ部）が記述目録法を対象としており，6〜9章（Ⅱ部）が主題からのアクセス法，すなわち主題目録法と書架分類法を対象としている。応用編として，10章（Ⅲ部）で，メタデータによる組織法を，11章（Ⅲ部）で索引・抄録における組織法について触れている。

序章「情報資源組織とは何か」演習問題

1．図書館における「情報資源組織」には，どういうものがあるか，挙げなさい。
2．「情報資源組織」の意義を述べなさい。

11：最新版は「新訂10版」（2014年12月刊）。

I 部
目録編

1章 | 目録法

　序章に記したように，目録法は，記述目録法と主題目録法に分けられる。この章では，記述目録法の基本知識を整理し，2章以下の同目録法の演習の橋渡し役を果たすことを企図している。

1．目録とは：書誌との関係で

（1）目録・総合目録

　「目録（catalog）」は，基本的には，図書館のコレクションの中から求める資料を探し出す（検索する）ためのものである。これが対象とするコレクションは，一つの図書館のものとは限らない。複数の図書館のコレクションを対象とする目録もある。このような目録は「総合目録（union catalog）」と呼ばれている。例えば日本では，「国立情報学研究所（National Institute of Informatics：NII）」によって，千を超える大学図書館等のコレクションを横断的に検索できる「CiNii Books」[1]という巨大な総合目録が，ウェブ上で提供されている。

（2）書誌

　目録とよく似たものに「書誌（bibliography）」がある。これは，図書館が所蔵しているかどうかにかかわらず，資料を検索するためのものである。通常これは，主題分野や資料種別ごとに作成される。例えば，「経済学の書誌」や「点字資料の書誌」などが考えられる。ただし例外的に，分野や資料種別に関

1：「サイニィ・ブックス」と読む。
　　国立情報学研究所．"CiNii Books：大学図書館の本を探す"．国立情報学研究所．
　　https://ci.nii.ac.jp/books/，（参照 2021-02-26）．

係なく，ある国で出版された総ての資料を網羅することを目的とする，非常に大部な書誌もある。これは「全国書誌（National Bibliography）」と呼ばれ，原則として各国の国立図書館で編纂される。

　日本の場合，国立国会図書館が『日本全国書誌』（冊子体）を編纂していたが，2012年1月から国立国会図書館のウェブ・サイト「全国書誌提供サービス：NDL-Bib」に移行し，MARC形式のデータが提供されるようになり，さらにこれも2020年12月に終了し，2021年1月から，同館作成の全国書誌のデータは，「全国書誌データ提供サービス」というウェブ・サイト中の「国立国会図書館サーチ」，「国立国会図書館オンライン」および「JAPAN/MARCデータ（毎週更新）」から提供されている[2]。

（3）目録と書誌の違い

　目録と書誌は形式的に良く似ており，それゆえ両者は日常的には特に区別なく使用されることがある（例えば，厳密には書誌というべきものに対しても，「○○文献目録」というような名称がしばしば用いられる）。

　上で両者は形式的に良く似ていると記したが，もちろんこれらには違いもある。目録は図書館のコレクションを利用するためのものである。これを可能にするためには，検索された資料の排架位置を示す必要がある。これを示す情報が記されたものは「所在記号（location symbol/location number）」などと呼ばれ，目録にはこの記号が不可欠である。一方，書誌は所蔵とは関係がないので，これにはこのような記号は，例外を除いて付されない。

　目録と書誌の違いを具体レベルで理解するために，卒業論文（以下，卒論と略記する）を書く場合を例に，両者の基本的な使用方法について記す。卒論を書く際には，まず，卒論が対象とする分野の書誌を利用して，これを書くのに

2：国立国会図書館．"国立国会図書館サーチ（NDL Search）"．国会図書館．https://iss.
ndl.go.jp/，（参照 2021-02-26）.
　国立国会図書館．"国立国会図書館オンライン"．国会図書館．https://ndlonline.ndl.
go.jp/，（参照 2021-02-26）.
　「国立国会図書館サーチ」「国立国会図書館オンライン」，国立国会図書館．"JAPAN/
MARCデータ（毎週更新）"．国会図書館．https://www.ndl.go.jp/jp/data/data_
service/jnb_product.html，（参照 2021-02-26）.

必要な資料を検索する。その分野に適当な書誌がなければ，全国書誌を利用してもよい。卒論を書くのに必要な資料を検索できたら，書誌に記されているその資料の書誌データをメモして，これを用いて自身の大学図書館の目録を検索する。なお通常，目録はコンピュータ化されており，このような目録は「オンライン閲覧目録（Online Public Access Catalog：OPAC）」と呼ばれている。

さて，メモした資料のうち，目録（OPAC）で検索できた資料[3]は図書館から借りて利用する（もしくは館内閲覧してもよい）。検索できなかった資料は，図書館の「相互貸借（Inter-Library Loan：ILL）」の係に，ほかの図書館からの取り寄せを依頼する。これを依頼された図書館員は，上述の NII による総合目録である CiNii Books などを検索し，その資料の所蔵館を突き止め，所蔵館に相互貸借願いを送付する。

なお，本節では目録と書誌をとりあげたが，これらと似たものに「索引（index）」や「抄録（abstract）」と呼ばれるものもある。これらについては11章を参照されたい。

2．目録の構成要素と検索要求

（1）目録の役割と構成要素

目録の実体は，図書館が所蔵する資料のデータの総体であり，その役割は，これの検索機能により求める資料の所蔵の有無を示すことである。この役割を果たすために，目録を構成するデータ（以下，「目録データ」）にはタイトルや著者などの検索の手がかりとなる情報，すなわち「アクセス・ポイント（access point）」と呼ばれるものが付与される。また，検索結果として現れた資料がはたして求める資料かどうかを判断（識別・同定[4]）できねばならないので，これには資料の概要を示すデータも必要となる。アクセス・ポイントと資

3：ヒットして所蔵が確認できた資料。
4：利用者が検索したい資料のデータと目録で検索された資料のデータを照合し，両者が同一のものであるかどうかを判断すること。

料の概要データをあわせて「書誌データ（bibliographic data）」という[5]。また，書誌データのみでは，資料の所在が不明でその資料を利用できないので，目録データには資料の所在を示す所在記号などの「所蔵データ（holdings data）」も必要となる。

（2）検索要求と目録

　検索要求には二つあるとされる。一つは，求める資料が特定されており，その資料の有無を確認したいという検索要求である。このような検索要求に基づく検索を「既知（資料）検索」といい，これを実現するための機能を「識別機能」あるいは「ファインディング・リスト（finding list）機能」という。もう一つは，求める資料が特定されておらず，利用者の求める条件（例えば「ある著者が著したもの」「ある主題に関するもの」）に適合する資料を（網羅的に）検索したいという要求である。このような検索要求に基づく検索を「未知（資料）検索」といい，これを実現するための機能を「集中（collocation）機能」という。

　目録は，図書館における利用者の検索要求に対応するため，上記二つの機能を持たねばならない[6]。

3．目録法

（1）目録法と目録規則

　前述のように，目録は書誌データと所蔵データから構成されるが，これらのデータは，一定の規則に従って記録・記載される。両者のうち，基本的に書誌データ作成に関する規則を「目録規則（cataloging rules）」という。日本の標準的な目録規則は「日本目録規則（Nippon Cataloging Rules：NCR）」であり，

5：なお，これについては序章でも簡単に触れている。
6：書誌にも同様に，この二つの機能が求められる。また，書誌にも前段で述べた書誌データが記載されている（なお，まだ書誌データという用語を説明していなかった1節3項（の3段目）では，致し方なく「その資料の情報」と記している）。

日本では，ほとんどの図書館がこの目録規則に基づいて和書の目録を作成している。なお，所在記号に代表される所蔵データについては目録規則の範囲外であり，これの規則は通常各図書館がその図書館の実情に合わせて決めている。

　目録規則による書誌データや，各図書館の規則に基づく所蔵データの記録・記載の方法や考え方などの総体を「目録法（cataloging）」という。

　目録法に関しては，1990年代後半以降大きな変化が生じている。その変化の原因は，デジタル化・ネットワーク化の急速な進展によって情報や資料をめぐる情報環境が大きく変わり，目録法の枠組み自体を見直さなければならなくなった点に求められる。以下の2項と3項で，この点について述べる。

（2）目録の対象：「著作と版」という2層の把握から4層の把握へ

　従来，検索対象となる資料は「著作（work）」と「版（edition）」の2層でとらえられてきた。この場合の著作は知的・芸術的な創作物のことで，目に見えない仮想的な存在である。一般に，文学や音楽などの分野で「作品」と呼んでいるものである。その著作を図書や視聴覚資料などの"物"に具体化したもの（目に見えるようにしたもの）を版という。

　著作は何らかの「キャリア（carrier）／物理媒体」に固定されて「版」になると捉えることができ，同一著作はキャリアの異なりの数だけ複数の版を持つことになる。例えば，辞書などの場合，「普及版」「卓上版」，さらには「ポケット版」が出版されることがある。小説などの場合，「単行本」で出版された後，「文庫本」でも出版されることも多いが，両者も版の違いとされる。

　なお，版の違いには，キャリアが違うだけで，中身（以下，コンテンツ）に差がないもののほかにも，改訂版・増補版のようにコンテンツに差があるものも含まれ，版の違いごとに別個の目録データが作成される。

　上述したような情報環境の変化に伴い，資料を「版」と「著作」という2層で捉えることに疑問が呈せられるようになった。すなわち，単行本・文庫本や印刷版・電子版等のように中身に差がなくキャリアの違いによって生じる版と，初版・改訂版や原書・翻訳版等のようにコンテンツの違う版が増加し，その混在は利用者にとっても煩瑣なものになってきたのである。それゆえ，キャリアの違いによる版とコンテンツの違いによる版を別のものとし，2層ではなく3

層で捉える必要性が認識されるようになった。さらには，版はある出版物の全
体（1,000部出版されたものなら1,000部の全体）を意識した概念であるが，図
書館という場においては，出版物の１点１点をも意識する必要があるので，こ
のレベルをも対象とすべきということになり，結局，目録対象となる資料を４
層で捉える必要性が認識されるようになった[7]。

　このような状況を受けて，1997年に国際図書館連盟（International
Federation of Library Associations and Institutions：IFLA）は，『書誌レコ
ード[8]の機能要件（Functional Requirements for Bibliographic Records：
FRBR）』という報告書をまとめ，1998年に刊行した。この報告書において，
目録法が扱う資料や機能等を整理した「概念モデル（conceptual model）」（以
下，「FRBR モデル」という）が提案され，書誌データや「典拠データ
（authority data）[9]」の「要件」が示された。この要件とは，図書館目録や総合
目録に記述される書誌データに何が求められるかを「実体関連分析（Ｅ－Ｒ分
析）」という手法[10]を用いて分析し概念モデルとして示したもののことである。

　FRBR モデルは，前々段の状況を意識しており，ここでのべた４層で資料を
とらえてモデル化している。すなわち，抽象的な「著作（work）」－著作が表
現されコンテンツ化された「表現形（expression）」－表現形がキャリアに固定
され，出版物化された「体現形（manifestation）」－体現形の１点，１点であ
る「個別資料（item）」の４層である。なお，FRBR モデルの詳細については，

7：実は，以前から出版物の１点１点の情報も記録していたが，版に関する情報と１点１点
　の情報は明確には区別されていなかった。
8：タイトル中の「書誌レコード」は，ここでは「書誌データ」と同じと考えてよい。
9：目録には，識別機能と集中機能が必要であることを述べた。検索はアクセス・ポイント
　を通じてなされるが，これの集中機能を高めるために用意された，根拠を明確にしたデー
　タを典拠データといい（"情報の出所を明らかにした"という意味で，「典拠」という），
　このようなアクセス・ポイントを「統制形アクセス・ポイント（authorized access
　point）」という（これについては，３章５節頭を参照されたい）。例えば，典拠データで
　は，様々なペンネームを分野によって使い分けずに使用する著者の場合，代表する名前と，
　その著者が使用するすべてのペンネームがリストアップされる。このような典拠データに
　基づいて検索を行えば，さまざまな名称で現れる同一著者の著作が集中する。一方，典拠
　データがなければ，ある特定のペンネームの著作しか検索することができず，同一人物の
　著作が十分に集中しない。
10：データベース構築の際などに用いられる分析手法。

ここでは触れていないことも含めて2章1節1項bで述べる。

　FRBRモデルは，典拠データについては詳しく触れていなかったので，この後，姉妹編として『典拠データの機能要件（Functional Requirements for Authority Data：FRAD）』が2009年に，『主題典拠データの機能要件』（Functional Requirements for Subject Authority Data：FRSAD）』が2010年に，それぞれ刊行された。さらに2017年に，これら三つの概念モデルを統合した『IFLA図書館参照モデル（IFLA Library Reference Model：IFLA LRM)』が発表された。

　FRBRモデルという新しい概念モデルの登場により，目録法に関わる原則，規則がFRBRの枠組みを取り入れはじめた。2009年にIFLAは，各国・言語圏における目録規則の制定にあたっての指針となる『国際目録原則覚書（Statement of International Cataloguing Principles：ICP）』をFRBRに準拠する形で発表した。また，本書の演習で用いる『日本目録規則 2018年版（Nippon Cataloging Rules 2018 edition：NCR2018）』もこれに準拠している。ただし2010年に刊行され，英語圏をはじめ広く採用されている目録規則である『RDA：Resource Description and Access（資源の記述とアクセス）』は2020年12月にFRBR準拠からIFLA LRM準拠に移行した[11]。

（3）目録における資料種別の考え方の変化

　情報環境の変化は，従来の「資料種別（material designation）」の考え方にも影響を与えている。資料データの記し方の枠組みである「国際標準書誌記述（International Standard Bibliographical Description：ISBD）」は，「単行書」（「図書」のこと），「逐次刊行物」（「雑誌」のたぐいのこと），「地図」「電子資料」などの資料種別ごとに制定され，各国の目録規則もこれに基づき，資料種別ごとに当該資料種別のデータの記し方の規則を定めていた。

　しかしながら，情報環境の変化に伴い，「電子地図」のような従来の資料種別をまたぐ資料が現れ（これは「地図」であり，かつ「電子資料」でもある），

11：NCRは冊子体であるため，IFLA LRMが出されてもすぐにその対応版を刊行することは難しいが，RDAはウェブ上で提供されているため内容更新が容易で，IFLA LRMへの対応についても時間をおかずに進めることができる。

このような状況への対応が求められるようになった。従来の版はキャリアに基づくものとコンテンツに基づくものを一括して扱っていたことを記したが，従来の資料種別も両者を区別せず種別分けしていたので，問題が生じたといえる。

この問題を解決するために，資料種別をキャリアとコンテンツという二つの視点から捉えるという方法が考案された。例示すれば，「電子地図」なら，キャリア種別は「電子資料」，コンテンツ種別は「地図」というように捉えるということである。この考え方に基づき，資料種別ごとに制定されていた ISBD は，2011年に『ISBD 統合版（consolidated edition）』として一つにまとめられ，各資料はキャリアとコンテンツという視点から種別化されるようになり，NCR2018や RDA も資料種別をキャリアとコンテンツからとらえている[12]。

4．本書における目録法演習の範囲

本書の目録法演習では，日本の標準目録規則の最新版である『日本目録規則2018年版（NCR2018）』を用い，資料の目録作業に関する演習を行う（2〜4章）。ただし，5章の「書誌ユーティリティにおける目録作業」の演習では，NII が提供する NACSIS-CAT の教育用目録システムを利用するが，NACSIS-CAT が和資料に対する目録規則を NCR2018にアップデートしていないため，NCR 旧版（NCR1987年版改訂3版）を基にしている[13]。

NCR2018を用いた目録データの作成は，2021年度に国立国会図書館において適用が予定されているものの，本書執筆の時点（2020年）では日本の図書館でまだ実績がない。普段目にする OPAC のデータ等も，旧版の目録規則に拠っているので，混乱を来すこともあると思われるが，資料の目録を作成することの本質は普遍的なものなので，新しい用語に十分注意を払い，目録作業の根本を習得するよう望みたい。

12：ただし，ISBD や NCR2018，RDA は，キャリアとコンテンツという視点（枠組み）に基づきつつも，ここであげた例より少し込み入った形で，資料を種別化している。ISBD や RDA にはこれ以上触れないが，日本における現行の標準目録規則である NCR2018については，具体的にどう込み入った形で種別化しているかを2章2節3項で示す。
13：なお，本稿執筆時点（2021年1月）で，NACSIS-CAT が NCR2018準拠の方向を目指すことについての表明はされているが，具体的な予定等は公表されていない。

1章「目録法」演習問題

1．「目録」と「書誌」との違いを説明しなさい。

2．以下の各文のうち，本書で定義された「目録」に該当する記述には○を，そうでないものに×をつけなさい。

(1)ウェブ・サイトで，ある古典作品に関する網羅的な「目録」を見つけた。

(2)ある博物館の館蔵品の「目録」を検索する。

(3)武道の修業をし「目録」を授かった。

(4)ある大学の特別コレクションの「目録」を入手した。

(5)ある県の公立図書館全館を横断検索できる「目録」が提供された。

3．資料の検索要求の種類を示し，それぞれに該当する具体的な検索例を挙げなさい。

4．新しい目録法が必要となってきた資料に生じた変化について述べなさい。

2章 　目録作業の前に

1．NCR2018を用いた目録作業の前に

　本書3章および4章にて『日本目録規則 2018年版（Nippon Cataloging Rules 2018 edition：NCR2018)』に従った目録作業の実際についての解説を行う。本章では，これらの章に進む前に理解しておくべき諸事項について述べる。

（1）FRBR

a．NCR2018と FRBR
　NCR2018を用いた目録作業を理解するには，FRBR[1]の概念モデル（FRBR モデル）を理解する必要がある。FRBR モデルの特徴として，それまで曖昧であった書誌レコードに求められる要件を明確にしたことと，図書館（員）側だけではなく利用者側の観点からのモデルであることが挙げられる。FRBR モデル以降に改訂された国際原則や目録規則の多くは FRBR モデルの影響を受け，NCR2018も FRBR モデルを基盤としている。

b．FRBR モデル
　FRBR モデルを次ページの2-1図で示す。FRBR モデルでは，書誌[2]に求められる要件が，「実体（entity)」「属性（attribute)」「関連（relationship)」の3要素で整理されている。

1：これについては1章3節2項をも参照のこと。
2：1章1節2項の目録と対比させた書誌ではなく，資料についての記録（つまり「書を誌^{しる}した」もの）のこと。「書誌的宇宙（bibliographic universe)」と表現されることもある。

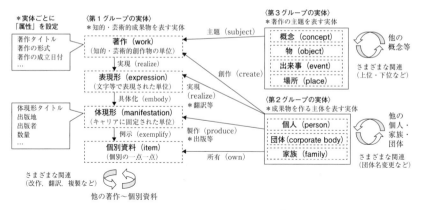

2-1図　FRBR の概念モデル[3]

❶実体　3要素のうち，メインとなるのが「実体」である。FRBR モデルでは，重要と思われる概念を三つのグループの計11個の「実体」[4]で表現する。

　「第1グループの実体（知的・芸術的成果物を表す実体)」[5]としては，「著作（work)」「表現形（expression)」「体現形（manifestation)」「個別資料（item)」の四つの実体が設定されている。「第2グループの実体（成果物に関わる主体を表す実体)」としては，「個人（person)」「家族（family)」「団体（corporate body)」の三つの実体が設定されている[6]。「第3グループの実体（著作の主題を表す実体)」としては，「概念（concept)」「物（object)」「出来事（event)」「場所（place)」の四つの実体が設定されている。

　このうち，目録作業において最も重要になるのは，第1グループの4実体であろう。NCR2018では，これら実体ごとに記述（データベースであればレコード等）を作成する[7]ため，確実な理解が求められる。そこで以下では，第1

3：渡邊隆弘．"2章 目録法"．情報資源組織論．田窪直規編．三訂，樹村房，2020，p.30.

4：以下で11個の実体について述べるが，2-1図の点線四角を参照しながら読み進められたい。

5：FRBR モデルでは，それ以前の目録規則等で常用されていた「目録対象資料」の語を用いなくなったが，第1グループの実体は，「目録対象資料」と同義であると考えられる。事実，NCR2018では，第1グループの実体の総称として，「資料」の語が用いられている。

6：著者等の典拠データにかかわる実体である。典拠データ（あるいは典拠コントロール）については，1章3節2項の脚注，または本節2項b❶の脚注を参照されたい。

7：記述作成法の詳細については3・4章で解説する。なお，「記述」とは特定の実体に関するデータのまとまりをいう。これについては2章2節1項aを参照されたい。

グループの実体について詳述する。ただし，第２グループの実体についても，第１グループの実体を説明した後，若干触れる。

2-2図は，「平家物語」を例に，図書の場合における第１グループの実体を具体的に示したものである。「平家物語」として数多くの資料が刊行されているが，すべての資料に共通する「鎌倉時代の軍記物語としての"平家物語"」が「著作」である。著作は，原テキストだけではなく，現代語訳や英語翻訳など，さまざまな表現を取りえ，これらは「表現形」に位置づけられる。その表現形が，モノ（冊子体やCD-ROMなど）として具現化されたものが「体現形」であり，書誌データのベースは主としてこの体現形である。2-2図の例でいうと，現代語訳B（表現形）が単行本と文庫本とで刊行されているが，それらは体現形の違いということになる[8]。さらに，私たちが実際に手に取る１冊の本，１点の資料を「個別資料」という。図書館の所蔵データは，通常１点ずつで管理するため，「個別資料」という実体が必要となる。

第１グループに次いで目録作業において重要なのが，第２グループの３実体

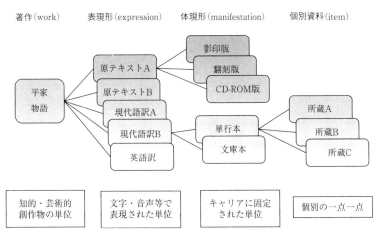

2-2図　FRBRモデルにおける「第１グループ」の４実体（図書の場合）[9]

8：単行本のみで刊行されている資料の場合には，表現形と体現形は１対１対応となる。
9：前掲注3，p.31参照。

である。これらは，第1グループの実体の生成等に関わる主体を表し[10]，本書1章3節2項で説明した典拠データのうち，創作者等（例えば，著者）の典拠データに関係する。「個人」「家族」「団体」の3実体の区別は，第1グループの4実体より容易であるため，説明は省略する。

❷属性　各実体が利用者から発見・識別等されるためには，それらの性質や特徴の記述が必要である。それを「属性」といい，すべての実体に必要な属性が設定される。18ページの2-1図では左端の吹き出しが属性に該当し，例えば著作の属性には「著作のタイトル」「著作の形式」等があり，体現形の属性には「体現形のタイトル」「出版地」「出版者」等がある。属性は各実体のデータ項目のようなものとも言える。

❸関連　実体どうしの間に存在するさまざまな関係性のこと。2-1図では，矢印が関連を表している。この関連により，例えば，ある作家（第2グループの個人）の著作（第1グループの著作）や，これが刊行された文庫本（第1グループの体現形），このうち図書館で所蔵されているもの（第1グループの個別資料）などを発見することが可能になる。

（2）NCR2018の章構成と特徴

a．NCR の章構成

　NCR2018の全体構成を2-3図に示す。この図からわかるように，NCR2018は「総説」「属性」「関連」の3部構成であり，かつ FRBR モデルに基づく実体ごとの章立てとなっている。

10：資料の創作や実現（例えば，翻訳）に関わった個人等を目録規則では「責任表示」というが，それとほぼ同義である。3章3節3項も参照されたい。

序説
第1部　総説
　　0章　総説
第2部　属性
　　＜属性の記録＞
　　セクション1　属性総則
　　　1章　属性総則
　　セクション2　著作，表現形，体現形，個別資料
　　　2章　体現形
　　　3章　個別資料
　　　4章　著作
　　　5章　表現形
　　セクション3　個人，家族，団体
　　　6章　個人
　　　7章　家族
　　　8章　団体
　　セクション4　概念，物，出来事，場所
　　　9～11章　[概念]，[物]，[出来事]（保留）
　　　12章　場所
　　＜アクセス・ポイントの構築＞
　　セクション5　アクセス・ポイント
　　　21章　アクセス・ポイントの構築総則
　　　22章　著作
　　　23章　表現形
　　　24～25章　[体現形]，[個別資料]（保留）
　　　26章　個人
　　　27章　家族
　　　28章　団体
　　　29～32章　[概念]，[物]，[出来事]，[場所]（保留）

第3部　関連
　　セクション6　関連総則
　　　41章　関連総則
　　セクション7　資料に関する関連
　　　42章　資料に関する基本的関連
　　　43章　資料に関するその他の関連
　　　44章　資料と個人・家族・団体との関連
　　　45章　[資料と主題との関連]（保留）
　　セクション8　その他の関連
　　　46章　個人・家族・団体の間の関連
　　　47章　[主題間の関連]（保留）
付録
　　A.1　片仮名表記法
　　A.2　大文字使用法
　　A.3　略語使用法
　　B.1　語彙のリストの用語
　　B.2　三次元資料の種類を示す用語と用いる助数詞
　　C.1　関連指示子：資料に関するその他の関連
　　C.2　関連指示子：資料と個人・家族・団体の関連
　　C.3　関連指示子：[資料と主題との関連]（保留）
　　C.4　関連指示子：個人・家族・団体の間の関連
　　C.5　関連指示子：[主題間の関連]（保留）
　　D　用語解説

2-3図　NCR2018の全体構成[11]

11：前掲注3，p.60参照。

b．NCR2018の特徴

　NCR2018の特徴は，以下のとおりである。

❶FRBRを基盤とする目録規則　　FRBRモデルに密着した規則構造をとったことで，典拠コントロールの位置づけが明確になっている[12]。また，資料の内容的側面（コンテンツ的側面）と対応する著作・表現形とモノとしての物理的側面（キャリア的側面）に焦点が当てられた体現形・個別資料とに分けて資料をとらえることで，資料の内容的側面と物理的側面の整理をはかっている。

❷RDAとの相互運用性　　NCR2018は，英語圏を始め世界で広く使用されている目録規則『RDA：Resource Description and Access（資源の記述とアクセス）』の全エレメント（後述）を含む多くのエレメントを設定し，RDAとの相互運用性を担保し，細かな内容の記録を実現している。また，RDA同様，記録に関する規定をその範囲と方法に限定し，記録の順序等は扱わないことで，意味的側面と構文的側面[13]の分離をはかっている。

❸日本独自の事情への対応　　日本の出版状況や目録慣行への配慮を行っている。例えば，後者の目録慣行については，前版であるNCR1987年版で導入された書誌階層構造[14]の考え方を引き続き採用している。

　以上3点に加え，冊子体（有償）の刊行と共に，日本図書館協会ホームページ上でも無償公開されている点も，NCR2018の大きな特徴の一つといえよう[15]。

12：1章2節2項の「集中機能」を実現するために，資料毎に表示が異なる情報を統一した形
　　（標目）を定めて一律管理することを「典拠コントロール」といい，そのための1件ずつ
　　のデータを「典拠データ」と言う（これについては1章3節2項の脚注をも参照された
　　い）。「著者名典拠」「統一書名典拠」等がある。
13：この文脈で「意味的側面」とは，どのようなデータを記録するかというデータ項目的側面
　　を意味し，「構文的側面」とは，データ項目をどのような順で記すのか，各データ項目の
　　値をどのように記すのかなどということを意味する。ここでは，NCR2018は前者の側面
　　のみを扱うということが書かれている。
14：シリーズを上位，その中の各巻を下位など，書誌を階層（レベル）分けして記述する考え
　　方。詳しくは，3章2節1項を参照されたい。
15："日本目録規則2018年版"．日本図書館協会．2019-10-23．https://www.jla.or.jp/
　　mokuroku/ncr2018，（参照 2021-02-26）．

２．記録に関する総則

　次に NCR2018における記録に関する総則について解説をする。３章からの
「目録作業の実際」で取り扱う書誌データは，主として体現形がベースになる
ため，以下の内容も体現形の場合を中心に説明する。

（1）エレメント・情報源

ａ．エレメント

　NCR2018では，FRBR モデルでいう実体の属性と関連について記録すべき
情報に対して「エレメント（element）」という名称が使用されている。エレ
メントは，書誌データ・典拠データの構成要素となり，特定の実体に関わるエ
レメントの記録のまとまりを「記述（description）」という[16]。エレメントのう
ち，資料の発見・識別に不可欠であり，記録が必須とされるエレメントを「コ
ア・エレメント（core element）」と呼ぶ[17]。

　また，エレメントを細かく分けて下位のエレメントを設けている場合がある。
これには，次の２種類がある。

１エレメント・サブタイプ（element subtype）　エレメントを種類によって
分けたときの下位のエレメント。例えば，エレメント「タイトル」における本
タイトル（中心的なタイトル），タイトル関連情報（サブ・タイトル等）など
が該当する。

２サブエレメント（sub-element）　エレメントの構成部分となる下位のエ
レメント。例えば，エレメント「出版表示」を構成する出版地，出版者，出版
日付が該当する。

ｂ．情報源

　情報源とは，実体の属性の記録の際によりどころとなるもののことである。

16：ここからわかるように，個々のエレメント・レベルのデータを記すことは「記録」といい，
　　「記述（description）」は属性と関連を記録したものであり，両者は区別されているので
　　注意されたい。

17：逆に言えば，コア・エレメント以外のエレメントの入力は任意である。

すべての属性について定められているが，特に体現形では，複数ある情報源のうち優先的に選定する情報源（優先情報源）が明確に定められている[18]。

（2）記録の方法と記録の順序

a．記録の方法

　エレメントの種類に応じて，記録の方法が定められている。記述の中心をなすタイトル，責任表示等の属性は，情報源に表示されている言語および文字種（表示形）をそのまま転記するエレメントである[19]。

b．記録の順序

　NCR2018では，記録の順序を規定していない[20]。また，主としてOPACで提供される目録データのフォーマット[21]等についての規定もない。記録の順序やデータ・フォーマットは，図書館の事情に応じて柔軟な選択ができるようになっている。

c．別法と任意規定

　本則，別法，任意規定などの選択肢[22]が用意され，図書館の裁量が保証されている。逆に言えば，NCR2018を採用する際は，規定ごとにどの選択肢を採用するかを図書館側で決める必要がある。

18：例えば，当該資料のタイトル，著者，出版者等が記されているページである「タイトル・ページ（標題紙）」がある資料の場合は，体現形の優先情報源はタイトル・ページになる。

19：そのまま転記するという原則を「転記の原則」という。NCR2018では，「転記の原則」との語そのものは出現せず，見出しは「転記」で統一されているが，転記の原則が適用されるエレメントは増え，「資料にあるがままに記録する」ことがより徹底されている。

20：前節2項b **2**の用語を使用すれば，「構文的側面」を扱っていないということである。記録の順序の規定が無いということは，例えば，本節1項a **2**の「出版表示」の場合，これのサブエレメントである「出版地」「出版者」「出版年」はどの順で記してもよいことになる。

21：これについては，序章および5章1節1項にて「MARCフォーマット」という文脈で説明されているので参照されたい。

22：本則とは，目録規則で定められた本来（元々の）の規定。別法とは，本則との二者択一になる規定（つまり，図書館の事情により本則を採用するより別法を採用したほうが好ましいときに採用できる規定）。一方，任意規定とは，本則または別法内容を拡充または限定するための規定。

（3）資料種別

　NCR2018では資料の種別を，物理的側面を表す「機器種別」「キャリア種別」，内容的側面を表す「表現種別」，刊行の形態を表す「刊行方式」という三つの側面からとらえている。それぞれについて以下に示す。なお，【　】で囲まれている数字はNCR2018の各規定につけられている条項番号である。実際に規定を見る際の参考にしてほしい。

a．機器種別【#2.15】，キャリア種別【#2.16】

　機器種別は利用に必要な機器の種類を，キャリア種別は記録媒体の形態を示す。共に体現形の属性である。キャリア種別はコア・エレメントであり，対応する機器種別ごとに設定されている。主なものを2-1表に示す。

2-1表　機器種別とキャリア種別の主な用語

機器種別	キャリア種別
映写 動画または静止画を保持し，プロジェクター（映写機）などの再生機器の使用を想定した体現形に適用する。	スライド フィルム・リール
オーディオ 録音音声を保持し，オーディオカセット・プレーヤー，CDプレーヤーなどの再生機器の使用を想定した体現形に適用する。アナログ方式，デジタル方式いずれの音声も該当する。	オーディオカセット オーディオ・ディスク
コンピュータ 電子ファイルを保持し，コンピュータの使用を想定した体現形に適用する。記録媒体にローカル・アクセスする場合と，サーバを通じてリモート・アクセスする場合のいずれも該当する。	コンピュータ・ディスク オンライン資料
ビデオ 動画または静止画を保持し，ビデオカセット・プレーヤー，DVDプレーヤーなどの再生機器の使用を想定した体現形に適用する。アナログ方式，デジタル方式いずれの画像も該当する。	ビデオカセット ビデオディスク
機器不用 機器を使用せず，人間の感覚器官を通して直接認識することを想定した体現形に適用する。印刷，手描き，点字などによって作製された資料や地球儀，模型などのオブジェクトが該当する。	オブジェクト 冊子 シート 巻物

　4章で取り上げる各種資料における機器種別とキャリア種別に対する説明では，2-1表を参照する。

ｂ．表現種別【#5.1】

　表現種別は，内容を表現する形式を示すもので，表現形の属性である。主なものを2-2表に示す。

2-2表　表現種別の主な用語

テキスト	視覚認識する言語表現に適用する。
テキスト（触知）	点字など，触覚認識する言語表現に適用する。
楽譜	視覚認識する音楽記譜に適用する。
地図	地図，地図帳など，視覚認識する静止画の地図表現に適用する。
地図（触知）	触覚認識する静止画の地図表現に適用する。
三次元地図	地球儀など，視覚認識する三次元の地図表現に適用する。
静止画	写真，絵画など，視覚認識する二次元の静的な画像表現に適用する。地図は除く。
二次元動画	映画，ビデオ，ビデオゲームなど，視覚認識する二次元の動的な画像表現に適用する。3Dのものは除く。
三次元動画	視覚認識する三次元の動的な画像表現に適用する。
三次元資料	彫刻，標本など，視覚認識する三次元形状の表現に適用する。
話声	朗読，話芸など，聴覚認識する言語表現に適用する。映像を伴うものは除く。
演奏	聴覚認識する音楽表現に適用する。映像を伴うものは除く。
音声	話声でも演奏でもない，聴覚認識する表現に適用する。
コンピュータ・データセット	数値データ，統計データなど，コンピュータ処理用にデジタル・コード化したデータセットに適用する。視覚・聴覚認識されるものは含まない。
コンピュータ・プログラム	アプリケーション・ソフトウェアなど，コンピュータ用の指令をデジタル・コード化した表現に適用する。

ｃ．刊行方式【#2.12】

　刊行方式は，刊行の単位や継続性・更新性の観点から資料をとらえたもので，体現形の属性である。2-3表の四つがある。

2-3表　刊行方式の用語

単巻資料	全体が単一のユニットで（一つの完結したまとまりとして）刊行された資料。
複数巻単行資料	完結を予定し複数の部分に分けて刊行された資料。単巻資料と合わせて「単行資料」と呼ぶことがある。
逐次刊行物	雑誌や新聞のように，終期を予定せず，同一タイトルのもとに，部分に分かれて継続して刊行される資料。
更新資料[23]	継続的に更新されるウェブ・サイトのように，一つのまとまりを保ちつつ内容の変更が行われる資料。

d. さまざまな資料

例えば，逐次刊行物（雑誌，新聞等）と更新資料は，図書とは刊行方式は異なるが，紙媒体の雑誌であれば，刊行方式以外の種別は図書と変わらない。一方，電子ジャーナルは，図書とは刊行方式および機器種別（コンピュータ）およびキャリア種別（オンライン資料）は異なるが，表現種別（テキスト）は異ならない。

以上のように，物理的側面・内容的側面・刊行方式という三つの視点からの種別を設けることで，資料を多角的に表現できる。

3. 所蔵データ

目録は所蔵する資料の利用に導くものなので，書誌データに付随して，資料の所在等を示す所蔵データの提供も欠かせない[24]。

所蔵データは FRBR モデルにおける個別資料（のデータ）に対応する。目録規則では個別資料を識別ないし選択するための属性をいくつか規定しているが，その資料の所在を示す「所在記号（location mark/location symbol）」[25]は，各図書館の枠を超えて標準化するメリットが少ないことなどから目録規則には

23：逐次刊行物と更新資料とは，「終期を予定しない資料」という点で似ているが，本書の4章では逐次刊行物のみを扱い，更新資料については取り扱わない。
24：1章2節1項をも参照されたい。
25：「請求記号」などともいう。

特に規定がない。しかしながら，本書5章の演習において所蔵データ登録を取り扱うことから，以下に所蔵データの要である所在記号について説明する。

a．分類記号

その図書館が採用する分類表による分類記号。2-4図のように通常は背ラベルの最上段に表示されている。

分類記号（『日本十進分類法』による「日本の近代小説」の記号）

図書記号（著者記号：「小林」を『日本著者記号表』で表現）

巻次記号（上下本の下巻を表現している）

2-4図　図書の背ラベルに表示された所在記号の例[26]

b．図書記号

同一分類記号内での複数の資料をさらに個別化するためのもの。資料を分類ごとに書架に並べる場合に，その排列順序を決めるものにもなる。種類としては，受入順に1，2，3……と番号をつける「受入順記号法」，出版年を基にする「年代順記号法」，著者名を記号化[27]する「著者記号法」などがある。2-4図では，真ん中の段に「著者記号法」による図書記号が記録されている。

c．補助記号

複数巻単行資料の各巻を区別する「巻次記号」や，複本を区別する「複本記号」などがある。2-4図の背ラベルの最下段の表示は，巻次記号である。

2章「目録作業の前に」演習問題

1．次に挙げるものについてFRBRモデルで考えた場合に該当する実体について答えなさい。

(1)『The Great Gatsby』の原テキスト

(2)村上春樹による『The Great Gatsby』の日本語訳

(3)中央公論新社から刊行された，村上春樹による『The Great Gatsby』の日本語訳『グ

26：鴇田拓哉．"2章　目録作成の実際：図書"．情報資源組織演習．小西和信・田窪直規編．改訂，樹村房，2017，p.59.

27：例えば，著者が「鈴木」なら，著者名の最初の英文字や最初から二つの英文字を利用して，SやSuなどと記号化する。これは簡易な方法で，小規模図書館では利用されることも多いが，例えば「杉村」とは区別できなくなるなどの欠点がある。姓ごとに着実に区別する方式としては，「日本著者記号表」というものを利用する方式がある。ある程度以上の規模の図書館では，この表が良く利用される。

　レート・ギャツビー』

⑷大学図書館が所蔵する村上春樹による『The Great Gatsby』の日本語訳の１冊

⑸『The Great Gatsby』の著者である Francis Scott Fitzgerald

⑹『グレート・ギャツビー』の訳者である村上春樹

⑺Francis Scott Fitzgerald が書いた『The Great Gatsby』という作品

　２．次の各文は，NCR2018についての説明である。各文の正誤を答えなさい。

⑴NCR2018は，FRBR をもとにされているため，典拠コントロールを明確に位置づける
　ことができている。

⑵NCR2018では，NCR 旧版を踏襲し「エレメント」を採用している。

⑶NCR2018では，目録をより自由に記録可能なものにするため，記述の順序も情報源も
　特に定められていない。

⑷NCR2018における書誌データの基本は表現形である。

⑸NCR2018では，「総説」「属性」「関連」の３部構成で，章立ては実体ごとになっている。

⑹NCR2018は，ウェブ上で無料公開されているため，冊子体の販売は行われていない。

⑺NCR2018では，資料の種別を，内容的側面を表す「機器種別」「キャリア種別」と物
　理的側面を表す「表現種別」との二つの側面にわけて表現される。

⑻紙媒体の「図書」と電子媒体の「電子ブック」とを，NCR2018の資料種別で表現する
　場合，同じであるのは表現種別のみで，刊行方式・機器種別・キャリア種別は異なる。

3章 　目録作業の実際：図書

　本章と4章で、『日本目録規則 2018年版（以下 NCR2018)』に従い、目録作業の実際を解説していく。

　本章では図書を対象としてこれに関わるデータの作成に関する規則を説明する[1]。まずデータの記録例を示した後、2節で属性総則を解説する。3節では体現形の属性の記録を扱い、4節ではその他の実体ごとの属性の記録を、5節ではそれぞれの実体のアクセス・ポイントの構築を説明する。最後に6節で実体と実体との関連の記録を扱う。

1．データの例

　NCR2018では、データの採録の仕方、すなわちどこからそのデータをとるのかといった情報源や、データの範囲（出版地を県名とするか市名とするか、など）を規定しているが、採録したそれらのデータをどのように組み合わせて、どのように表示するかは定めていない。そのため、個々の規則を解説することはできるが、データの全体像を提示することができない。NCR2018では個々のエレメントの規則とそれに基づくデータの例をあげているので、本書でもそれに倣う。しかしこれだけでは目録データの全体像がわかりにくいと思われるので、参考までに、本シリーズ第9巻『三訂 情報資源組織論』巻末の「NCR2018によるデータ作成事例」にある「グレート・ギャツビー」を例として、その情報源とデータ作成事例を再掲する。

1：4章では、図書以外の資料を対象とする。

村上春樹 翻訳ライブラリー

グレート・ギャツビー

スコット・フィッツジェラルド

村上春樹 訳

中央公論新社

村上春樹 翻訳ライブラリー

グレート・ギャツビー

2006年11月10日 初版発行

訳 者 村上春樹
著 者 スコット・フィッツジェラルド
発行者 早川準一
発行所 中央公論新社
〒104-8320 東京都中央区京橋2-8-7
電話 販売部 03(3563)1431
　　　編集部 03(3563)3692
URL http://www.chuko.co.jp/
印 刷 三晃印刷　製 本 小泉製本

©2006 Haruki MURAKAMI
Published by CHUOKORON SHINSHA, INC.
Printed in Japan　ISBN4-12-403504-7 C0097
定価はカバーに表示してあります。
落丁本・乱丁本はお手数ですが小社販売部宛お送り下さい。
送料小社負担にてお取り替えいたします。

THE GREAT GATSBY by Francis
Scott Fitzgerald
Copyright © 1925 by Charles Scribner's
Sons.
Copyright renewed 1953 by Frances
Scott Fitzgerald Lanahan.
Japanese translation rights arranged
with Eleanor Lanahan,
Thomas P. Roche and Christopher T.
Byrne, trustees under
agreement July 3, 1975 created by
Frances Scott Fitzgerald
Smith c/o Harold Ober Associates, Inc.,
New York through
Tuttle-Mori Agency, Inc., Tokyo

3-1図 「グレート・ギャツビー」情報源図（356p，17.3cm）

3-1表 「グレート・ギャツビー」の実体とエレメントの記述例[2]

〈体現形〉

	エレメント	
属性	タイトル：本タイトル	グレート・ギャツビー

2：渡邊隆弘．"NCR2018によるデータ作成事例"．情報資源組織論．田窪直規編．三訂，樹
　村房，2020，p.203-206．より抜粋。

属性 (続)	責任表示：本タイトルに関係する責任表示	スコット・フィッツジェラルド
	責任表示：本タイトルに関係する責任表示	村上春樹訳
	版表示：版次	初版
	出版表示：出版地	東京
	出版表示：出版者	中央公論新社
	出版表示：出版日付	2006. 11. 10
	シリーズ表示：シリーズの本タイトル	村上春樹翻訳ライブラリー
	シリーズ表示：シリーズに関係する責任表示	村上春樹訳
	刊行方式	単巻資料
	機器種別	機器不用
	キャリア種別	冊子
	数量	356 p
	大きさ	18 cm
	体現形の識別子	ISBN4-12-403504-7
	入手条件	820円（税別）
関連	体現形から表現形への関連	Fitzgerald, Francis Scott, 1896-1940. The great Gatsby. 日本語（村上春樹）
	体現形間の関連	上位（体現形）：村上春樹翻訳ライブラリー．　― 東京：中央公論新社，2006-

〈表現形〉

	エレメント	
属性	表現種別	テキスト
	表現形の日付	2006
	表現形の言語	日本語
	表現形のその他の特性	村上春樹
	付加的内容	付：訳者あとがき
関連	表現形から著作への関連	Fitzgerald, Francis Scott, 1896-1940. The great Gatsby
	寄与者	訳者：村上，春樹‖ムラカミ，ハルキ，1949-
典拠形アクセス・ポイント		Fitzgerald, Francis Scott, 1896-1940. The great Gatsby. 日本語（村上春樹）

〈著作〉

	エレメント	
属性	著作の優先タイトル	The great Gatsby
	著作の異形タイトル	グレート・ギャツビー || グレート・ギャツビー
	著作の異形タイトル	偉大なギャツビー || イダイナ　ギャツビー
	著作の異形タイトル	華麗なるギャツビー || カレイナル　ギャツビー
	著作の形式	小説
	著作の日付	1925
	著作の識別子	VIAF ID：186355688
関連	創作者	著者：Fitzgerald, Francis Scott, 1896-1940
	著作間の関連	映画化（著作）：The great Gatsby（映画：2013）
典拠形アクセス・ポイント		Fitzgerald, Francis Scott, 1896-1940. The great Gatsby

〈個人1〉

	エレメント	
属性	個人の優先名称	Fitzgerald, Francis Scott
	個人の異形名称	フィッツジェラルド，フランシス　スコット
	個人の異形名称	フィッツジェラルド，スコット
	個人の異形名称	Fitzgerald, F. Scott
	個人の異形名称	フィッツジェラルド，F．スコット
	個人と結びつく日付：生年	1896
	個人と結びつく日付：没年	1940
	個人の識別子	国立国会図書館典拠 ID：00439644
典拠形アクセス・ポイント		Fitzgerald, Francis Scott, 1896-1940

〈個人2〉

	エレメント	
属性	個人の優先名称	村上，春樹 || ムラカミ，ハルキ
	個人の異形名称	Murakami, Haruki
	個人の異形名称	村上，春樹
	個人と結びつく日付：生年	1949

個人の識別子	国立国会図書館典拠 ID：00104237
典拠形アクセス・ポイント	村上，春樹 ‖ ムラカミ，ハルキ，1949 –

2．属性総則【#1】

（1）書誌階層と記述のタイプ【#1.5】

　体現形は，シリーズ全体，シリーズの中の各巻，１冊の中の各作品や論文などのように，複数の「書誌レベル（bibliographic level）」として階層的にとらえることができる。これを「書誌階層（bibliographic hierarchy）」構造という。

　3-2図の図書は，「講座日本語と日本語教育」というシリーズ（全16巻　宮地裕ほか編）である。左の枠を見ると，第１巻の「日本語学要説」に始まり，第16巻が「日本語教育の現状と課題」のように，それぞれに固有のタイトルがつけられている。中央の枠によると，第10巻が「日本語の歴史」であり，この巻の編集者は辻村敏樹である。さらにこの第10巻の中には，「音韻の歴史」（奥村三雄著）や，「アクセントの歴史」（秋永一枝著）などが収録されていること

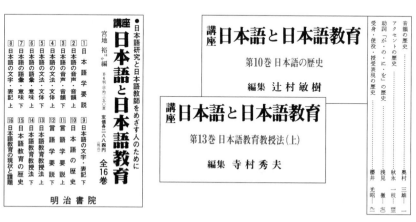

3-2図　書誌階層構造の例[3]

3：渡邊隆弘. "2章 目録法". 情報資源組織論. 田窪直規編. 三訂. 樹村房, 2020, p.62.

がわかる。また，第13巻と第14巻には「日本語教育教授法」という共通したタイトルがあり，第13巻が「上」，第14巻が「下」，編集者は寺村秀夫である。このように，タイトルに階層構造がある資料は「書誌階層構造」を有する資料とみなされる。この書誌階層構造を表にしたのが3-2表である。データ作成者は任意の書誌レベルを選択して記述を作成するが，書誌データを作成することが望ましい記述対象のレベルを「基礎書誌レベル」という。それより上（冊数が多いなど範囲が広い）の書誌レベルを上位書誌レベル，下（冊数が少ないなど範囲が狭い）の書誌レベルを下位書誌レベルという。

「講座日本語と日本語教育」のように，複数冊からなる資料のことを「複数巻単行資料」という。このシリーズの場合は各巻に固有のタイトルが付されているので，各巻を基礎書誌レベルとして記述を作成する。しかし第13巻と第14巻は同じタイトルであり，識別のために「上」「下」という巻を表す文字（巻次という）があるだけで，それぞれを表す固有のタイトルはつけられていない。

3-2表 書誌階層構造の整理表

書誌レベル	上位書誌レベル	基礎書誌レベル		物理レベル	下位書誌レベル
記録するエレメント	シリーズのタイトル	シリーズ内番号	タイトル	順序表示	タイトル（分析的記述）
データ	講座日本語と日本語教育	第10巻	日本語の歴史		アクセントの歴史
責任表示	宮地裕ほか編	辻村敏樹編			秋永一枝著
数量	16冊	471p			p43-69

書誌レベル	上位書誌レベル	基礎書誌レベル		物理レベル	下位書誌レベル
記録するエレメント	シリーズのタイトル	シリーズ内番号	タイトル	順序表示	タイトル（分析的記述）
データ	講座日本語と日本語教育	第13-14巻	日本語教育教授法	上	現代の外国語教授法理論
責任表示	宮地裕ほか編	寺村秀夫編			島岡丘著
数量	16冊	2冊		418p	p23-41

この場合は，第13巻と第14巻をまとめて基礎書誌レベルとする。なお，「上」「下」を分けて扱う場合はこれらを物理レベルといい，物理レベルで記述を作成してもよい。

　下位書誌レベルがある場合の上位書誌レベルの記述や，単一の書誌レベルしかない場合の記述を包括的記述という。また，1冊の中の一部（例えば34ページの3-2図の第10巻『日本語の歴史』（という1冊）の一部である「音韻の歴史」）やシリーズの中の1冊を対象とするなど，体現形の一部を記述対象とする記述を分析的記述という。

　包括的記述と分析的記述を連結して記述することもできる。これを「階層的記述（hierarchical description）」という。

> ### 3章「2．属性総則【#1】」演習問題
> 　本書76ページから始まる演習問題の図について，前ページの3-2表に準じて書誌階層構造の整理表を作成しなさい。

（2）転記【#1.10】

　「タイトル」「責任表示」「版表示」「出版表示」「シリーズ表示」などのエレメントでは，原則として情報源の表示のまま転記する。入力できない漢字は，入力できる漢字に置き換えるか，読みや説明的な語句に置き換えて，［　］で括るなどしてその旨がわかるようにし，必要に応じて説明を注記する。ラテン文字の大文字・小文字については，情報源に表示されているままではなく，その言語の慣用に従って適宜置き換えて記録する。例えば，情報源に"ENGLISH DICTIONARY"と表示されている場合は，"English dictionary"と記録する。

3．体現形の属性の記録【#2】

（1）優先情報源【#2.0.2.2】

　目録規則では，体現形の記録にあたって優先的に選定する情報源を優先情報源として定めている。図書についてはタイトル・ページ（標題紙）が優先情

（ア）タイトル・ページ（標題紙）等がある資料【#2.0.2.2.1.1】
　　資料にタイトル・ページ（またはその画像）がある場合は，これを優先情報源として使用する。
（イ）タイトル・ページの情報が不十分な和資料【#2.0.2.2.1.1.1B】
　　タイトル・ページがあっても，その情報が不十分な場合は，次の優先順位で優先情報源を選定することができる。この場合は，必要に応じてタイトル・ページ以外のものを情報源とした旨を，注記として記録する。
　　・奥付
　　・背・表紙またはカバー[4]
　　・キャプション[5]
（ウ）タイトル・ページ等がない資料【#2.0.2.2.1.2】
　　資料にタイトル・ページ，タイトル・シート，タイトル・カード（またはその画像）がない場合は，次の優先順位で優先情報源を選定する。
　　・奥付
　　・背・表紙またはカバー
　　・キャプション

3-3図　「優先情報源」に関するおもなルール

源となる。タイトル・ページに表示されている情報が不十分な資料や，タイトル・ページがない資料については，奥付，背・表紙またはカバー，キャプションを優先情報源とする。なお，各エレメントについての情報源も定められているので，以下の規則の解説の中で言及する。

（2）タイトル【#2.1】[6]

a．本タイトル【#2.1.1】

　体現形を識別するための固有の名称が本タイトルである。複数巻単行資料の場合は，記述対象全体を表すタイトルを本タイトルとして扱う。すなわち，3-2表の例では，「日本語の歴史」「日本語教育教授法」が基礎書誌レベルにおける本タイトルである。

4：図書の表紙の外側に巻かれている紙の類。タイトル，著者，出版社などが印刷されていることが多い。
5：最初のページの冒頭にある見出し。
6：以下の図に出現する専門用語については，基本的に，図が終わった後に説明がつけられている。これ以降の図においても，同様に記されている。

本タイトル

（ア）優先情報源を情報源とする【#2.1.1.1.2】。

（イ）タイトルの上部または前方にある，説明的な導入句は本タイトルに含めない。本タイトルと
判定される部分と不可分な場合は本タイトルの一部として記録する。タイトル関連情報など，
他のエレメントと判定される場合は，表示されている位置にかかわらず，それらのエレメン
トとして記録する【#2.1.1.2.2】。

〔例〕作句と鑑賞のための俳句の文法　（情報源の表示：^{作句と鑑賞}俳句の文法）

〔例〕図解電子計算機用語辞典　（情報源の表示：^{図解}電子計算機用語辞典）

（ウ）ルビ（振り仮名）は本タイトルには含めない。識別またはアクセスに重要なときは，ルビを
含めたタイトルを異形タイトルとして記録する【#2.1.1.2.3】。

〔例〕青い思想　（異形タイトル：青い思想（こころ））

（エ）同義語，略語，原語などがタイトルに併記されている場合は，識別またはアクセスに重要な
ときは，異形タイトルとして記録する【#2.1.1.2.4】。

〔例〕ツイッター完全活用術　（異形タイトル：twitter 完全活用術）

（オ）部編，補遺等のタイトルは，共通タイトル，順序表示，従属タイトルの順で記録する
【#2.1.1.2.8】。[7]

〔例〕新・医用放射線技術実験．臨床編

〔例〕パソコン統計解析ハンドブック．1，基礎統計編

〔例〕琉球大学教育学部紀要．第二部

（カ）資料自体のどの情報源にも総合タイトルが表示されていない場合は，すべての個別のタイト
ルを本タイトルとして記録する【#2.1.1.2.10】。

〔例〕枕草子 / 清少納言著．徒然草 / 吉田兼好著[8]

並列タイトル

（キ）本タイトルの異なる言語（または）文字種によるタイトル【#2.1.2.1.1】。

〔例〕Goodbye, Columbus　（本タイトル：さよならコロンバス）

タイトル関連情報

（ク）本タイトルを限定，説明，補完する表示をタイトル関連情報として記録する【#2.1.3】。

〔例〕通訳教本　（本タイトル：英語通訳への道）

異形タイトル

（ケ）本タイトル，並列タイトル，タイトル関連情報，並列タイトル関連情報としては記録しない
が，体現形と結びついているタイトル【#2.1.9】。

〔例〕青い思想（こころ）　（特殊な読みの場合．本タイトル：青い思想）

〔例〕がんくつおう　（一般的な読みの場合．本タイトル：巌窟王）

〔例〕twitter 完全活用術　（本タイトル：ツイッター完全活用術）

3-4図　「タイトル」に関するおもなルール

b．並列タイトル【#2.1.2】

本タイトルの異なる言語（または）文字種によるタイトルである。資料自体のどの情報源から採用してもよいが，本タイトルと異なる情報源から採用した場合に，それが識別に重要なときは，その旨を注記として記録する。

c．タイトル関連情報【#2.1.3】

本タイトルを限定，説明，補完する表示（「鈴木信太郎随筆集 お祭りの太鼓」の「鈴木信太郎随筆集」や「数学用語英和辞典 和英索引付き」の「和英索引付き」など）。本タイトルの後に表示されることが多いが，本タイトルの上部や前方に位置することもある。本タイトルと同一の情報源から採用する。

d．異形タイトル【#2.1.9】

本タイトル，並列タイトル，タイトル関連情報，並列タイトル関連情報としては記録しないが，体現形と結びついているタイトルで，識別またはアクセスに重要な場合に記録する。データ作成者が本タイトルを翻訳・翻字したタイトルも異形タイトルとして扱うことができる。どの情報源に基づいて記録してもよい。

（3）本タイトルに関係する責任表示【#2.2.1】

責任表示とは，資料の知的・芸術的内容の創作または実現に責任を有するか寄与した個人・家族・団体のことであり，著者，編纂者，作曲者，編曲者，画家，原作者，編者，訳者，脚色者，監修者，校閲者などがある。責任表示のエレメント・サブタイプとして，本タイトルに関係する責任表示のほかにも，版，付加的版，シリーズ，サブシリーズに関係する責任表示がある【#2.2.0.2】。

次の優先順で情報源を選定する。

- 本タイトルと同一の情報源
- 資料自体の他の情報源

7：NCR2018ではデータの例示の一部に ISBD で定められた，データを区切るための記号（これを ISBD 区切り記号という）を採用しているところがある。本書でもそれに倣う。

8：この資料は，枕草子と徒然草を1冊にまとめたものであり，この二つの著作を含むこの資料自体のタイトル（これを「総合タイトル」という）がないものと考えられる。このような場合，著作ごとに「タイトルと責任表示」の対応がわかるように記録する。

（ア）資料の知的・芸術的内容の創作または実現に責任を有するか寄与した個人・家族・団体を責任表示として記録する【#2.2.0.1】。

　　　情報源に表示されている，個人・家族・団体の名称と，その役割を示す語句を記録する。役割を示す語句は，そのままの形で記録する【#2.2.0.4】。

　　　〔例〕志賀直哉

　　　〔例〕野坂昭如文

　　　〔例〕阿川弘之，北杜夫対談

　　　〔例〕竹内理三校訂・解説

　　　〔例〕公益社団法人日本図書館協会編

（イ）役割を示す語句が表示されていない場合は補う【#2.2.0.4.3】。

　　　〔例〕倉石武四郎〔解説〕

（ウ）複数の名称を含む責任表示【#2.2.0.4.1】。

　　　複数の個人・家族・団体の果たす役割が同一の場合は，一つの責任表示として記録する。

　　　〔例〕上田修一・蟹瀬智弘著

　　　〔例〕小松克彦＋オフィスK21 編著

　　　ただし，同一の役割であっても分離して表示されている場合は，それぞれ別の責任表示として記録する。

　　　〔例〕田中登〔編〕

　　　　　山本登朗〔編〕

　　　複数の個人・家族・団体の果たす役割が異なっていても，一つのまとまりとして表示されている場合は，全体を一つの責任表示として記録する。

　　　〔例〕三浦徹也 with M2

3-5図　「本タイトルに関係する責任表示」に関するおもなルール

- 資料外の情報源

　必要な場合は，情報源を注記として記録する。

　役割を示す語句が表示されていない場合には，必要に応じて，補ったことがわかる方法（記号などを付すコーディングや角がっこ（〔 〕）の使用など）で記録する【#2.2.0.4.3】。

　複数の責任表示がある場合は，情報源での表示順序，配置，デザイン等に基づいて判断した順に記録する。表示順序，配置，デザイン等からは順序が判断できない場合，または本タイトルをタイトル・ページから採用したのに対して責任表示を表紙から採用した場合などのように，本タイトルとは別の情報源から採用する場合は，合理的な順（著作の成立過程による順など）に記録する。

（4）版表示【#2.3】

記述対象がどのような版であるかを示す表示を，版表示として記録する。
おもなサブエレメントは以下のとおり。

- 版次【#2.3.1】
- 版に関係する責任表示【#2.3.3】
- 付加的版次【#2.3.5】
- 付加的版に関係する責任表示【#2.3.7】

a．版次【#2.3.1】

序数と「版」，または他の版との内容の相違を示す「改訂」「増補」「新版」
などの語を含むもの。情報源は，本タイトルと同一の情報源，資料自体の他の
情報源，資料外の情報源。

このほか，地理的範囲の相違（「国際版欧州」など），言語の相違（「日本語
版」など），利用対象者の相違（「看護学生版」など），刊行の様式や形態等の
相違（「新装版」「豪華版」「限定版」「複製版」など）を示すものなどがある。

版次
（ア）記述対象が属する版を示す語，数字またはこれらの組み合わせ【#2.3.1.1.1】。
〔例〕改訂版
〔例〕第 1 版
〔例〕初版
〔例〕増補 3 版

版に関係する責任表示
（イ）特定の版にのみ関係している責任表示，もしくは，複数の版に関係しているが，すべての版
には関係していない責任表示を記録する【#2.3.3.1.1】。

付加的版次
（ウ）ある版に変更が加えられて再発行されたことを示す版次を記録する【#2.3.5.1.1】。
〔例〕増補第二刷（版次：第一版）
〔例〕2 版（版次：改訂版）
〔例〕新装版（版次：改訂版）

3-6図 「版表示」に関するおもなルール

ｂ．版に関係する責任表示【#2.3.3】

　特定の版にのみ関係している責任表示，もしくは，複数の版に関係しているが，すべての版には関係していない責任表示を記録する。なお，すべての版に関係しているか一部の版にのみ関係しているか判断できない場合には，本タイトルに関係する責任表示として扱う【#2.3.3.1.1】。版次と同一の情報源から採用する【#2.3.3.1.2】。

ｃ．付加的版次【#2.3.5】

　ある版に変更が加えられて再発行されたことを示す版次である。情報源は，本タイトルと同一の情報源，資料自体の他の情報源，資料外の情報源。

〔例〕２版（版次：改訂版）

〔例〕新装版（版次：改訂版）

　付加的版次に関係する責任表示も記録できる【#2.3.7】。

（５）出版表示【#2.5】

　刊行物の出版，発行，公開に関して，場所，責任を有する個人・家族・団体，日付を識別する表示を記録する。

　おもなサブエレメントは以下のとおり。いずれもコア・エレメントである。

- 出版地【#2.5.1】
- 出版者【#2.5.3】
- 出版日付【#2.5.5】

ａ．出版地【#2.5.1】

　刊行物の出版，発行，公開と結びつく場所（市町村名等）である。一般的には出版者の所在地を記録する。情報源は，出版者と同一の情報源，資料自体の他の情報源，資料外の情報源。

ｂ．出版者【#2.5.3】

　刊行物の出版，発行，公開に責任を有する個人・家族・団体の名称。情報源は，本タイトルと同一の情報源，資料自体の他の情報源，資料外の情報源。

ｃ．出版日付【#2.5.5】

　刊行物の出版，発行，公開と結びつく日付。情報源は，本タイトルと同一の情報源，資料自体の他の情報源，資料外の情報源。西暦をアラビア数字で記録

する。

出版地

（ア）刊行物の出版，発行，公開と結びつく場所（市町村名等）を記録する【#2.5.1.1】。

　　〔例〕横浜市　（情報源の表示：横浜市）

（イ）市町村名等とともに，上位の地方自治体名等および（または）国名が情報源に表示されている場合は，それを付加する【#2.5.1.2】。

　　〔例〕武蔵野市（東京都）（情報源の表示：東京都武蔵野市）

（ウ）ただし，東京都特別区は，「東京」のみ記録する【#2.5.1.2】。

　　〔例〕東京　（情報源の表示：東京都文京区）

出版者

（エ）刊行物の出版，発行，公開に責任を有する個人・家族・団体の名称【#2.5.3.1.1】。

　　〔例〕中央公論新社

出版日付

（オ）刊行物の出版，発行，公開と結びつく日付【#2.5.5.1.1】。西暦でアラビア数字を使用して記録する。

　　〔例〕2015.9.1　（情報源の表示：平成27年9月1日）

　　〔例〕2000.5　（情報源の表示：平成12.5）

（カ）特定できない場合は，推定の出版日付を記録する【#2.5.5.2.1】。

　　〔例〕［1975］

　　〔例〕［1975?］

　　〔例〕［1970頃］

　　〔例〕［1970年代］

　　〔例〕［2000から2009の間］

（キ）包括的記述[9]を作成する場合は，最初に刊行された巻号等から開始の出版日付を記録し，ハイフンを付加する【#2.5.5.2B】。

　　〔例〕2000-

　　完結している場合は，最後に刊行された巻号等から終了の出版日付を，ハイフンに続けて記録する。

　　〔例〕1959-1961

　　〔例〕-1999

　　全巻が同一年に出版されている場合は，その年を記録する。

　　〔例〕1980

3-7図　「出版表示」に関するおもなルール

9：ここでは，複数巻単行資料について全体をまとめて記述する場合のことを指す。35ページの3-2表の「日本語教育教授法」や「講座日本語と日本語教育」が該当する。

（6）シリーズ表示【#2.10】

　記述対象より上位の書誌レベルに位置する体現形であるシリーズは，複数階層のレベルからなることがある。最上位のレベルをシリーズとして，それ以外のレベルをサブシリーズとして扱う。

　サブシリーズがある場合は，シリーズとサブシリーズの関係がわかるように記録する。また，サブシリーズが複数あり，その間に上位・下位の関係がある場合は，その関係がわかるように記録する【#2.10.0.4.1】。

〔例〕スポーツ・ビギニング・シリーズ（シリーズの本タイトル：スポーツ叢書）
　　　おもなサブエレメントは以下のとおり【#2.10.0.2】。

- シリーズの本タイトル【#2.10.1】
- シリーズの並列タイトル【#2.10.2】
- シリーズのタイトル関連情報【#2.10.3】
- シリーズに関係する責任表示【#2.10.5】
- シリーズのISSN【#2.10.7】

シリーズの本タイトル
（ア）シリーズを識別する主な名称【#2.10.1.1.1】。
　　　〔例〕角川文庫
　　　〔例〕日本図書館学講座

シリーズに関係する責任表示
（イ）シリーズに関係する責任表示【#2.10.5.1.1】。
　　　〔例〕椎名六郎，岩猿敏生，河野徳吉編

シリーズのISSN
（ウ）シリーズのISSNを記録する【#2.10.7.1.1】。
　　　〔例〕ISSN0302-9743

シリーズ内番号
（エ）記述対象のシリーズ内の個々の資料に与えられている番号付け【#2.10.8.1.1】。
　　　〔例〕7
　　　〔例〕中
　　　〔例〕第2巻

3-8図　「シリーズ表示」に関するおもなルール

• シリーズ内番号【#2.10.8】

サブシリーズについても同様のサブエレメントがある。

ａ．シリーズの本タイトル【#2.10.1】

シリーズを識別する主な名称で，コア・エレメントである。

情報源は，本タイトルと同一の情報源，資料自体の他の情報源，資料外の情報源。

ｂ．シリーズに関係する責任表示【#2.10.5】

対応するシリーズの本タイトルと同一の情報源から採用する。

ｃ．シリーズの ISSN【#2.10.7】

ISSN 登録機関によってシリーズに付与された識別子である。情報源は，本タイトルと同一の情報源（ただし，シリーズ・タイトル・ページがある場合は，それを優先する），資料自体の他の情報源，資料外の情報源。

ｄ．シリーズ内番号【#2.10.8】

資料自体のどの情報源から採用してもよい【#2.10.8.1.2】。コア・エレメントである。

（7）刊行方式【#2.12】

刊行単位などの刊行形態の区分を記録する。「単巻資料」「複数巻単行資料」「更新資料」（ルーズリーフ形式など）から選択する。

（8）機器種別【#2.15】

「機器種別」「キャリア種別」は，「数量」「大きさ」などと共に「キャリアに関する情報」のエレメントであり，資料自体に基づいて記録する【#2.14.0.3】。図書については「機器不用」と記録する。

機器種別は，記述対象の内容を利用（表示，再生，実行など）するために必要な機器の種類を示す用語である。コア・エレメントではないので記録しなくてもよいが，次のキャリア種別はコア・エレメントなので必ず記録する。そのため，機器種別を記録する場合は必ずキャリア種別と組み合わせて記録する【#2.15.0.1】。

（9） キャリア種別【#2.16】

　記述対象の内容を記録した媒体およびその形状を示す用語を【表2.16.0.2】から選択する。抜粋を25ページの2‒1表に示すが，通常の図書については「冊子」と記録する。コア・エレメントである。

（10） 数量 【#2.17】

ａ．テキストの数量【#2.17.1】

　冊子1冊の量は，表示されたページ付の最終数を，「p」などの語を付加して記録する。ページ付が複数に分かれた資料は，それぞれをコンマで区切って記録する。ページ付がない資料は，全体を数えて「94 p（ページ付なし）」とするか，「約300 p」のように概数を記録するか，「1冊（ページ付なし）」とする。和装本のように，1枚を二つ折りにして重ねて袋綴じにしたもので1枚ごとにページ付があるものは，pの代わりに「丁」，片面印刷には「枚」，1ページに複数のページ付がある場合は「欄」を使用する。資料が完結している場合，または総数が判明している場合は，コア・エレメント。

　記述対象が複数の冊子からなる資料は，冊数を記録する。

ｂ．図版【#2.17.1.1.9】

　おもに図や表などからなるページが本文のページ付に含まれない場合は，本文のページ付に続けて「図版」の語を用いてその最終ページ数等を記録する。なお，図などのページがあっても本文のページ付に含まれる場合は，図版としてのページ数は記録不要である。

ｃ．大きさ 【#2.18】

　外形の高さを，センチメートルの単位で小数点以下の端数を切り上げて記録する【#2.18.0.2】。なお，縦の長さが横の長さの2倍以上あるものを縦長本，横の方が長いものを横長本，正方形のものを枡型本というが，これらについては，縦，横の長さを「×」で結んで記録する。

（11） 体現形の識別子【#2.34】

　体現形の識別子は，その体現形と結びつけられ，他の体現形との判別を可能

テキストの数量

（ア）冊子1冊の資料は，ページ数，丁数，枚数，欄数を，それぞれ「p」「丁」「枚」「欄」の語を付加して記録する【#2.17.1.1.1】。
表示されたページ付の最終数を記録する【#2.17.1.1.2】。
〔例〕48 p
〔例〕30 枚

（イ）ページ付が複数に分かれた資料は，ページ付ごとにコンマで区切って記録する【#2.17.1.1.4】。
〔例〕22, 457, 64 p
〔例〕xvii, 530 p

（ウ）複数の冊子から成る資料は，冊数を記録する。
〔例〕5 冊
必要に応じて，下位ユニットとしてページ数等を記録する。
〔例〕3 冊（800 p）
〔例〕2 冊（329: 412 p）
刊行が完結していないか，全体の冊数が不明な資料は「冊」のみを記録する。
〔例〕冊

図版

（エ）本文のページ付に含まれない図版は，ページ付の最終ページ数等を記録する【#2.17.1.1.9.1】。
〔例〕246 p, 図版 32 p
〔例〕xiv, 145 p, 図版 10 枚, 図版 xiii p

（オ）ページ付のない図版は，「（ページ付なし）」を付加する【#2.17.1.1.9.2】。
〔例〕xvi, 249 p, 図版 12 枚（ページ付なし）

大きさ

（カ）外形の高さを，センチメートルの単位で小数点以下の端数を切り上げて記録する【#2.18.0.2】。
〔例〕22 cm
縦長本，横長本，枡型本は，縦，横の長さを「×」で結んで記録する。
〔例〕21 × 9 cm
〔例〕15 × 25 cm
〔例〕15 × 15 cm

3-9図　「数量」と「大きさ」に関するおもなルール

とする文列および（または）番号である。資料の体現形に付与された ISBN，ISSN 等の国際標準番号，出版者等による番号等がある。

　ISBN は国際標準図書番号（International Standard Book Number）のことで，裏表紙やカバーの裏表紙側，もしくは奥付に表示されていることが多いが，どの情報源に基づいて記録してもよいので，出版社のウェブサイトなどからも

（ア）定められた表示形式に従って記録する【#2.34.0.4】。
　　〔例〕ISBN 978-4-8204-0602-0
　　〔例〕ISBN 4-8204-0602-7
（イ）複数の部分から成る資料が，全体に対する識別子と部分に対する識別子の双方をもつ場合に，全体を記述対象とするときは，全体に対する識別子を記録する【#2.34.0.4.1】。
　　〔例〕ISBN 4-477-00376-5（セット）
（ウ）識別に重要なときは，刊行形態を示す限定語を付加する【#2.34.0.4.3】。
　　〔例〕ISBN 978-4-8419-3079-5（上製）
（エ）記述対象の一部に対して付与された識別子を記録する場合は，各識別子の後に，対象部分を示す限定語を付加する【#2.34.0.4.3】。
　　〔例〕ISBN 4-469-03081-3（上巻）
　　　　ISBN 4-469-03082-1（中巻）
　　　　ISBN 4-469-03083-X（下巻）
　　　　ISBN 4-469-03084-8（索引）

3-10図　「体現形の識別子」に関するおもなルール

記録できる。セット全体に対するものと，上巻・下巻のような物理単位（1冊1冊の単位）それぞれに対するものとの両方が表示されていることがある。この場合は，記述対象に対するISBNを記録し，全体を記述対象とする場合は限定語（「セット」など）を付加する。

　一方，ISSNは国際標準逐次刊行物番号（International Standard Serial Number）のことで，シリーズの中にはこの番号を持つものもある。

（12）入手条件【#2.35】

　記述対象に表示されている定価および（または）その入手可能性を示す情報。どの情報源に基づいて記録してもよい。

〔例〕2400円
〔例〕¥3800
〔例〕1000円（税込）
〔例〕非売品

（13）利用制限【#2.38】

　資料の利用に関する制限があれば具体的に記録する。なお，個別の資料に関する制限については個別資料の属性として記録する（本章4節1項a参照）。

〔例〕付属 CD-ROM の館外貸出不可　（付属する CD-ROM について，出版者によって資料中に表示された情報に基づく）

（14）体現形に関する注記【#2.41】

　これまでの体現形のエレメントとして記録しなかった，体現形の識別，選択またはアクセスに必要な情報を提供する注記を記録する。

　おもなエレメント・サブタイプ

- タイトルに関する注記【#2.41.1】
- 責任表示に関する注記【#2.41.2】
- 版表示に関する注記【#2.41.3】
- 出版表示に関する注記【#2.41.5】
- シリーズ表示に関する注記【#2.41.10】
- 識別の基盤に関する注記【#2.41.12】
- 体現形の識別子に関する注記【#2.41.13】

a．タイトルに関する注記【#2.41.1】

　タイトルを優先情報源以外から採用した場合，もしくは優先情報源から採用した場合でも必要に応じて，その情報源を記録する【#2.41.1.2.1.1】。

〔例〕本タイトルは奥付による

　誤記，誤植，脱字などがあるタイトルをそのまま記録した場合，その旨を注記する【#2.41.1.2.3】。

〔例〕正しい本タイトル：故事熟語ことわざ新解　（本タイトル：故事塾語ことわざ新解）

b．責任表示に関する注記【#2.41.2】

　責任表示に記録した形と異なる形が資料に表示されている場合，識別に重要な時は記録する【#2.41.2.2.2】。

〔例〕奥付の責任表示：倉橋裕紀子　（責任表示：山中裕紀子）

　識別，アクセスまたは選択に重要な場合は，責任表示のエレメントとして記録しなかった個人・家族・団体に関する表示や，責任表示に関するその他の詳細な情報を記録する【#2.41.2.2.2】。

〔例〕監修：チャイナワーク

〔例〕表紙の責任表示（誤植）：奥陸明　（責任表示：陸奥明）

〔例〕3巻の編者：広渡俊哉，那須義次，坂巻祥孝，岸田泰則

c．版表示に関する注記【#2.41.3】

　識別またはアクセスに重要な場合は，版表示のエレメントとして記録しなかった，版表示に関する情報を記録する【#2.41.3.2.3】。

〔例〕奥付の版表示（誤植）：改訂第31版　（版表示：改訂第32版）

(15) キャリアに関する注記【#2.42】

　装丁について，必要な場合は記録する【#2.42.0.3.1】。

〔例〕箱入

> 3章「3．体現形の属性の記録【#2】」　演習問題

　本書76ページから始まる演習問題の図について，31ページから始まる3-1表に準じて，体現形の属性を記録しなさい。

4．その他の実体の属性の記録【#3〜#8】

(1) 個別資料の属性の記録【#3】

a．利用制限【#3.4】

　NCR では「#2.38に従う」とある（第2章は体現形の属性）。すなわち，体現形に関わる利用制限は体現形の属性として記録し，個別資料の利用制限は個別資料の属性として記録する。

〔例〕禁帯出

〔例〕館内利用

（いずれも，その図書館において特定の個別資料について利用を制限している

場合の例）

ｂ．個別資料の識別子【#3.5】

　その個別資料と結びつけられ，他の個別資料との判別を可能とする文字列および（または）番号。所蔵館において管理上付与している番号や記号がこれに該当する。

ｃ．個別資料のキャリアに関する注記【#3.7】

　その個別資料に固有なキャリアの特性について，付加的な情報を記録する。ページの欠落など。

〔例〕著者署名入り

（２）著作の属性の記録

ａ．著作の優先タイトル【#4.1】

　著作を識別するために選択する名称。コア・エレメント。一般によく知られているタイトルを選択する【#4.1.3】。日本語の優先タイトルは，表示形とその読みを記録する【#4.1.4A】。NCR2018ではこれらを記録する場所や記録する方法は規定されていないが，例示では表示形とその読みを「｜｜」で区切ってあるので，本書でもこれに倣う。

〔例〕黒い雨｜｜クロイ アメ

〔例〕文藝春秋｜｜ブンゲイ シュンジュウ

ｂ．読みの記録【#1.12】

　発音に従って，適切な単位に分かち書きして記録する【#1.12.1】。助詞「ハ」「ヘ」「ヲ」は，「ワ」「エ」「オ」と発音するので，そのとおりに記録する【#A.1.1.1】。

〔例〕こんにちは→コンニチワ

〔例〕いずこへ→イズコ エ

〔例〕字を書く→ジ オ カク

　「ヂ」「ヅ」は，「ジ」「ズ」と記録する【#A.1.1.5】。

〔例〕ちかぢか→チカジカ

〔例〕磯づり→イソズリ

　記号，アラビア数字，ラテン文字等は，読みが表示されていればその読みを

優先し，ない場合はそのまま記録する【#1.12.1】。

〔例〕現代詩100周年｜｜ゲンダイシ 100 シュウネン

〔例〕新制度 Q&A ｜｜シンセイド Q＆A

c．著作の異形タイトル【#4.2】

　優先タイトルとして選択しなかったタイトルを異形タイトルとして記録することができる。これには，優先タイトルと言語，文字種，綴り，読みが異なるものなどがある。

〔例〕夏の夜の夢｜｜ナツ ノ ヨ ノ ユメ（優先タイトル：A midsummer night's dream）

〔例〕つれづれ草｜｜ツレズレグサ（優先タイトル：徒然草）

〔例〕栄花物語｜｜エイガ モノガタリ（優先タイトル：栄華物語）

〔例〕山海経｜｜サンカイキョウ（優先タイトル：山海経｜｜センガイキョウ）

d．タイトル以外の識別要素【#4.3〜#4.7】

　同一タイトルの他の著作またはこれと同一名称の個人・家族・団体と判別するために必要な場合はコア・エレメントである。その著作に対する統制形アクセス・ポイント[10]の一部として，または独立したエレメントとして，あるいはその双方として記録する。

e．著作の形式【#4.3】

　著作の種類やジャンルに関する適切な語句を記録する。

〔例〕戯曲

〔例〕ラジオ番組

f．著作の日付【#4.4】

　著作に関係する最も早い日付。不明な場合は，体現形の最も早い日付を著作の日付として扱う。

（3）表現形の属性の記録

〈識別要素【#5.1〜#5.4】〉

　その表現形に対する統制形アクセス・ポイントの一部として，または独立し

10：これについては本章5節1項を参照されたい。

たエレメントとして，あるいはその双方として記録する。

a．表現種別【#5.1】

　表現形の内容を表現する形式を表から選択する。図書のように視覚認識する言語表現は「テキスト」である。コア・エレメント。

〔例〕テキスト

b．表現形の日付【#5.2】

　その表現形に関係する最も早い年を西暦で記録する。最も早い体現形の日付を表現形の日付として扱うことができる。同一著作の他の表現形と判別するために必要な場合は，コア・エレメントであり，必要に応じて月・日も記録する。

c．表現形の言語【#5.3】

　データ作成機関で定める用語で記録する。記述対象が言語を含む内容からなる場合は，コア・エレメント。

d．表現形のその他の特性【#5.4】

　【#5.1】〜【#5.3】の要素以外の，表現形と結びつく情報である。同一著作の他の表現形と判別するために必要な場合は，コア・エレメントである。

〔例〕増補改訂版

〈説明・管理要素【#5.5〜#5.8】〉

e．表現形の識別子【#5.5】

　表現形またはその表現形に代わる情報（典拠レコードなど）と結びつく一意の文字列。コア・エレメント。

f．表現形の内容に関する記録【#5.9】

　利用者のニーズに合致する資料の選択のために，資料の知的・芸術的内容と結びつく表現形の属性を記録する。おもなエレメントは以下のとおり。

　　内容の要約【#5.10】，内容の言語【#5.12】，表記法【#5.13】，図【#5.15】，
　　付加的内容【#5.16】，表現形に関する注記【#5.27】

■1内容の要約【#5.10】　　抄録，要旨，あらすじなどを記録する。

〔例〕イソップ物語の「アリとキリギリス」に基づく仕掛け絵本

■2内容の言語【#5.12】

〔例〕本文はラテン語，英訳併記

■3表記法【#5.13】　　図書に使用されるエレメント・サブタイプとして，文字

種がある。

〔例〕モンゴル文字

　　　キリル文字　　　（モンゴル語の資料に双方の文字がある場合）

4図【#5.15】　　　資料の主要な内容を表す，または説明する図，絵，写真などについて記録する。「図あり」と記録するか，その代わりに，またはこれに付加して「図の種類を示す用語」（【表5.15.0.2】）から選択する。抜粋を3-3表に示す。なお，文字および（または）数字のみからなる表は，図として扱わない。

3-3表　おもな「図の種類を示す用語」

グラフ
写真
肖像
地図
ファクシミリ[11]

5付加的内容【#5.16】　　　資料の主要な内容に付加することを意図した内容で，索引，参考文献表，付録などがある。

〔例〕索引あり

〔例〕参考書誌：p 597-784

〔例〕付：解説

6表現形に関する注記【#5.27】　　　表現形のエレメントとして記録した内容に，付加的情報を提供する注記。複数巻単行資料の途中の巻号で生じた変化などを記録する。

〔例〕1-4巻はフランス語，5-7巻は日本語

〔例〕第8巻は主に図版

3章「4. その他の実体の属性の記録【#3〜#8】」演習問題①

　本書76ページから始まる演習問題の図について，31ページから始まる3-1表に準じて，著作，表現形の属性を記録しなさい。

11：手書きの手紙や原稿などをそのまま複製した図。

（4）個人の属性の記録

ａ．個人の優先名称【#6.1】

　一般によく知られている名称を，以下の情報源の順に採用する【#6.1.2〜3】。

- 個人と結びつく資料の優先情報源
- 個人と結びつく資料に表示された，形式の整ったその他の情報
- その他の情報源（参考資料を含む）

「姓，スペース名」とし，読みも記録する。

　個人が名称を変更した場合は，最新の名称を優先名称として選択するが，以前の名称の方が一般によく知られる名称である場合には，以前の名称を採用する【#6.1.3.1A】。

〔例〕佐多，稲子‖サタ，イネコ（旧名称：窪川稲子）

　個人が使用範囲を定めて複数の名称を使い分けている場合は，それぞれの名称を採用する[12]。

〔例〕中島，梓‖ナカジマ，アズサ　（評論家として使用）

〔例〕栗本，薫‖クリモト，カオル　（小説家として使用）

ｂ．個人の異形名称【#6.2】

　優先名称として選択しなかった名称や，優先名称の異なる形を記録することができる。優先名称として選択しなかった名称としては，本名，筆名，旧名称または新名称，俗名，聖職名，その他，異なる形としては，言語が異なる形，文字種が異なる形，読みのみ異なる形，詳細度が異なる形，綴りが異なる形，漢字の字体が異なる形，前置語[13]の扱いが異なる形，その他がある。

ｃ．個人と結びつく日付【#6.3】

　生年，没年，個人の活動期間の三つのエレメント・サブタイプがある【#6.3.1.1】。このうち，生年および（または）没年はコア・エレメントである。西暦をアラビア数字で記録する。推定年の場合は「?」を付加して記録する【#6.3.3】。生没年が共に不明で，同一名称の他の個人と判別するために必要な

12：なお，使用範囲を定めず複数の名称を使い分けている場合は，いずれかの名称を優先名称とし，それ以外を異形名称とする。

13：西洋人などの名称に含まれる場合がある。例えば，"Fritz von Erich" の "von"。

情報源

以下の優先順位とする【#6.1.2】。

- 個人と結びつく資料の優先情報源
- 個人と結びつく資料に表示された，形式の整ったその他の情報
- その他の情報源（参考資料を含む）

優先名称の選択

一般によく知られている名称を選択する【#6.1.3】。

（ア）名称の変更【#6.1.3.1A】

　　　個人が名称を変更した場合は，最新の名称を選択する。ただし，以前の名称の方が，より
よく知られる名称である場合は，その名称を優先名称として選択する。

（イ）名称の使い分け【#6.1.3.1B】

　　　個人が使用範囲を定めて複数の名称を使い分けている場合は，それぞれの名称を優先名称
として選択する。

記録の方法

姓，コンマ，スペース，名とし【#6.1.4.1】，あわせて読みを記録する【#6.1.5】。

〔例〕佐多，稲子‖サタ，イネコ

〔例〕中島，梓‖ナカジマ，アズサ　（栗本薫と同一人物だが評論家としての筆名）

〔例〕栗本，薫‖クリモト，カオル　（中島梓と同一人物だが小説家としての筆名）

異形名称

（ウ）優先名称として選択しなかった名称【#6.2.3A】

　　　a）本名

　　　　　〔例〕金子，テル‖カネコ，テル　（優先名称：金子，みすゞ‖カネコ，ミスズ）

　　　　　〔例〕森，林太郎‖モリ，リンタロウ　（優先名称：森，鴎外‖モリ，オウガイ）

　　　b）筆名

　　　　　〔例〕吉村，冬彦‖ヨシムラ，フユヒコ（優先名称：寺田，寅彦‖テラダ，トラヒコ）

　　　c）旧名称または新名称

　　　　　〔例〕臼井，千代‖ウスイ，チヨ　（旧名称。優先名称：植川，千代‖ウエカワ，チヨ）

（エ）同一名称の異なる形【#6.2.3B】

　　　a）言語が異なる形

　　　b）文字種が異なる形

　　　　　〔例〕シェイクスピア，ウィリアム　（優先名称：Shakespeare, William）

　　　c）読みのみ異なる形

　　　　　〔例〕吉井，亜彦‖ヨシイ，アヒコ　（優先名称：吉井，亜彦‖ヨシイ，ツグヒコ）

　　　d）詳細度が異なる形

　　　　　〔例〕マルクス，カール ハインリヒ　（優先名称：Marx, Karl）

　　　e）綴りが異なる形

　　　　　〔例〕金子，みすず‖カネコ，ミスズ　（優先名称：金子，みすゞ‖カネコ，ミスズ）

　　　f）漢字の字体が異なる形

　　　　　〔例〕森，鷗外‖モリ，オウガイ　（優先名称：森，鴎外‖モリ，オウガイ）

3-11図　「個人の名称」に関するおもなルール

ときは，個人の活動期間がコア・エレメントになる【#6.3.3.3】。

ｄ．活動分野【#6.5】

同一名称の他の個人と判別するために必要な場合は，コア・エレメント。

〔例〕数学

〔例〕政治学

ｅ．職業【#6.6】

同一名称の他の個人と判別するために必要な場合は，コア・エレメント。

〔例〕翻訳家

ｆ．個人の識別子【#6.18】

個人または個人に代わる情報（典拠レコードなど）と結びつく一意の文字列。コア・エレメント。

〔例〕国立国会図書館典拠 ID：00046801 （森，鴎外，1862-1922の国立国会図書館の典拠 ID)

（5）団体の属性の記録

ａ．団体の優先名称【#8.1】

団体の優先名称には，一般によく知られている名称を選択する【#8.1.3】。団体が名称を変更した場合は，それぞれの名称を優先名称として選択する【#8.1.3.2】。法人組織の種類を示す語句は省略する【#8.1.4.1A】。会議，大会，集会等（これらも団体に含まれる）については，その名称のみを優先名称として記録し，回次，開催地，開催年は省略する【#8.1.4.1D】。

〔例〕日本博物館協会||ニホン ハクブツカン キョウカイ （正式名称：公益財団法人日本博物館協会）

〔例〕全国図書館大会||ゼンコク トショカン タイカイ （正式名称は「全国図書館大会」の前後に回次と開催地が入る。「第106回　全国図書館大会和歌山大会」）

ｂ．団体の異形名称【#8.2】

優先名称として選択しなかった名称や，優先名称の異なる形を，異形名称として記録することができる。

〔例〕国際連合||コクサイ レンゴウ（優先名称：United Nations）

ｃ．団体と結びつく場所【#8.3】

会議，大会，集会等についてはコア・エレメント【#8.3】。

〔例〕和歌山市（第16回全国図書館大会の開催地）

ｄ．団体の識別子【#8.12】

コア・エレメント。

〔例〕国立国会図書館典拠 ID：00267599　（日本図書館協会の国立国会図書館の典拠 ID）

3章「4．その他の実体の属性の記録【#3～#8】」演習問題②

　本書76ページから始まる演習問題の図について，31ページから始まる 3 - 1 表に準じて，個人，団体の属性を記録しなさい。

5．アクセス・ポイントの構築【#21】

　書誌データおよび典拠データの検索に使用される。以下の種類がある。

　①統制形アクセス・ポイント【#21.1】……典拠コントロールされる実体に対して使用されるアクセス・ポイントであり，実体に関するデータを集中[14]させるために必要な一貫性をもたらすものである。これには，以下の二つがある。

- 典拠形アクセス・ポイント：各実体の優先名称（または優先タイトル）を基礎として構築する。
- 異形アクセス・ポイント：典拠形アクセス・ポイントとは異なる形のアクセス・ポイント。各実体の優先名称（または優先タイトル）または異形名称（または異形タイトル）を基礎として構築する。

　②非統制形アクセス・ポイント【#21.2】……典拠コントロールの対象とならないアクセス・ポイント。名称，タイトル，コード，キーワード等が使用されることがある。

14：これについては，1章 2 節 2 項の「集中機能」を参照されたい。

（1）著作に対するアクセス・ポイント【#22】

ａ．著作に対する典拠形アクセス・ポイント【#22.1A】

　優先タイトルを基礎とし，これに創作者（著者など）に対する典拠形アクセス・ポイントを結合する。著作に責任を有する個人・家族・団体が特定できない場合や不明な場合，映画などの動画作品には優先タイトル単独を典拠形アクセス・ポイントとする。さらに必要に応じて著作のタイトル以外の識別要素を付加して構築する。結合の順序は規定されていないが，本書では NCR2018 の例示にならう。

１単一の創作者による著作【#22.1.1】　　創作者に対する典拠形アクセス・ポイントと著作の優先タイトルを結合する。

〔例〕野坂，昭如||ノサカ，アキユキ，1930-2015. 火垂るの墓||ホタル ノ ハカ

〔例〕宮本，常一||ミヤモト，ツネイチ，1907-1981. 宮本常一著作集||ミヤモト ツネイチ チョサクシュウ

〔例〕首都大学東京||シュト ダイガク トウキョウ. 公立大学法人首都大学東京規程集||コウリツ ダイガク ホウジン シュト ダイガク トウキョウ キテイシュウ

２複数の創作者による共著作【#22.1.2】　　各創作者に対する典拠形アクセス・ポイントを情報源の順に記録し，著作の優先タイトルを結合する。

〔例〕園部，三郎||ソノベ，サブロウ，1906-1980；山住，正己||ヤマズミ，マサミ，1931-2003. 日本の子どもの歌||ニホン ノ コドモ ノ ウタ

３識別要素の付加【#22.1.6】　　他の著作または個人・家族・団体，場所に対する典拠形アクセス・ポイントと同一または類似している場合は，次の中から一つ以上の適切な識別要素を付加する。

- 著作の形式【#4.3】
- 著作の日付【#4.4】
- 著作の成立場所【#4.5】
- 責任刊行者【#4.6】
- 著作のその他の特性【#4.7】

〔例〕ドーデ，アルフォンス，1840-1897. アルルの女｜｜アルル ノ オンナ（戯曲）（同名の小説を作者本人が戯曲にしたもの。小説と識別するために形式を付加した。なお，著者と著作は別法[15]を採用して日本語で記録してある）

■4 **著作の部分に対する典拠形アクセス・ポイント【#22.1.7】**　　著作の単一の部分に対する典拠形アクセス・ポイントは，これに責任を有する個人・家族・団体に対する典拠形アクセス・ポイントと単一の部分の優先タイトルを結合する。

〔例〕三島，由紀夫｜｜ミシマ，ユキオ，1925-1970. 春の雪｜｜ハル ノ ユキ（三島由紀夫作「豊饒の海」の単一の部分[16]）

ｂ．著作に対する異形アクセス・ポイント【#22.2】

■1 **著作の異形タイトルと，創作者または非創作者に対する典拠形アクセス・ポイントの結合形**

〔例〕坪内，逍遙｜｜ツボウチ，ショウヨウ，1859-1935. 一讀三歎當世書生氣質｜｜イチドク サンタン トウセイ ショセイ カタギ（典拠形アクセス・ポイント：坪内，逍遙｜｜ツボウチ，ショウヨウ，1859-1935. 當世書生氣質｜｜トウセイ ショセイ カタギ）

■2 **著作の異形タイトルの単独形**

〔例〕世継の翁の物語｜｜ヨツギ ノ オキナ ノ モノガタリ（典拠形アクセス・ポイント：大鏡｜｜オオカガミ）

■3 **著作の優先タイトルを基礎とする場合**

〔例〕福澤，諭吉｜｜フクザワ，ユキチ，1835-1901. 福澤心訓｜｜フクザワ シンクン（典拠形アクセス・ポイント：福澤心訓｜｜フクザワ シンクン）（創作者不明の偽書なので典拠形アクセス・ポイントには創作者を付していないが，付したものを異形アクセス・ポイントとして構築した例）

（2）表現形に対するアクセス・ポイント【#23】

ａ．表現形に対する典拠形アクセス・ポイント【#23.1】

　著作または著作の部分に対する典拠形アクセス・ポイントに，次の中から一

15：これについては，2章2節2項ｃの脚注を参照されたい。
16：『豊饒の海』は『春の雪』『奔馬』『暁の寺』『天人五衰』の全4巻からなる小説。

つ以上の適切な識別要素を付加して構築する。

- 表現種別【#5.1】
- 表現形の日付【#5.2】
- 表現形の言語【#5.3】
- 表現形のその他の特性【#5.4】

〔例〕森，鴎外||モリ，オウガイ，1862-1922．全集||ゼンシュウ．1923 （他
    の全集と識別するために表現形の日付を付加した）

〔例〕森，鴎外||モリ，オウガイ，1862-1922．全集||ゼンシュウ．1936 （同
    上）

〔例〕山田，太一||ヤマダ，タイチ，1934-．異人たちとの夏||イジンタチト
    ノ ナツ．ロシア語 （ロシア語に翻訳されたものであることを表すため
    に，表現形の言語を付加した）

ｂ．表現形に対する異形アクセス・ポイント【#23.2】

典拠形アクセス・ポイントの識別要素を，異なる形に置き換えて構築する。

〔例〕森，鴎外||モリ，オウガイ，1862-1922．全集||ゼンシュウ．岩波書店
    （典拠形アクセス・ポイント：森，鴎外||モリ，オウガイ，1862-1922.
    全集||ゼンシュウ．1936）

（3）個人に対するアクセス・ポイント【#26】

ａ．個人に対する典拠形アクセス・ポイント【#26.1】

個人に対する典拠形アクセス・ポイントや異形アクセス・ポイントにより，
特定の個人を発見，識別できるようになる。すなわち，

- 複数の名称を持つ個人が存在するとき，その個人を識別できる。
- 個人が一般に知られている名称と異なる名称を使用しているとき，その関
  係を理解できる。
- 同一名称を持つ複数の個人が存在するとき，各個人を判別できる。

という機能がある。

典拠形アクセス・ポイントは，個人に対する優先名称を基礎とし，他の個人
との判別に必要な場合は識別要素を付加する【#26.1～26.1A】。

- 展開形【#26.1.3】

- （王族や貴族の）称号【#26.1.1】
- 生年および（または）没年【#26.1.2】
- 活動分野，職業【#26.1.5】
- 活動期間【#26.1.4】
- その他の語句【#26.1.6f】

〔例〕鈴木，正義‖スズキ，マサヨシ　（最初に記録する場合は識別要素は不要）

〔例〕鈴木，正義‖スズキ，マサヨシ，1911-　（同名異人があったら識別要素を付加する）

〔例〕鈴木，正義‖スズキ，マサヨシ，1915-1993　（識別要素として生没年とも記録した例）

〔例〕渡辺，一男‖ワタナベ，カズオ　（最初に記録する場合は識別要素は不要）

〔例〕渡辺，一男‖ワタナベ，カズオ，弁護士　（同名異人を判別するために識別要素として職業を記録した例）

ｂ．個人に対する異形アクセス・ポイント【#26.2】

　個人の優先名称または異形名称を基礎として構築し，必要な場合は識別要素を付加する。

（4）団体に対するアクセス・ポイント【#28】

ａ．団体に対する典拠形アクセス・ポイント【#28.1】

　団体に対する典拠形アクセス・ポイントや異形アクセス・ポイントにより，特定の団体を発見，識別できるようになる。すなわち，

- 複数の名称を持つ団体が存在するとき，その団体を識別できる。
- 団体が一般に知られている名称と異なる名称を使用しているとき，その関係を理解できる。
- 同一名称を持つ複数の団体が存在するとき，各団体を判別できる。

という機能がある。

　優先名称を基礎とし，他の団体との判別に必要な場合は，識別要素を付加する【#28.1〜1A】。

- 団体の種類【#28.1.1】
- 団体と結びつく場所【#28.1.2】
- 関係団体の名称【#28.1.3】
- 団体と結びつく日付【#28.1.4】
- 行政区分を表す語【#28.1.5】
- その他の識別語句【#28.1.6】

〔例〕共同通信社││キョウドウ ツウシンシャ（一般社団法人）

〔例〕共同通信社││キョウドウ ツウシンシャ（株式会社）

〔例〕クレア（東京都中野区）

〔例〕クレア（東京都千代田区）

ｂ．団体に対する異形アクセス・ポイント【#28.2】

　団体の優先名称または異形名称を基礎として構築し，必要な場合は識別要素を付加する。

〔例〕国際連合││コクサイ レンゴウ（典拠形アクセス・ポイント：United Nations）

┌───┐
│ 3章「5．アクセス・ポイントの構築【#21】」　演習問題 │
└───┘

　本書76ページから始まる演習問題の図について，31ページから始まる3-1表に準じて，著作，表現形，個人，団体のアクセス・ポイントを記録しなさい。

6．関連の記録【#41〜#44】

（1）関連総則【#41】

　それぞれの実体について属性を記録すると共に，各実体の間に存在するさまざまな関係性を，関連として記録する。

　関連には，次の種類がある【#41.2.1】。

- 資料に関する基本的関連【#42】
- 資料に関するその他の関連【#43】
- 資料と個人・家族・団体との関連【#44】

- 資料と主題との関連【#45】
- 個人・家族・団体の間の関連【#46】
- 主題間の関連【#47】

　このうち，主題に関係する関連，すなわち，「資料と主題との関連」と「主題間の関連」の規則は2020年12月現在では保留となっている。

　関連の記録は，その実体が他のどの実体とどのような関係があるかを表すものなので，関連する相手の実体と，その関係性の種類の双方を記録するのが基本である。

　関連する他の実体を記録する方法には以下の５種類がある。まず，ある実体から関連する相手の実体を指し示す方法としては，他の実体の識別子を記録する，他の実体を示す典拠形アクセス・ポイントを記録する，の二つがある。

　さらに，資料に関する基本的関連（ある資料について，著作・表現形・体現形・個別資料の関係を明らかにする）については，複合記述で記述することができる。これは，体現形の記述に，著作・表現形・個別資料の属性を組み合わせて記録するものである。

　それ以外の方法としては，資料に関するその他の関連（ある資料と，別の資料との関連）については，構造記述もしくは，非構造記述で記録することができる。構造記述とは，関連先[17]の著作・表現形・体現形・個別資料を識別できるように，いくつかの属性を ISBD など標準的な表示形式で記録する方法である。非構造記述は ISBD などに依らず，語句，文，パラグラフなどでその関連を記録する方法である。

　関連先との関係性を明らかにするために，どのような関連であるかを表す関連指示子を付加することができる。ただし，基本的関連と非構造記述については関連指示子を記録しない。

（２）資料に関する基本的関連【#42】

　記述対象資料について，その著作・表現形・体現形・個別資料の関連を記録する。以下のエレメントがある。

17：これについては本節３項ａ**❶**の脚注を参照されたい。

- 著作から表現形への関連【#42.1】
- 表現形から著作への関連【#42.2】
- 著作から体現形への関連【#42.3】
- 体現形から著作への関連【#42.4】
- 表現形から体現形への関連【#42.5】
- 体現形から表現形への関連【#42.6】
- 体現形から個別資料への関連【#42.7】
- 個別資料から体現形への関連【#42.8】

つまり，著作↔表現形↔体現形↔個別資料の関連もしくは，表現形を省略した著作↔体現形↔個別資料の関連を記録することができる。このうち，体現形→表現形→著作の関連か，もしくは，体現形→著作の関連のいずれかはコア・エレメントである。

資料に関する基本的関連は記述対象となる個別資料が例示している体現形，その体現形が具体化している表現形，その表現形が実現している著作が何であるかを明らかにするもので，関連先の識別子か典拠形アクセス・ポイントを記録するか，もしくは全体を複合記述で記述する。複合記述の場合は次のようになる。

〔例〕20世紀 ／ アルベール・ロビダ著；朝比奈弘治訳. — 東京：朝日出版社，
2007. — 原タイトル：Le vingtième siècle （著作の原タイトルを，体現形の記述と組み合わせた複合記述）

（3）資料に関するその他の関連【#43】

記述対象資料と，他の著作，表現形，体現形，個別資料との関連を記録する。以下のエレメントがある。

- 著作間の関連【#43.1】
- 表現形間の関連【#43.2】
- 体現形間の関連【#43.3】
- 個別資料間の関連【#43.4】

これらの関連については，どのような関係性なのかを表す関連指示子を記録することができる。関連指示子は，NCR2018付録の「C.1 関連指示子：資料に

関するその他の関連」にまとめられている（抜粋を本項末3-4表〜3-7表に示す）が，適切な用語がない場合は，データ作成機関が適切な用語を定めて記録する（以降の例ではアクセス・ポイントの読みは省略した）。

a．著作間の関連【#43.1】

１派生の関連（原作（著作）↔派生（著作））

〔例〕自由訳の対象（著作）：国立国会図書館典拠 ID：00627759（貝原益軒「養生訓」に対する国立国会図書館の典拠 ID）（関連元[18]：工藤，美代子．自由訳・養生訓）

〔例〕漫画化の原作（著作）：http://id.ndl.go.jp/auth/ndlna/00633493（紫式部「源氏物語」に対する国立国会図書館の典拠データの URI）（関連元：大和，和紀．あさきゆめみし）

〔例〕脚本化の原作（著作）：野坂，昭如，1930-2015．火垂るの墓（野坂昭如「火垂るの墓」に対する典拠形アクセス・ポイント）（関連元：高畑，勲．火垂るの墓）

２参照の関連（その著作を記念した著作↔記念の対象とされた著作）

〔例〕その著作を記念した著作：宮崎県．古事記編さん 1300年（関連元：古事記）

３全体・部分の関連（上位（著作）↔下位（著作））

〔例〕上位のシリーズ：講談社現代新書（関連元：新書東洋史）

〔例〕シリーズ（著作）：アジア経済研究所叢書　（関連元：中東・中央アジア諸国における権力構造：したたかな国家・翻弄される社会／酒井啓子・青山弘之編（「アジア経済研究所叢書」の中の一つの著作））

４付属・付加の関連（相互補完（著作），本体（著作）↔付属（著作））

〔例〕索引の対象：続日本紀　（関連元：笹山晴生，吉村武彦編．続日本紀索引年表）

〔例〕「新選組史料集」（新人物往来社 1993年刊）と「新選組史料集 続」（新人物往来社 2006年刊）の改題・合本・加筆・再編集　（関連元：新選組史料大全）　（非構造記述の例）

18：「AからBへの関連」という場合，Aを「関連元」といい，Bを「関連先」という。この例は，工藤美代子の著作（関連元）から貝原益軒の著作（関連先）への関連の例である。

5連続の関連（先行（著作）↔後続（著作））

〔例〕前編：宮島正人著．海神宮訪問神話の研究　（関連元：宮島正人著．「倭」
の神々と邪馬台国）（『「倭」の神々と邪馬台国』は『海神宮訪問神話の
研究』の続編にあたる）

ｂ．表現形間の関連【#43.2】

1派生の関連（原作（表現形）↔派生（表現形））

〔例〕翻訳：Library of Congress control number: no 45029807（イタリア語
訳「源氏物語」に対する米国議会図書館の識別子）（関連元：源氏物語）

2全体・部分の関連（上位（表現形）↔下位（表現形））　　記述対象が構成要
素の一つである上位の著作の表現形。

3付属・付加の関連（相互補完（表現形），本体（表現形）↔付属（表現形））
記述対象と主従関係がなく，一対である著作の表現形。

4連続の関連（先行（表現形）↔後続（表現形））　　時系列や話の筋において，
記述対象に先行する著作の表現形。

ｃ．体現形間の関連【#43.3】

1等価の関連（等価（体現形））

〔例〕復刻（体現形）：ISBN 978-4-09-138400-3（関連元：ポーの一族．1 ／
萩尾望都著．—［東京］：小学館，1974）

2全体・部分の関連（上位（体現形）↔下位（体現形））

〔例〕上位（体現形）：アジア経済研究所叢書．— 東京：岩波書店，2005-
（関連元：中東・中央アジア諸国における権力構造：したたかな国家・
翻弄される社会 ／ 酒井啓子・青山弘之編（「アジア経済研究所叢書」の
中の単行資料1巻））

ｄ．個別資料間の関連【#43.4】

1等価の関連（等価（個別資料））

〔例〕デジタル化の対象（個別資料）：プランゲ文庫請求記号：JX-0008（関
連元：Charter of the United Nations ／ United Nations．— 東京：國際
聯合研究會，1946）

2全体・部分の関連（上位（個別資料）↔下位（個別資料））　　記述対象が構
成要素の一つである上位の個別資料。

❸付属・付加の関連（付属・付加（個別資料））

〔例〕衆議院事務局（昭和48年6月）刊と参議院事務局（昭和48年7月）刊の
　　　2冊を合冊製本したもの（関連元：列国議会同盟規約及び諸規則列国議
　　　会同盟日本議員団規約）

3-4表　著作間の関連指示子【#C.1.1】

（ア）著作の派生の関連	
原作（著作）	**派生（著作）**
自由訳の対象（著作） その趣旨が保持されたまま，自由に翻訳された著作。	**自由訳（著作）** 記述対象の趣旨を保持したまま，自由に翻訳した著作。
抄録の対象（著作） 記述対象によって，簡略かつ客観的に短縮された著作。	**抄録（著作）** 記述対象を簡略かつ客観的に短縮した著作。
翻案の原作（著作） 記述対象によって，当初意図されていなかった目的や手段で使用するために改変された著作。形式が変更されたり，同じ形式で完全に書き直されたりすることがある。	**翻案（著作）** 記述対象を当初意図されていなかった目的や手段で使用するために，改変した著作。形式を変更したり，同じ形式で完全に書き直したりすることがある。
映画化の原作（著作） 　記述対象によって，映画として翻案された著作。	**映画化（著作）** 　記述対象を基に作成された映画。
脚本化の原作（著作） 　記述対象によって，映画，テレビ番組，ビデオ作品の脚本として翻案された著作。	**脚本化（著作）** 　記述対象を基に作成された映画，テレビ番組，ビデオ作品の脚本から成る著作。
映画の脚本化の原作（著作） 　　記述対象によって，映画の脚本として翻案された著作。	**映画の脚本化（著作）** 　　記述対象を基に作成された映画の脚本から成る著作。
小説化の原作（著作） 　記述対象によって，小説として翻案された著作。	**小説化（著作）** 　記述対象から翻案された小説。

ドラマ化の原作（著作） 記述対象によって，ドラマとして翻案された著作。	**ドラマ化（著作）** 記述対象から翻案されたドラマ。
漫画化の原作（著作） 記述対象によって，漫画として翻案された著作。	**漫画化（著作）** 記述対象を基に作成された漫画。

（イ）著作の参照の関連

その著作を記念した著作 記述対象を記念した著作。	**記念の対象とされた著作** 記述対象によって記念された著作。

（ウ）著作の全体・部分の関連

上位（著作） 記述対象が構成要素の一つである上位の著作。	**下位（著作）** 記述対象を構成する下位の著作。

上位のシリーズ
  記述対象がそのサブシリーズとして属する上位のシリーズ。
	サブシリーズ
	  記述対象に属するサブシリーズ。

シリーズ
  記述対象がその一部として属するシリーズ。
	シリーズの一部
	  記述対象に属するシリーズの一部。

（エ）著作の付属・付加の関連

相互補完（著作） 記述対象と主従関係がなく，一対である著作。	**相互補完（著作）** 記述対象と主従関係がなく，一対である著作。

脚本（著作）
  記述対象の映画，テレビ番組，ビデオ作品の脚本とされた著作。
	脚本が使用された著作
	  記述対象を脚本として使用した映画，テレビ番組，ビデオ作品の著作。

映画の脚本（著作）
    記述対象の映画の脚本とされた著作。
	脚本が使用された映画（著作）
	    記述対象を脚本として使用した映画の著作。

使用された音楽（著作）
  記述対象の映画，演劇，テレビ番組等で使用された音楽作品。
	音楽が使用された著作
	  記述対象の音楽作品を使用した映画，演劇，テレビ番組等の著作。

映画音楽（著作）
    記述対象の映画で使用された音楽作品。
	音楽が使用された映画（著作）
	    記述対象の音楽作品を使用した映画の著作。

本体（著作）	付属（著作）
別の著作によって，内容が追加された著作。	主要な著作に内容を追加した著作。
索引の対象（著作） 記述対象の索引の対象とされた著作。	**索引（著作）** 記述対象に対する索引。

（オ）著作の連続の関連

先行（著作）	後続（著作）
時系列や話の筋において，記述対象に先行する著作。	時系列や話の筋において，記述対象に後続する著作。
過去編 記述対象の話の筋を過去に遡って拡張した著作。	**正編** 記述対象によって，その話の筋が過去に遡って拡張された著作。
前編 記述対象によって，その話の筋が継続された著作。	**続編** 記述対象の話の筋を継続した著作。
継続前（著作） 記述対象の内容が継続された著作。一般に逐次刊行物に適用する。	**継続後（著作）** その内容が記述対象を継続した著作。一般に逐次刊行物に適用する。

3-5表　表現形間の関連指示子【#C.1.2】

（ア）表現形の派生の関連

原作（表現形）	派生（表現形）
改訂の対象 更新，修正または増補された版のベースとして使われた著作の表現形。	**改訂** 更新，修正または増補された著作の表現形。
抄録の対象（表現形） 記述対象によって，簡略かつ客観的に短縮された著作の表現形。	**抄録（表現形）** 記述対象が，簡略かつ客観的に短縮した著作の表現形。
翻案の原作（表現形） 記述対象によって，当初意図されていなかった目的や手段で使用するために改変された著作の表現形。	**翻案（表現形）** 記述対象を当初意図されていなかった目的や手段で使用するために改変した著作の表現形。

映画化の原作（表現形） 記述対象によって，映画として翻案された著作の表現形。	**映画化（表現形）** 記述対象を基に作成された映画。
脚本化の原作（表現形） 記述対象によって，映画，テレビ番組，ビデオ作品の脚本として翻案された著作の表現形。	**脚本化（表現形）** 記述対象を基に作成された映画，テレビ番組，ビデオ作品の脚本から成る著作の表現形。

映画の脚本化の原作（表現形）
  記述対象によって，映画の脚本として翻案された著作の表現形。
	映画の脚本化（表現形）
	  記述対象を基に作成された映画の脚本から成る著作の表現形。

小説化の原作（表現形） 記述対象によって，小説として翻案された著作の表現形。	**小説化（表現形）** 記述対象から翻案された小説の表現形。
ドラマ化の原作（表現形） 記述対象によって，ドラマとして翻案された著作の表現形。	**ドラマ化（表現形）** 記述対象から翻案されたドラマの表現形。
漫画化の原作（表現形） 記述対象によって，漫画として翻案された著作の表現形。	**漫画化（表現形）** 記述対象を基に作成された漫画。
翻訳の対象 記述対象と異なる言語に翻訳された著作の表現形。	**翻訳** 記述対象と異なる言語に翻訳した著作の表現形。

（イ）表現形の全体・部分の関連

上位（表現形） 記述対象が構成要素の一つである上位の著作。	**下位（表現形）** 記述対象を構成する下位の著作の表現形。

（ウ）表現形の付属・付加の関連

相互補完（表現形） 記述対象と主従関係がなく，一対である著作の表現形。	**相互補完（表現形）** 記述対象と主従関係がなく，一対である著作の表現形。

脚本（表現形）
  映画，テレビ番組，ビデオ作品の脚本とされた著作の表現形。
	脚本が使用された表現形
	  記述対象を脚本として使用した映画，テレビ番組，ビデオ作品の著作の表現形。

映画の脚本（表現形） 映画の脚本とされた著作の表現形。	脚本が使用された映画（表現形） 記述対象を脚本として使用した映画の著作の表現形。
使用された音楽（表現形） 映画，演劇，テレビ番組等で使用された音楽作品の表現形。	音楽が使用された表現形 音楽作品を使用した映画，演劇，テレビ番組等の著作の表現形。
映画音楽（表現形） 映画で使用された音楽作品の表現形。	音楽が使用された映画（表現形） 音楽作品を使用した映画の著作の表現形。

| 本体（表現形）
別の表現形によって，内容が追加された著作の表現形。 | 付属（表現形）
主要な表現形に内容を追加した著作の表現形。 |
| 索引の対象（表現形）
索引の対象とされた著作の表現形。 | 索引（表現形）
記述対象に対する索引の表現形。 |

（エ）表現形の連続の関連

| 先行（表現形）
時系列や話の筋において，記述対象に先行する著作の表現形。 | 後続（表現形）
時系列や話の筋において，記述対象に後続する著作の表現形。 |
| 差替前（表現形）
記述対象によって，その内容が差替えられた著作の表現形。 | 差替後（表現形）
記述対象と差替えられた著作の表現形。 |

3-6表　体現形間の関連指示子【#C.1.3】

（ア）体現形の等価の関連

等価（体現形） 記述対象と同じ著作の表現形を具体化した体現形。	等価（体現形） 記述対象と同じ著作の表現形を具体化した体現形。
異版 記述対象と同じ著作の表現形を，別の形式で刊行した体現形。	異版 記述対象と同じ著作の表現形を，別の形式で刊行した体現形。
複製の対象（体現形） 複製の対象とされた体現形。	複製（体現形） 記述対象を複製した体現形。
デジタル化の対象（体現形） デジタル化の対象とされたアナログ形式の体現形。	デジタル化（体現形） アナログ形式の体現形をデジタル化した体現形。

復刻の対象（体現形） 忠実に再現する対象とされた体現形。	復刻（体現形） 記述対象を忠実に再現した体現形。
リプリントの対象（体現形） リプリントの対象とされた印刷体の体現形。	リプリント（体現形） 記述対象をリプリントした体現形。

（イ）体現形の全体・部分の関連

上位（体現形） 記述対象が構成要素の一つである上位の体現形。	下位（体現形） 記述対象を構成する下位の体現形。
挿入先 記述対象が挿入された体現形。記述対象はその体現形の不可分な一部ではない。	挿入 記述対象に挿入した体現形。記述対象の一部ではなく，個別に刊行されたもの。
復刻の全体 記述対象の復刻が構成要素の一つである体現形。復刻とは，記述対象を忠実に再現した体現形である。	復刻に含まれる対象 復刻の対象の一部を構成する体現形。

（ウ）体現形の付属・付加の関連

付属・付加（体現形） 記述対象とともに刊行された体現形。その内容に関する関連を伴わない。	付属・付加（体現形） 記述対象とともに刊行された体現形。その内容に関する関連を伴わない。
合冊刊行 記述対象と同じキャリア内に収載され，刊行された体現形。	合冊刊行 記述対象と同じキャリア内に収載され，刊行された体現形。

3-7表　個別資料間の関連指示子【#C.1.4】

（ア）個別資料の等価の関連

等価（個別資料） 記述対象と同じ体現形を具体化した個別資料。	等価（個別資料） 記述対象と同じ体現形を具体化した個別資料。
複製の対象（個別資料） 複製の対象とされた個別資料。	複製（個別資料） 記述対象を複製した個別資料。
デジタル化の対象（個別資料） デジタル化の対象とされたアナログ形式の個別資料。	デジタル化（個別資料） アナログ形式の個別資料をデジタル化した個別資料。

復刻の対象（個別資料）	復刻（個別資料）
忠実に再現する対象とされた個別資料。	記述対象を忠実に再現した個別資料。
リプリントの対象（個別資料）	リプリント（個別資料）
リプリントの対象とされた個別資料。	記述対象をリプリントした個別資料。

（イ）個別資料の全体・部分の関連

上位（個別資料）	下位（個別資料）
記述対象が構成要素の一つである上位の個別資料。	記述対象を構成する下位の個別資料。

（ウ）個別資料の付属・付加の関連

付属・付加（個別資料）	付属・付加（個別資料）
記述対象の刊行後に，ともにまとめられた個別資料。	記述対象の刊行後に，ともにまとめられた個別資料。
合冊	合冊
記述対象とともに製本された個別資料。	記述対象とともに製本された個別資料。

3章「6．関連の記録【#41〜#44】」 演習問題①

　本書76ページから始まる演習問題の図について，31ページから始まる3-1表に準じて，資料に関する基本的関連を記録しなさい。

（4）資料と個人・家族・団体との関連【#44】

　記述対象資料と，個人・家族・団体との関連を記録する。以下の4種類があり，「創作者」「著作と関連を有する非創作者」などの各項目がエレメントである。

- 著作と個人・家族・団体との関連【#44.1】
  - ○創作者【#44.1.1】
  - ○著作と関連を有する非創作者【#44.1.2】
- 表現形と個人・家族・団体との関連【#44.2】
  - ○寄与者【#44.2.1】
- 体現形と個人・家族・団体との関連【#44.3】
  - ○出版者【#44.3.1】
  - ○頒布者【#44.3.2】
  - ○製作者【#44.3.3】
  - ○非刊行物の制作者【#44.3.4】

　　○体現形と関連を有するその他の個人・家族・団体【#44.3.5】
　•個別資料と個人・家族・団体との関連【#44.4】
　　○所有者【#44.4.1】
　　○管理者【#44.4.2】
　　○個別資料と関連を有するその他の個人・家族・団体【#44.4.3】

　関連の詳細を表すために，関連指示子を付加することができる。関連指示子は，NCR2018の付録の「C.2 関連指示子：資料と個人・家族・団体との関連」にまとめられているが，適切な用語がない場合は，データ作成機関が適切な用語を定めて記録する。

ａ．著作と個人・家族・団体との関連【#44.1】

1創作者【#44.1.1】

〔例〕著者：高木，貞治，1875-1960（関連元：著作「解析概論」）

〔例〕著者：日本癌学会（関連元：著作「日本癌学会会員名簿」）

2著作と関連を有する非創作者【#44.1.2】

〔例〕被記念者：国立国会図書館典拠 ID：00080538（滝川，政次郎，1897-1992 に対する国立国会図書館の典拠 ID）（関連元：著作「滝川博士還暦記念論文集」）

ｂ．表現形と個人・家族・団体との関連【#44.2】

1寄与者【#44.2.1】　表現形の成立に寄与する個人・家族・団体（編者，訳者，注釈者，演奏・演技者等）。

〔例〕訳者：呉，茂一，1897-1977（関連元：著作「Ιλιάς」を日本語訳した表現形）

ｃ．体現形と個人・家族・団体との関連【#44.3】

1出版者【#44.3.1】

〔例〕新潮社（関連元：体現形「戦国夜話 / 本郷和人著. ― 東京：新潮社，2016.4」）

ｄ．個別資料と個人・家族・団体との関連【#44.4】

1所有者【#44.4.1】

〔例〕寄託者：徳島県立博物館（関連元：個別資料「板碑銘（拓本）東京大学史料編纂所所蔵資料 00203030」）

3 章「6.　関連の記録【#41〜#44】」　演習問題②

　以下にある演習問題図(1)〜(16)について，31 ページから始まる 3 - 1 表に準じて，著作，表現形，体現形，と個人・家族・団体との関連を記録しなさい。

3 章「目録作業の実際：図書」　演習問題図

(1)　214p，18.8×13.1cm，つちや　たけゆき（1965-）

鉄道の未来予想図

土屋武之

実業之日本社

てつどう　みらい よそうず
鉄道の未来予想図

2013年6月21日　初版第 1 刷発行

著　者………土屋武之
発行者………村山秀夫
発行所………実業之日本社
　〒104-8233　東京都中央区京橋3-7-5 京橋スクエア
　　電話（編集）03-3535-2393
　　　　（販売）03-3535-4441
　http://www.j-n.co.jp/
印刷所………大日本印刷
製本所………ブックアート

Ⓒ Takeyuki Tsuchiya 2013, Printed in Japan
ISBN 978-4-408-11000-4（学芸）

●落丁・乱丁は小社でお取り替えいたします。
●実業之日本社のプライバシーポリシー（個人情報の取扱い）
　は上記サイトをご覧ください。
●本書の一部あるいは全部を無断で複写・複製（コピー，ス
　キャン，デジタル化等）・転載することは，法律で認めら
　れた場合を除き，禁じられています。また，購入者以外の
　第三者による本書のいかなる電子複製も一切認められてお
　りません。

補足

　・図あり

(2)　143p，19.7×21.9cm，むらい あきお（1961-），うやま よしあき

The Clouds Catalog

雲のカタログ

［空がわかる全種分類図鑑］

［文と写真］村井昭夫・鵜山義晃

草思社

雲のカタログ
空がわかる全種分類図鑑
2011©Akio Murai, Yoshiaki Uyama

2011年 5 月30日第1刷発行

文・写真	村井昭夫・鵜山義晃
装 幀 者	Malpu Design
	（清水良洋＋黒瀬章夫）
発 行 者	藤田　博
発 行 所	株式会社 草思社
	〒 160-0022
	東京都新宿区新宿 5-3-15
	電話　営業03（4580）7676
	編集03（4580）7680
	振替　00170-9-23552
印　　刷	中央精版印刷株式会社
製　　本	大口製本印刷株式会社

ISBN978-4-7942-1823-0　検印省略
http://www.soshisha.com/

(3)　205p，20.9×14.9cm，さくらい かん（1954-）

ぞっこん鉄道今昔

昭和の鉄道撮影地への旅
写真・文　櫻井 寛

朝日新聞出版

ぞっこん鉄道今昔（てつどうこんじゃく）
昭和の鉄道撮影地への旅（しょうわ てつどうさつえいち たび）

2012年8月30日　第 1 刷発行

著　者	櫻井 寛（さくらい かん）
発行者	勝又ひろし
発行所	朝日新聞社
	〒104-8011
	東京都中央区築地5-3-2
	電話　03-5541-8785（編集）
	03-5540-7793（販売）
印刷製本	凸版印刷株式会社

©2012 kan Sakurai
Published in Japan by Asahi Shinbun
Publications Inc.
ISBN 978-4-02-331112-1

⑷　222p，20.8×14.8cm，きたはら　むねのり（1946-）

第2版
情報社会の
情報学
Informatics of Information Society

北原　宗律　著

西日本法規出版

第2版
情報社会の情報学

1999年10月29日	初版発行
2001年 3 月30日	第 2 刷発行
2003年 4 月28日	改訂版発行
2005年 4 月11日	第 2 版発行

著　者　　北原　宗律
発　行　　西日本法規出版（株）
〒700-0035
岡山市高柳西町1-23
TEL：086-255-2181㈹
FAX：086-255-6324
e-mail：info@296.jp
振替　01200-2-7412

印刷・製本　　友野印刷株式会社
ISBN4-86186-225-6 C3055
©Munenori Kitahara 2005

⑸　v，142p，25.4×18.2cm，なかもと　あきら（1953-），いざわ　てつや（1956-），わか
やま　あきのぶ（1964-）

からだを動かすしくみ
第2版
運動生理学の基礎からトレーニングまで

中本　　哲
井澤　鉄也　著
若山　章信

2001年 1 月22日	第 1 版第 1 刷発行
2006年 3 月 1 日	第 3 刷発行
2007年 4 月20日	第 2 版第 1 刷発行
2008年 4 月 1 日	第 2 刷発行

からだを動かすしくみ　第2版
定価（本体2,500円＋税）検印省略

著　者　中本　　哲©
　　　　井澤　鉄也©
　　　　若山　章信©
発行者　太田　　博
発行所　株式会社　杏林書院
〒113-0034
東京都文京区湯島4-2-1
Tel 03-3811-4887㈹
Fax 03-3811-9148
http://www.kyorin-shoin.co.jp
ISBN 978-4-7644-1088-6　C3047
三報社印刷／川島製本所
Printed in Japan

補足
・参考文献：各章末

(6)　175p，20.8×15.0cm，くろす みつる（1958-）

総合型地域スポーツクラブの時代
第3巻　企業とクラブとの協働

2009年4月5日　第1刷発行

編　著　黒須　充
発行者　鴨門義夫
発行所　㈲創文企画
　　　　〒101-0054
　　　　東京都千代田区神田錦町3-11
　　　　熊園錦町エルルポーズビル3F
　　　　TEL：03-3295-4466
　　　　FAX：03-3295-4453
　　　　http://www.soubun-kikaku.co.jp
　　　　［振替］00190-4-412700
装　丁　廣田　文（Two Three）
印　刷　壮光舎印刷㈱

©2009 MITSURU KUROSU
ISBN 978-4-921164-82-9

総合型地域スポーツ クラブの時代 3

企業とクラブとの協働

黒須　充　編著

補足
・全3巻

(7)　32p，26.8×21.3cm，かこ さとし（1926-2018）

かこさとしの食べごと大発見　第3巻
そろって鍋もの　にっこり煮もの

1994年2月25日　第1刷発行
2009年4月15日　第5刷発行

絵と文●加古里子
発行所●社団法人　農山漁村文化協会
〒107-8668
東京都港区赤坂7-6-1
電話03（3585）1141㈹
振替00120-3-144478
デザイン●栗山淳
表紙写真●小倉隆人（調理協力＝くりたけ）
印刷・製本●株式会社　東京印書館

©S.KAKO 1994 Printed in Japan
〈検印廃止〉
無断転載を禁じます。
ISBN978-4-540-93043-0　NDC596　32P　27cm

そろって鍋_{なべ}もの

かこさとしの食べごと大発見……3

にっこり煮もの_に

補足
・全10巻

(8)　388p，18.8×12.8cm，ひらやま しゅういち（1966-）

エリア・スタディーズ　47
現代ブータンを知るための60章【第2版】

2005年4月15日　初　版第1刷発行
2019年1月10日　第2版第1刷発行

著　者　平山修一
発行者　大江道雅
発行所　株式会社　明石書店
〒101-0021 東京都千代田区外神田6-9-5
　　　　　電話　03（5818）1171
　　　　　FAX　03（5818）1174
　　　　　振替　00100-7-24505
　　　　　http://www.akashi.co.jp/
組　版　有限会社秋耕社
装　丁　明石書店デザイン室
印刷・製本　日経印刷株式会社

（定価カバーに表示してあります）　ISBN978-4-7503-4773-8

(9)　x, 291p，18.5×12.9cm，かわさき よしたか（1949-）

◎　図書館員選書・31

図書館の歴史
アメリカ編

増訂第2版

川崎良孝著

日本図書館協会

図書館員選書・31
図書館の歴史　アメリカ編　増訂第2版
The History of the Public Library
Movement in America
定価　本体1,900円（税別）

1989年1月10日　初版第1刷発行
1995年8月21日　増訂版第1刷発行
2003年9月1日　増訂第2版第1刷発行◎

著者　川崎良孝
発行　社団法人　日本図書館協会
東京都中央区新川1-11-14
電話　03（3523）0811

JLA 200320　Printed in Japan

ISBN 4-8204-0311-7
C3300　Y1900E

⑽　上：xviii, 239p／下：viii, 256p，18.8×13.2cm，よしみ よしあき（1946-）

GendaIzensho
岩波現代全書
025

焼跡からのデモクラシー　上
草の根の占領期体験

吉見義明
Yoshiaki Yoshimi

岩波現代全書　025
焼跡からのデモクラシー（上）―草の根の占領期体験

2014年3月18日　第1刷発行

著　者　吉見義明

発行者　岡本　厚

発行所　株式会社　岩波書店
〒101-8002 東京都千代田区一ツ橋 2-5-5
電話案内 03-5210-4000
http://www.iwanami.co.jp/

印刷・三陽社　カバー・半七印刷　製本・牧製本

Ⓒ Yoshiaki Yoshimi 2014
ISBN 978-4-00-029125-5　　Printed in Japan

Ⓡ〈日本複製権センター委託出版物〉　本書を無断で複写複製
（コピー）することは，著作権法上の例外を除き，禁じられ
ています．本書をコピーされる場合は，事前に日本複製権セ
ンター（JRRC）の許諾を受けてください．
JRRC　Tel 03-3401-2382　http://www.jrrc.or.jp/　E-mail jrrc_info@jrrc.or.jp

GendaIzensho
岩波現代全書
026

焼跡からのデモクラシー　下
草の根の占領期体験

吉見義明
Yoshiaki Yoshimi

岩波現代全書　026
焼跡からのデモクラシー（下）―草の根の占領期体験

2014年3月18日　第1刷発行

著　者　吉見義明

発行者　岡本　厚

発行所　株式会社　岩波書店
〒101-8002 東京都千代田区一ツ橋 2-5-5
電話案内 03-5210-4000
http://www.iwanami.co.jp/

印刷・三陽社　カバー・半七印刷　製本・牧製本

Ⓒ Yoshiaki Yoshimi 2014
ISBN 978-4-00-029126-2　　Printed in Japan

Ⓡ〈日本複製権センター委託出版物〉　本書を無断で複写複製
（コピー）することは，著作権法上の例外を除き，禁じられ
ています．本書をコピーされる場合は，事前に日本複製権セ
ンター（JRRC）の許諾を受けてください．
JRRC　Tel 03-3401-2382　http://www.jrrc.or.jp/　E-mail jrrc_info@jrrc.or.jp

⑾　ix, 233p, 21.2cm, あまり しゅんいち（1936-）, たけうち けい（1933-）, たけむら
　あきみち（1952-）, いば ゆきと（1959-）, ひろつ ちひろ（1939-）, くもん まさゆき

<table>
<tr><td>

統計科学のフロンティア 2

甘利俊一　竹内啓　竹村彰通　伊庭幸人　編

統計学の基礎 II
統計学の基礎概念を見直す

　　　竹内啓　　広津千尋
　　　公文雅之　　甘利俊一

岩波書店

</td><td>

統計科学のフロンティア 2
（全12巻）
──────────────
統計学の基礎 II
──────────────
2003年11月27日　第1刷発行

発行者　山口昭男
発行所　〒101-8002
　　　　東京都千代田区一ツ橋2-5-5
　　　　株式会社岩波書店
　　　　電話　案内 03-5210-4000
http://www.iwanami.co.jp/
印刷・法令印刷　カバー・半七印刷
製本・牧製本
──────────────
© 竹内啓ほか 2003　Printed in Japan
ISBN 4-00-006842-3

</td></tr>
</table>

補足　統計科学のフロンティア　全12巻（初回配本2002年12月　最終配本2005年10月）
　　編集＝甘利俊一・竹内 啓・竹村彰通・伊庭幸人
　　1　統計学の基礎 I　線形モデルからの出発　2003　（竹村彰通，谷口正信著）
　　2　統計学の基礎 II　統計学の基礎概念を見直す　2003
　　3　モデル選択　予測・検定・推定の交差点　2004　（下平英寿ほか著）
　　　　（略）
　　12　計算統計 II　マルコフ連鎖モンテカルロ法とその周辺　2005　（伊庭幸人ほか著）

⑿　184p，19.5×13.5cm，Smith, Andrew F.（1946-）

「食」の図書館

砂糖の歴史
SUGAR : A GLOBAL HISTORY

ANDREW F. SMITH
アンドルー・F・スミス【著】
手嶋由美子【訳】

原書房

Sugar: A Global History by Andrew F.Smith
was first published by Reaktion Books in the Edible Series, London, UK, 2015
Copyright © Andrew F.Smith 2015
Japanese translation rights arranged with Reaktion Books Ltd., London
through Tuttle-Mori Agency, Inc., Tokyo

「食」の図書館
砂糖の歴史

2016年1月27日　第1刷

著者…………アンドルー・F・スミス
訳者…………手嶋由美子
翻訳協力…………株式会社リベル
装幀…………佐々木正見
発行者…………成瀬雅人
発行所…………株式会社原書房
〒160-0022 東京都新宿区新宿1-25-13
電話・代表03(3354)0685
振替・00150-6-151594
http://www.harashobo.co.jp
印刷…………新灯印刷株式会社
製本…………東京美術紙工協業組合

©2016 Yumiko Teshima
ISBN 978-4-562-05175-5, Printed in Japan

補足
・図版（一部カラー）あり

⒀　238p，21.3×15.2cm，O'Hanlon, William Hudson，Martin, Michael（1951-），
　　みやた けいいち（1950-2011），つがわ ひでお（1968-）

ミルトン・エリクソンの
催眠療法入門
解決志向アプローチ

W・H・オハンロン，M・マーチン 著
宮田敬一 監訳　津川秀夫 訳

金剛出版

ミルトン・エリクソンの催眠療法入門

2001年5月5日　印刷
2001年5月10日　発行

著　者　W・H・オハンロン
　　　　　M・マーチン
監訳者　宮　田　敬　一
訳　者　津　川　秀　夫
発行者　田　中　春　夫

印刷・太平印刷社
製本・井上製本所

発行所　株式会社金剛出版
〒112-0005　東京都文京区水道1-5-16
電話03-3815-6661　振替00120-6-34848
ISBN4-7724-0689-1　C3011
©2001, Printed in Japan

補足
・エリクソン派アプローチ関連文献：p231-234
・原書のタイトル　Solution-oriented hypnosis

4章 | 目録作業の実際：図書以外の資料

　本章では，図書以外の各種資料，具体的には，逐次刊行物（電子ジャーナルを含む），電子資料，動画資料，録音資料，地図資料の目録作業の実際について説明する。資料種別が異なっていても，2〜3章で述べた基本的な考え方や流れは変わらない。すなわち，実体の属性や実体間の関連の記録を行い，アクセス・ポイントの構築を行う。また，3章で説明した図書を対象とするデータ作成の規定の多くは，図書以外の資料にも適用されるものである。

　紙幅の都合により，説明にあたって，2章や3章の内容を参照していただくこともある。また，本章では体現形の属性の記録を中心に，図書と異なる部分，つまり各種資料に特徴的なエレメントの記録に焦点を当てて説明していく[1]。

1．逐次刊行物（電子ジャーナルを含む）

　逐次刊行物とは，27ページの2-3表にあげているように，刊行方式によって分類される資料種別の一つである[2]。雑誌や新聞のように，終期を予定せず，同一タイトルのもとに，継続して刊行され，通常それぞれに順序表示（例：「第52巻3号」「第52巻4号」）がある資料である[3]。なお，学術雑誌については，オンラインで提供される「電子ジャーナル」が主流の提供方式となっている。本節では，紙媒体の逐次刊行物に加えて電子ジャーナルも扱う。

1：NCR2018は，「図書」「楽譜」「電子資料」といった資料種別ごとの章立てとなっていない。特定の資料種別に適用される規定は，原則として一般的な規定の後に置かれているため，3章で説明された規定のすぐ近くにこの章で説明する規定が置かれている場合もある。

2：刊行方式には，「単巻資料」「複数巻単行資料」「逐次刊行物」「更新資料」の四つがある（2章2節3項cの2-3表を参照）。なお，本章では「更新資料」は扱わない。

3：なお，逐次刊行物には，特定のイベントに関するニュースレターなど，刊行期間が限定されているものの，刊行頻度や連続する巻号や番号がつけられているなど，逐次刊行物としての特徴を備えている資料や，逐次刊行物の複製も含まれる。

　逐次刊行物においては，タイトルや責任表示が変更されるなどの「変化」が頻繁に起こりうる。逐次刊行物および電子ジャーナルの記述にあたっては，そうした変化について，変化の状況に合わせて該当する実体の属性あるいは関連のところで記録することになる。

（1）属性総則【#1】

a．書誌階層構造における基礎書誌レベル【#1.5.1】

　当該逐次刊行物全体を基礎書誌レベル[4]とする。「鶴見大学紀要．第1部，日本語・日本文学編」における「第1部，日本語・日本文学編」のように，それぞれ独立した順序表示を持つ部編等に分かれている場合は，部編等を基礎書誌レベルとする。

b．識別の基盤【#1.6】

　逐次刊行物では，ある号のタイトル・ページを情報源と定めても，その情報は号によって変化することがありうる。したがって，どの号を基本的な情報源とするかを定めておく必要がある。体現形の記録のよりどころ（基本的な情報源）となる部分を，識別の基盤という。

　各部分に順序を示す番号付がある場合は，初号（最も小さな番号が付された部分）を識別の基盤とする。それが入手できない場合は，入手できた範囲で最も小さな番号が付された部分を識別の基盤とし，識別の基盤とした部分について注記として記録する。

（2）体現形の属性の記録【#2】

a．優先情報源

　タイトル・ページがある場合は，それを優先情報源[5]とする【#2.0.2.2.1.1】。電子ジャーナルでも多くは紙媒体の逐次刊行物と同じようにページで構成されているので，同じ規定が適用される。当該資料が和資料の逐次刊行物の場合は，

4：3章2節1項で説明したように，書誌データを作成することが望ましい記述対象のレベルのこと。

5：情報源候補が複数ある場合に，優先的に選定される情報源。2章2節1項bをも参照されたい。

タイトル・ページがあっても，その情報が不十分な場合は，「背・表紙または
カバー」「キャプション」「奥付」の順で優先情報源を選定する【#2.0.2.2.1.1.1A】。

　タイトル・ページがない場合は，「背・表紙またはカバー」「キャプション」
「マストヘッド」「奥付」の順で優先情報源を選定する【#2.0.2.2.1.2A】[6]。

b．新規の記述が必要な変化【#2.0.5B】

　紙媒体から電子ジャーナルへの移行など機器種別が変化した場合，本タイト
ルまたは責任表示に「重要な変化」が発生した場合などは，新たな逐次刊行物
が発生したとみなして，新規の記述を作成する。

　逐次刊行物における本タイトルの変化には，「重要な変化」と「軽微な変化」
がある。「重要な変化」が生じた場合には，新しい著作の出現とみなし，新規
の記述を作成する。そして，変化前後のものに関する情報は，関連の記録とし
て扱う【#2.1.1.4】。

　本タイトルの「重要な変化」には，次のような場合があげられる【#2.1.1.4.1】。

- 本タイトル中の単語に変化，追加または削除があるか，語順の変化があり，
　その結果，本タイトルの意味が変わったり，異なる主題を示すものとなっ
　たとき
　　〔例〕東京大学アメリカ研究資料センター年報
　　　　　→ 東京大学アメリカン・スタディーズ
- 言語が変わったとき
- 本タイトルに含まれる団体名に変化があり，変化後の団体が別の団体を示
　すものとなったとき
　　〔例〕製剤機械研究会誌 → 製剤機械学会誌

　体現形に対する新規の記述を作成しない本タイトルの「軽微な変化」の場合
もいくつかあげておく【#2.1.1.4.2】。

- 本タイトル中の助詞，接続詞，接尾語に変化，追加または削除があったとき
　　〔例〕原子力発電所より排出される温排水調査の結果について
　　　　　→ 原子力発電所から排出される温排水調査の結果について
- 本タイトル中の逐次刊行物の種別を示す単語について，類似の単語への変

6：最初のページの冒頭にある見出しを「キャプション」，雑誌や新聞の名称，発行人，編集
　者，所在地などが表示されている欄を「マストヘッド」という。

　化，追加または削除があったとき

　　〔例〕いさはや市政概要　→　いさはや市政概況

- 本タイトル中の刊行頻度を示す単語について，同義の単語への変化，追加または削除があったとき

　　〔例〕チャペル・アワー月報　→　月刊チャペル・アワー

- 列記されている複数語について，語順の変化，単語の追加または削除が，本タイトルの意味や主題の変化につながらないとき

　　〔例〕鹿児島大学理学部紀要．数学・物理学・化学

　　　　→　鹿児島大学理学部紀要．数学・化学・物理学

- 本タイトルに含まれる団体名の表記に微細な変化，追加または削除があるか，他の単語との関係の変化があったとき

　　〔例〕相模原市図書館だより　→　相模原市立図書館だより

　責任表示の「重要な変化」として，本タイトルが総称的な語[7]である場合における，逐次刊行物の識別にかかわる責任表示の変化があげられる。このような場合，新しい著作とみなして，新規の記述を作成する【#2.2.0.6】。

〔例〕名古屋女子文化短期大学　→　名古屋女子文化大学

　　（本タイトル：研究紀要）

c．タイトルに関するその他の事項

- 情報源に表示されているタイトルに誤記，誤植，脱字などがあった場合，明らかな誤りは正しい場合に改めたものを記録し，情報源に表示されている形は注記として記録する【#2.1.0.4.1】[8]。
- 巻号ごとに変わる日付，名称，番号を含む場合は，本タイトルの記録においてそれらを省略する。省略部分は省略記号（…）で示す【#2.1.1.2.16】。

　　〔例〕日韓歴史共同研究プロジェクト第…回シンポジウム報告書

　　　　（各巻の情報源の表示：「第11回」「第12回」などの回次が変化する）

7：例えば「年報」「研究紀要」は総称的な語とみなされ，これらはタイトルであると共に出版物の種類を表す語にもなっている。ちなみに，「年報」は1年ごとに刊行される報告書である。タイトルであると共に刊行頻度を表す語にもなっている。

8：そのほかの資料の場合には，情報源に表示されているタイトルに誤記，誤字，脱字があっても，そのままの形を記録し，正しい形のタイトルを注記として記録する。

- 「月刊」「季刊」等の刊行頻度の表示が情報源上にタイトルと共にあり，表示順序，配置，デザイン等に基づいて適切と判断される場合は，本タイトルの一部として記録する【#2.1.1.2.17】。

  〔例〕月刊アドバタイジング

- 識別またはアクセスに重要な場合は，軽微な変化があった場合の変化後の本タイトルをエレメント・サブタイプ「後続タイトル」として記録する【#2.1.6.1.1】。

d．版表示【#2.3】

　逐次刊行物の巻次（例：第1巻4号）[9]や年月次（例：2020年12月10日号）を表す表示は，版次として扱わない。また，定期的な改訂，または頻繁な更新を示す表示も同様に版次として扱わない【#2.3.1.1.1C】。

e．逐次刊行物の順序表示【#2.4】

　その逐次刊行物が初号から何号まで刊行されたかという初号および終号についての情報や，その逐次刊行物が現在も刊行中であるかといった，逐次刊行物の刊行状態を示す情報を，順序表示として記録する。順序表示には多くのエレメント・サブタイプがあり，そのうちコア・エレメントは，初号の巻次，初号の年月次，終号の巻次，終号の年月次の四つである【#2.4.0.2】。

　順序表示の情報源は，「初号または終号の本タイトルと同一の情報源」「初号または終号の資料自体の他の情報源」「資料外の情報源」の優先順位で選定する【#2.4.0.3】。

　順序表示は，採用した情報源に表示されているものを省略せずに記録する。漢数字，ローマ数字，語句で表記される数字等は，アラビア数字に置き換えて記録することに注意していただきたい。

〔例〕1巻2号

〔例〕第3巻4号

〔例〕令和2年夏号　（情報源の表示：令和二年夏号）

　順序表示のコア・エレメントである，初号の巻次，初号の年月次，終号の巻次，終号の年月次について，それぞれの記録範囲を示す。

9：巻次は通常巻と号から構成されるが，年と号から構成されるものも巻次として記録する。その場合は「2016年3号」のように，年，号数の順に記録する。

　初号の巻次・年月次の記録範囲には，1）初号に表示された巻次・年月次と，2）本タイトルまたは責任表示の重要な変化等により体現形に対する新規の記述を作成した場合の，変化後の最初の号の巻次・年月次の二つがある【#2.4.1.1】【#2.4.2.1】。

〔例〕初号の巻次：第1巻1号

〔例〕初号の年月次：April 1995

　終号の巻次・年月次の記録範囲には，1）終号に表示された巻次・年月次と，2）本タイトルまたは責任表示等の重要な変化により体現形に対する新規の記述を作成した場合の，変化前の最後の号の巻次・年月次の二つがある【#2.4.3.1】【#2.4.4.1】。

　なお，順序方式に変化があった場合には，古い方式による表示と新しい方式による表示の双方を記録する。同時に複数の順序方式を保持している場合は，主な順序表示または最初に表示された順序表示の順で，初号および（または）終号の巻次（または）年月次として扱う。現在も刊行中の場合には，終号の巻次・年月次の記録は行わない。それ以外の順序表示を初号および（または）終号の別方式の巻次（または）年月次として扱う【#2.4.0.1】。

　〔例〕初号の巻次：11巻1号

　〔例〕初号の別方式の巻次：101号

f．出版表示【#2.5】

　初号が入手可能な場合には，その出版日付を記録し，ハイフンを付加する。刊行が休止または完結している場合は，ハイフンに続けて終号の出版日付を記録する【#2.5.5.2B】。

〔例〕1987-

〔例〕2001-2015

g．刊行方式【#2.12】

　このエレメントでは，「逐次刊行物」と記録する【#2.12.3】。

h．刊行頻度【#2.13】

　「週刊」「月刊」「季刊」のような，逐次刊行物の各巻号の刊行の間隔を表す刊行頻度については，刊行頻度を表す用語【表2.13.3】の中から該当する用語を選んで記録する【#2.13.3】。

〔例〕日刊

ｉ．機器種別【#2.15】，キャリア種別【#2.16】，数量【#2.17】，大きさ【#2.18】

　キャリアに関する情報の記録にあたっては，紙媒体の逐次刊行物と電子ジャーナルで違いが出てくる。キャリア種別と機器種別について，25ページの2-1表にあげているように，紙媒体の逐次刊行物では，機器種別は「機器不用」，キャリア種別は「冊子」となる。電子ジャーナルにおいては，機器種別が「コンピュータ」，キャリア種別が「オンライン資料」となる。

　数量について，刊行が完結した逐次刊行物の場合は「26 冊」のように冊数を記録する【#2.17.1.2A】。刊行が完結していない資料や完結していても全体の冊数が不明な資料の場合は，「冊」と記録する[10]【#2.17.1.2.2】。

　キャリア種別で「オンライン資料」とした電子ジャーナルの数量については「オンライン資料1件」と記録する【#2.17.0.2】。大きさの記録について，紙媒体の逐次刊行物は外形の高さを記録する【#2.18.0.2.1A】。電子ジャーナルでは大きさを記録しない。

ｊ．デジタル・ファイルの特性【#2.32】

　電子ジャーナルにおいては，デジタル・ファイルの特性を記録する。ファイル種別は通常「テキスト・ファイル」【#2.32.1】を，デジタル・コンテンツ・フォーマットは「PDF」等を記録する【#2.32.2】。デジタル・ファイルの特性については，本章2節であらためて述べる。

ｋ．体現形の識別子【#2.34】

　体現形の識別子として，ISSN（International Standard Serial Number：国際標準逐次刊行物番号）等を記録する【#2.34.0.4】。

〔例〕ISSN 0385-4000

　なお，紙媒体と電子ジャーナルが併存している場合，通常両者のISSNは異なる。

ｌ．体現形に関する注記【#2.41】

　逐次刊行物に対する体現形の注記にはさまざまなものがあるが，ここでは一

10：具体的な冊数が書けないので，単に「冊」としておくということ。

部の注記の説明にとどめる。

　責任表示の変化について，識別またはアクセスに重要な場合は，途中の巻号で生じた責任表示の変化について記録する【#2.41.2.2.4.1】。

　逐次刊行物の順序表示に関する注記として，次のようなものがある。

- 初号および（または）終号の巻次，年月次が資料に表示されていない場合に，その前後の号の巻次，年月次に基づいて判断して順序表示を記録したときは，その旨を記録する【#2.41.4.2.1.1】。

　〔例〕初号の巻次は第2号からの推定による

- 逐次刊行物の順序表示に記録した情報だけでは識別が困難な場合や，誤表示がある場合はその旨を注記する【#2.41.4.2.2】。

　〔例〕32号が創刊号である

　〔例〕巻次に乱れあり

　出版地の変化について，その変化が識別またはアクセスに重要な場合は，それぞれを注記として記録する。出版者の名称の変化についても同じである【#2.41.5.2.7.1】。

　刊行頻度に関する注記には，刊行頻度を表す用語（【表2.12.3】）で表現しきれない場合は，「年10回刊」のように刊行頻度の詳細な情報を記録する（【#2.41.11.2.1】），「第1巻1号から第15巻10号までは月刊」のように，刊行頻度の変化について，その頻度で刊行された期間を年代順に記録する（【#2.41.11.2.2】）といったものがある。

（3）著作の属性の記録【#4】

　雑誌等の場合，収録された論文・記事はそれぞれ何らかの著作を具体化したものととらえられるが，それらとは別に，雑誌全体というまとまりでも著作が存在しているとみなす。本タイトルまたは責任表示に重要な変化が生じた場合には，その体現形に対する新規の記述を作成すると同時に，著作に対する新規の記述を作成する【#4.0.4.2】。

（4）関連の記録【#41〜#46】

　紙幅の都合上，ここでは次のような関連の説明にとどめる。

- 本タイトルの「重要な変化」が生じ，体現形および著作の新規の記述を作成した場合には，変化前・変化後の関係を著作間の関連として記録する【#43】。

　　〔例〕継続前（著作）：東京大学アメリカ研究資料センター年報

　　　　　（『東京大学アメリカン・スタディーズ』における関連の記録）

　　〔例〕継続後（著作）：東京大学アメリカン・スタディーズ

　　　　　（『東京大学アメリカ研究資料センター年報』における関連の記録）

- 紙媒体と電子ジャーナルが併存していて，両者を関連づける必要がある場合には下の例のように，紙媒体の記述と電子ジャーナルの記述において，ISSN などを体現形間の関連として記録する【#43】。

　　〔例〕デジタル化（体現形）：ISSN 2189-8278

　　　　　（紙媒体の記述　※電子ジャーナルの ISSN を記録）

　　〔例〕デジタル化の対象（体現形）：ISSN 0913-3801

　　　　　（電子ジャーナルの記述　※紙媒体の ISSN を記録）

- 逐次刊行物を編集した団体は，その団体の活動自体を扱う年報や会員名簿等を除いて，通常は創作者と扱わない。「編者」として寄与者に位置付けられる。寄与者は表現形における関連として記録する。

　　〔例〕編者：日本図書館研究会｜｜ニホン　トショカン　ケンキュウカイ

4章「1. 逐次刊行物」演習問題

次の資料について，31ページから始まる 3-1 表に準じて目録データを作成しなさい。

(1)　21.0×14.8 cm

日本文学研究ジャーナル
Academic journal of Japanese literature
特集　中古・中世の和歌（編集／渡部泰明・佐々木孝浩）

2017年3月
創刊号
目次

補足

・図は初号／刊行中／季刊／出版地：千葉県千葉市美浜区／ISSN：2432-7387

(2)　25.7×18.2 cm

ISSN 1344-8668
Vol.45, No.1　　　*March, 1999*

日本図書館情報学会誌

論　文
占領初期における米国図書館関係者来日の背景
―ALA文書ほかの一次資料に基づいて―　…根本　彰…1
わが国の公共図書館の都道府県域総合目録ネットワークに関する考察
―目録データ処理方式を中心に―……………森山　光良…17
研究ノート
地図の分類法に関する一考察
―Manual of map library classification and cataloguing
(1978) を中心に―　………………………源　　昌久…35

通巻137号
日本図書館情報学会編集・発行

日本図書館情報学会誌
Vol.45, No.1　通巻137号
1999年3月30日発行

本誌は『図書館学会年報』の誌名を変更し，巻次を継承しています。Vol. 44, No. 4　通巻136号（1999年2月発行）までは，『図書館学会年報』（Annals of Japan Society of Library Science）で，Vol. 45, No. 1　通巻137号（1999年3月発行）以後は『日本図書館情報学会誌』（Journal of Japan Society of Library and Information Science）です。

編集・発行
　日本図書館情報学会（会長　長澤雅男）
　〒112-8606　東京都文京区白山5 -28-20
　　東洋大学社会学部図書館学研究室内
発売
　㈱紀伊國屋書店
　〒160-0022　東京都新宿区新宿3 -17- 7
印刷
　㈱東京プレス
　〒174-0075　東京都板橋区桜川2 -27-12

補足

・図は初号／刊行中／季刊

(3)　25.0×17.6 cm

<table>
<tr><td>
日本食品工業学会誌
旧農産加工技術研究会誌
JOURNAL OF
FOOD SCIENCE AND TECHNOLOGY

VOL. 9　　No. 1

1962

日本食品工業学会
JAPANESE SOCIETY OF FOOD SCIENCE AND TECHNOLOGY
</td><td>
日本食品工業学会誌　第9巻　第1号（通巻第45号）
（旧農産加工技術研究会誌）
1962年2月10日印刷　　1962年2月15日発行

編集兼発行　東京都江東区深川浜園町農林省食糧研究所内
　　　　　　日本食品工業学会
印　刷　者　東京都荒川区尾久町3の2154　木村正義
印　刷　所　東京都荒川区尾久町3の2154
　　　　　　創文印刷工業株式会社
　　　　　　電話 東京（801）3692番
発　行　所　東京都江東区深川浜園町農林省食糧研究所内
　　　　　　日本食品工業学会　振替東京25057番
　　　　　　電話 東京（644）（代）4126番

（会費年額 正会員500円，特別会員A 2,000円，B 1,200円）
　会　誌　は　会　員　に　頒　布
</td></tr>
</table>

補足

・図は初号／終刊 1994年12月15日／終号の巻号 第41巻第12号 通巻第432号／月刊／全393冊／英語タイトルの変化 Journal of food science and technology（第9巻第1号‐第12巻第12号）→ Journal of Japanese Society of Food Science and Technology（第24巻第1号‐第31巻第12号）／総目次・総索引あり／ISSN0029-0394

2．電子資料

　本節でとりあげる電子資料とは，機器種別が「コンピュータ」である資料，すなわちコンピュータ（その周辺装置を含む）によって利用可能となる資料を指す。コンピュータのソフトウェア，ウェブサイトから電子書籍，電子地図まで幅広い。

　電子資料を利用方法の観点からタイプ分けすると，DVD-ROMなどのキャリアに記録されて手に取ることができ，コンピュータとその周辺装置を手元で操作して再生する有形の電子資料と，ウェブ上に存在するPDFファイルのようにネットワーク上に存在し，利用の際に当該資料にアクセスする（あるいはダウンロードして利用する）オンライン資料に分けられる。

（1）体現形の属性の記録【#2】

a．優先情報源
　電子資料の第一の優先情報源は，次のとおりである。第一の優先情報源が存在しない場合は，状況に応じてその他の情報源を用いる【#2.0.2.2.1～#2.0.2.2.3】。

- PDF ファイルのようにページで構成されている資料の場合は，そのタイトル・ページ
- 動画で構成されている資料の場合は，そのタイトル・スクリーン（タイトル等が表示される画面）
- それ以外の資料の場合は，有形資料なら資料に印刷・貼付されたラベル，オンライン資料なら内容に現れる文字情報

b．機器種別【#2.15】，キャリア種別【#2.16】，数量【#2.17】，大きさ【#2.18】
　本節冒頭で述べたように，ここでは機器種別が「コンピュータ」となる資料を扱う。キャリア種別は，25ページの2-1表にあるように，記録媒体の形態に合わせて「コンピュータ・ディスク」「オンライン資料」などと記録する。

　数量については，例えばDVD-ROM のように有形の場合には，キャリア種別を冠して「コンピュータ・ディスク5枚」のように記録する。オンライン資料は常に「オンライン資料1件」と記録する。また，テキスト，地図等から構成される印刷資料を収録している場合には「コンピュータ・ディスク1枚（地図 150 図）」「オンライン資料1件（368 p）」のように，数量を詳細に示す情報を付加することができる【#2.17.0.2.1A】。

　大きさについては，キャリア種別の内容によって計測する箇所が異なる。例えば「コンピュータ・ディスク」であれば，ディスクの直径を計測して記録する【#2.18.0.2.1H】。オンライン資料の場合は，大きさは記録しない。

c．デジタル・ファイルの特性【#2.32】
　ファイルを再生して利用する（内容を読む）電子資料では，ファイル形式やファイルの容量など，ファイルについての技術的な仕様をエレメント「デジタル・ファイルの特性」として記録する。このエレメントには，次のようなエレメント・サブタイプがある。

❶ファイル種別【#2.32.1】　ファイル内のコンテンツの種類について「オーディオ・ファイル」「画像ファイル」「テキスト・ファイル」「データ・ファイル」「ビデオ・ファイル」「プログラム・ファイル」の中から選んで記録する。

❷デジタル・コンテンツ・フォーマット【#2.32.2】　「Excel」「JPEG」など，ファイルのフォーマットについて記録する。利用に影響することを考慮して，「Access 2019」「DAISY 2.02」のように，バージョンを加えて記録してもよい。

❸その他のデジタル・ファイルの特性　その他に「40 MB」「2 GB」といったファイルの容量（ファイル・サイズ【#2.32.3】），「301×201ピクセル」「8メガピクセル」といったファイルの画素数（解像度【#2.32.4】）などがある。

d．装置・システム要件【#2.33】

　当該資料の利用や再生にあたって必要な装置やシステムなどの利用・再生環境についての情報をエレメント「装置・システム要件」として記録する。

　具体的には，利用や再生に必要な装置，ハードウェア，OS，メモリ容量，プログラミング言語，必須ソフトウェアなどについて，当該資料に表示されているとおりに記録する。

〔例〕HDD：300MB 以上の空き容量が必要

〔例〕OS：Windows 8.1 Update 以上

e．その他

　「学内者限定」といったアクセス制限に関する情報（【#2.37】）や，記述対象となるオンライン資料の URL（【#2.39】）も記録する。

（2）表現形の属性の記録【#5】

　電子資料における表現種別は，26ページの2-2表であげられているように「テキスト」「コンピュータ・データセット」「コンピュータ・プログラム」などさまざまである【#5.1.3】。

3．動画資料

　動画資料は，映画やビデオゲームといった動的な画像表現による資料である。例えば，フィルムで撮影し映写された映画フィルム，VHS方式で録画された

ビデオ，オンラインでストリーミング配信される映像コンテンツなどさまざまなものが該当する。本節では，DVD などに映画等のコンテンツが収められた資料（機器種別が「ビデオ」，キャリア種別が「ビデオディスク」）を中心にして述べていく。

（1）体現形の属性の記録【#2】

a．優先情報源
　DVD など有形の動画資料の優先情報源は，「タイトル・フレーム」「資料に印刷または貼付された，タイトルが表示されているラベル」「資料刊行時の容器，または資料自体の一部として扱う付属資料」の順で選定する【#2.0.2.2.2A】。タイトル・フレームはタイトルに関する情報が表示されるコマを指す。オンライン資料の場合は，タイトル・フレームに相当するタイトル・スクリーンがなければ，内容に表れた文字情報等を情報源とする。

b．機器種別【#2.15】，キャリア種別【#2.16】，数量【#2.17】，大きさ【#2.18】
　本節冒頭で述べたように，動画資料は多種多様である。機器種別とキャリア種別は【表2.15.0.2】【表2.16.0.2】の用語（25ページの2−1表参照）の中から適切なものを選ぶ。機器種別について，当該資料が映画フィルムであれば機器種別は「映写」，ビデオや DVD であれば「ビデオ」，オンライン資料を含め再生にコンピュータを必要とする場合は「コンピュータ」となる。
　機器種別の内容によって，それに対応するキャリア種別の用語も絞られる。例えば機器種別が「映写」であれば「フィルム・リール」，機器種別が「ビデオ」であれば「ビデオディスク」というように，当該資料の機器種別に対応する用語の中から選ぶ。
　数量はキャリア種別を冠し「ビデオディスク2枚」のように記録する。大きさの記録方法はキャリア種別によって異なる。例えば，ビデオディスクであれば，「12 cm」のように直径を記録する【#2.18.0.2.1I】。

c．映画フィルムの映写特性【#2.30】，ビデオの特性【#2.31】
　アナログ・ビデオにおける「8 mm」「VHS」といったビデオ・フォーマット（【#2.31.1】），デジタル放送の規格「HDTV」やアナログ放送の規格である「NTSC」のような「テレビ放送の標準方式」（【#2.31.2】）を記録する。

その他，機器種別が「映写」である映画フィルムであれば，映画フィルムの映写にかかわる技術的な仕様（「映画フィルムの映写特性」【#2.30】）を記録する。機器種別が「ビデオ」であれば，「リージョン2」「リージョンALL」といったビデオディスクの再生可能な地域を限定するリージョン・コード（【#2.32.5】）を「デジタル・ファイルの特性」（【#2.32】）で記録することとなる。

また，動画資料を利用，再生する環境について，本章2節1項dで述べた「装置・システム要件（【#2.33】）」で記録する。

（2）表現形の属性の記録【#5】

映像の色彩や音声などの情報を表現形の属性として記録する。

a．表現種別【#5.1.3】

表現種別は【表5.1.3】（26ページの2-2表参照）より，「二次元動画」「三次元動画」（3D映画の場合）となる。

b．色彩【#5.17】，音声【#5.18】，画面アスペクト比【#5.19】，所要時間【#5.22】

資料の存在する特定の色・色調などについて「単色」「多色」のいずれかを記録する【#5.17】。また，音声の有無については「音声あり」「無声」のいずれかを記録する【#5.18】。

画面の幅（横）と高さ（縦）の比率であるアスペクト比について「フル・スクリーン」「ワイド・スクリーン」「アスペクト比混合」のいずれかを記録する。比率がわかる場合には，「幅：高さ」の形で記録する。このとき高さを1とした幅の値を記録する【#5.19】。

〔例〕フル・スクリーン（1.33：1）

〔例〕ワイド・スクリーン（2.35：1）

所要時間について「78分」「3:20:08」「約2時間」のように記録する【#5.22】。

4．録音資料

録音資料は，演奏や朗読といった音声が記録された資料である。映像を伴うものは含まれない。

（1）体現形の属性の記録【#2】

ａ．優先情報源

　有形資料の場合「資料に印刷または貼付された，タイトルが表示されているラベル（レーベル）[11]」「タイトルを含む内部情報源」「資料刊行時の容器，または資料自体の一部として扱う付属資料」の順となる【#2.0.2.2.3A】。

ｂ．出版表示【#2.5】

　録音資料のレーベル名（商標名）は，原則として出版者として扱わず，発売番号と共に体現形の識別子として扱うか，シリーズ表示として扱う【#2.5.3.1.1】。

ｃ．機器種別【#2.15】，キャリア種別【#2.16】，数量【#2.17】，大きさ【#2.18】

　25ページの2‑1表にあるように，機器種別は「オーディオ」，キャリア種別は「オーディオカセット」「オーディオ・ディスク」といった用語から選択する。

　数量については，キャリア種別を冠し「オーディオ・ディスク3枚」のように記録する。

　大きさについては，キャリア種別によって記録方法が異なる。例えば，オーディオカセットであれば「10×7cm，4mmテープ」のように，まずは横，縦の長さを「×」で結び，センチメートルの単位で小数点以下の端数を切り上げて記録する。続けてコンマで区切り，テープの幅をミリメートル単位で小数点以下の端数を切り上げて記録する【#2.18.0.2.1G】。オーディオ・ディスクであれば「12cm」のように直径を記録する【#2.18.0.2.1I】。

ｄ．録音の特性【#2.29】

　録音資料に特有のエレメントとして，「録音の特性」（【#2.29】）があげられる。このエレメントには，「アナログ」あるいは「デジタル」のいずれかを記録する「録音の方式」（【#2.29.1】），録音を媒体に記録する手段として「光学」

11：「レーベル」とは，タイトルなどを記載して資料本体や容器に貼付する紙片などのことである。NCR2018の規定では「ラベル」となっているが，用語解説の説明「録音資料ではレーベルという」も考慮して本文では「ラベル（レーベル）」としている。なお，続くｂの説明に出てくる「レーベル名」については，NCR2018の規定で「レーベル」となっているため，そのまま「レーベル」としている。

「磁気」「光磁気」のいずれかを記録する「録音の手段」（【#2.29.2】），「モノラル」「ステレオ」など録音に使用する音声のチャンネルについて記録する「再生チャンネル」（【#2.29.7】）などのエレメント・サブタイプがある。

e．体現形の識別子【#2.34】

録音資料では，体現形の識別子として，出版者等が付与した文字列・番号である発売番号を情報源に表示されているとおりに記録する【#2.34.0.6】。

〔例〕CBS/Sony 38DC 1

（2）表現形の属性の記録【#5】

a．表現種別

録音資料における表現種別として，26ページの2-2表にあるように，朗読や話芸，インタビューなどの録音であれば「話声」，録音された音楽演奏であれば「演奏」，話声または演奏以外の自然音や人工音であれば「音声」と記録する【#5.1.3】。

b．表現形の内容に関する記録

表現形の内容に関する記録として，収録の日付や収録の場所がある。収録の日付・場所は，どの情報源に基づいて記録してもよい【#5.11.0.1.2】。収録の日付は，その年，月，日，時刻を記録する【#5.11.1】。収録の場所は，特定のスタジオ等の名称と市町村名等，または地名のみを記録する【#5.11.2】。

〔例〕2010年10月23日

〔例〕サントリーホール（東京）

その他に，「ピアノ・パートのみ」のように，演奏に使用されている楽器，声などの種類を記録する「音楽の演奏手段」（【#5.21】），「48分」「31:06」といった，資料の再生や実演にかかった時間を記録する「所要時間」（【#5.22】）などがある。

5．地図資料

地図資料には，地球などの天体，または想像上の場所全体もしくは部分を縮

尺して表現した資料が含まれる。1枚ものの地図[12]や地図が集められて製本された地図帳のように，二次元の媒体上に表現された資料から，地球儀のように三次元の形式で表現された資料まで幅広い。記録すべき特有の情報として「5万分の1」といった縮尺（尺度）などがある。

（1）体現形の属性の記録【#1】

a．優先情報源

紙媒体の地図の場合は，通常図の上部にある題字欄を情報源とすることが多い。

b．タイトル【#2.1】

地図資料の本タイトルとして，「2500分の1 ロンドン検索大地図」「薩摩・大隅・日向三國圖」「房総・銚子」のように，対象領域を示す名称または情報を必ず含める【#2.1.1.2.11B】。必要に応じて，使用目的や地図の種類などの主題も含める。縮尺（尺度）がタイトルと不可分の場合には「五千分の一東京図」のように，本タイトルの一部として記録する【#2.1.1.2.14】。

c．機器種別【#2.15】，キャリア種別【#2.16】，数量【#2.17】，大きさ【#2.18】

25ページの2-1表より，地図や地図帳に対する機器種別は「機器不用」と記録する。キャリア種別は，地図であれば「シート」，地図帳であれば「冊子」と記録する。

電子地図（デジタル・ファイルの地図）の場合には，機器種別は「コンピュータ」となる。キャリア種別は，インターネット上で閲覧できるものであれば「オンライン資料」，DVD-ROMに収録されているものであれば「コンピュータ・ディスク」となる。

数量について，「地図3図」「地図帳1部」のように，地図資料の種類を示す用語に続けて図数（枚数ではない）[13]等を記録する。電子地図の数量については，例えば「コンピュータ・ディスク1枚（地図235図）」のように記録する。詳しくは本章2節1項bを参照していただきたい。

地図等の大きさの記録にあたり，記録媒体である紙の大きさを記録したくなるが，地図の場合は，図そのものの大きさに着目し，「19 × 28 cm」のように，縦と横の長さを「×」で結んで記録する【#2.18.1】。シートが折りたたまれて

12：以下，「地図」とのみ記す場合は1枚ものの地図を指す。
13：1枚のシートに2図が入っていることもあるので，枚数と図数は違いうる。

いる場合の大きさの記録にあたっては，「65 × 90 cm（折りたたみ24 × 15 cm）」のように，地図等の大きさを記録した後に，折りたたんだ状態の大きさを丸がっこに入れて付加する【#2.18.1.4】。

　その他に，電子地図の場合には，デジタルの地図資料の技術的な仕様を記録する「地図資料のデジタル表現」（【#2.32.7】）を記録する。また，その資料を利用，再生するための環境について，本章２節１項ｄで述べた「装置・システム要件」（【#2.33】）で記録することとなる。

（２）著作の属性の記録【#4】

　地図資料に特有な著作の内容に関するエレメントとして，地図の座標などがある。これらのエレメントの記録にあたっては，資料自体のどの情報源にもとづいて記録してもよい。

　地図の座標について，地図が対象とする地域を，経緯度（西経（W），東経（E），北緯（N），南緯（S））などで特定する【#4.18.0.1.1】。座標の値として，度（°），分（′），秒（″）を使用する，西経と東経，北緯と南緯はハイフンで結び，経度と緯度をスラッシュで区切る。ハイフンの前後，スラッシュの前後はスペースを置かない【#4.18.1.2】。

〔例〕E 119°30′-E 122°/N 25°-N 22°

　その他，地図が対象とする地域を，経緯度よりも厳密に特定する「頂点座標」（【#4.18.2】）がある。

（３）表現形の属性の記録【#5】

ａ．表現種別【#5.1.3】

　26ページの２-２表より，地図資料における表現種別として，１枚ものの地図や地図帳であれば「地図」と記録する[14]。

ｂ．色彩【#5.17】，尺度【#5.23】

　表現形の内容に関する記録として，色彩（【#5.17】）や尺度（【#5.23】）など

14：地図資料に対するそのほかの表現種別として，地球儀に対する「三次元地図」，三次元形式で表現された地図に対する「三次元地図（触知）」，地球などの天体を映した衛星動画に対する「地図動画」，デジタル形式で表現された地図であれば「地図データセット」がある。

がある。色彩は，「単色」「多色」から選択するか，「カラー」「白黒」「一部カラー」のように，データ作成機関で定めた語彙を用いて記録する。

　地図資料において，尺度（縮尺）は，大変重要な情報である。そのため，地図においては，エレメント「尺度」のエレメント・サブタイプ「地図の水平尺度」等がコア・エレメントとなっている[15]。水平尺度とは，多くの地図に見られる水平方向の距離の縮尺を指す【#5.23.2】。他に，高度などの尺度を指す「地図の垂直尺度」（【#5.23.3】）がある。

　尺度は資料の大きさと，資料の元となる実物の大きさの比である。地図の場合は，縮尺となる。資料に表示されている尺度（表示がない場合は資料外でも可）を「1：○○」の比の形式で記録する。例えば，本タイトル「2500分の1ロンドン検索大地図」であれば，「1：2,500」となる【#5.23.0.2】。尺度が本タイトルまたはタイトル関連情報の一部として記録されていても，尺度を記録する必要がある。

4章「2．電子資料」～「5．地図資料」　演習問題

　以下の資料の目録データを作成しなさい。

(1)　電子資料（オンライン資料）

　本タイトル　情報資源組織演習／責任表示　小西和信（こにし　かずのぶ），田窪直規（たくぼ　なおき）編集　川村敬一（かわむら　けいいち），小林康隆（こばやし　やすたか），時実象一（ときざね　そういち），鴇田拓哉（ときた　たくや），松井純子（まつい　じゅんこ），渡邊隆弘（わたなべ　たかひろ）共著／シリーズタイトル　現代図書館情報学シリーズ／シリーズの責任表示　高山正也（たかやま　まさや），植松貞夫（うえまつ　さだお）監修／シリーズ内番号　10／出版地　Ipswich, Massachusetts／出版者　EBSCO／出版年　推定2010年代／デジタル化の対象　東京：株式会社樹村房，2013年11月6日　ISBN978-4-88367-210-3／URL http://search.ebscohost.com/login.aspx?direct=true&scope=site&db=nlebk&lang=ja&AN=969285

15：断面図等の地図では，高度などの縮尺を示す「地図の垂直尺度」もコア・エレメントである。

(2) 動画資料

ラベル下部 Blu-ray disc／pony canyon
／レンタル禁止／PCXP-50788 MADE
BY PONY CANYON INC., JAPAN
©2017 EX LIBRIS FILMS LLC・All
Rights Reserved

補足
- ・日本語のタイトル ニューヨーク公共図書館 エクス・リブリス
- ・機器種別 ビデオ
- ・キャリア種別・数量 ビデオディスク1枚
- ・大きさ 12cm
- ・所要時間 205分

(3) 録音資料

タイトル 世界に一つだけの花／責任表示 SMAP 歌 槇原敬之（まきはら のりゆき）作詞・作曲・編曲／出版地 東京／出版者 ビクターエンタテインメント株式会社／出版年月日 2003年3月5日／収録時間 18分39秒／定価 ¥1,100+税／内容：1. 世界に一つだけの花（シングル・ヴァージョン）2. 僕は君を連れてゆく（シングル・ヴァージョン）3. 世界に一つだけの花（ミュージック・トラック）4. 僕は君を連れてゆく（ミュージック・トラック）

補足
- ・機器種別 オーディオ
- ・キャリア種別・数量 オーディオ・ディスク1枚
- ・大きさ 12cm

(4)　地図資料

1：15,000　火山土地条件図

三　宅　島

国土地理院

平成6年調査・編集　2刷　　　　郵便番号305　茨城県つくば市北郷1番
平成7年10月1日発行　　　　　　電　話　0298 (64) 1111 (代表)
著作権所有兼発行者　国土地理院　表10色 裏4色 許可なく複製を禁ずる
陸域は数値地図250m メッシュ（標高）データから作成．海域は海上保安庁刊行
「海の基本図第6603号（海底地形図）」から編集しました（縮尺約140万分の1）

責任表示 国土地理院［編］／出版地 茨城県つくば市…／地図1図／10色刷／縦63.3 cm ×横93.8 cm　折りたたみ23.5 cm ×15.7cm／シリーズ名　1:15,000火山土地条件図

5章 | 書誌ユーティリティにおける目録作業

　「書誌ユーティリティ（bibliographic utility）」とは，図書館が自館所蔵資料の目録や他館との総合目録[1]をオンラインで構築するためのシステム等を提供する組織のことである[2]。日本の書誌ユーティリティとしては「国立情報学研究所（National Institute of Informatics：NII）」をあげることができる。本章では，NII が提供する目録システム「NACSIS-CAT」の使用を前提としたオンライン目録作業の演習を行う。

1. 書誌データのコンピュータ処理と NACSIS-CAT

（1）MARC フォーマット

a．MARC の意義

　書誌ユーティリティの発展は，コンピュータによる目録作業の発展と共にあり，「機械可読目録作業（MAchine Readable Cataloging：MARC）」[3]のための目録フォーマット[4]が開発されたこととも密接な関係がある。このフォーマットは「MARC フォーマット」と呼ばれる。最初の MARC フォーマットは，米国議会図書館が作成した「LC/MARC」（その後「USMARC」に名称を変え，現在は「MARC21」）フォーマットであり，1968年からこれを利用して作成された「MARC レコード」[5]の配布が開始された。日本では，国立国会図書館に

1：複数の図書館の所蔵が分かる目録。これについては1章1節1項，3項をも参照されたい。
2：システムは主にインターネット経由で提供されている。
3：コンピュータでの処理が可能な目録データを作成する作業のこと。
4：目録のためのデータ入力形式のこと。
5：レコードとは，一群のデータのまとまりを指し，ここでは，MARC フォーマットに基づいて作成された，ある資料についての著者，タイトル，出版者などの書誌データのまとまりを意味している。

よって「JAPAN/MARC」フォーマットが開発され，1981年からこのフォーマットによるレコードが配布されている。また，「TRC MARC」（図書館流通センター：TRC）などの民間 MARC フォーマットによるレコードも流通している。

世界各国にてさまざまな MARC フォーマットが開発され，それら異なる MARC フォーマットの円滑なレコード交換を目的として1977年に「国際図書館連盟（International Federation of Library Associations and Institutions：IFLA）」により「UNIMARC（Universal MARC）」フォーマットが制定されたが，上述の MARC21フォーマットが世界のデファクト・スタンダード（事実上の標準）となりつつあることで，UNIMARC フォーマットの必要性は減じている。

私たちは２章から４章までにおいて，『日本目録規則 2018年版（Nippon Cataloging Rules 2018 edition：NCR2018）』に基づく目録演習を実施してきた。NCR2018のデータ内容すべてが MARC21フォーマットで表現可能となっている。

MARC レコード（MARC データ）は，本節２項ｂで述べる共同目録作業においても書誌データ作成のもとになり，その理解は欠かせないものとなっている。

ｂ．MARC フォーマット（「MARC21」を例として）

MARC フォーマットには，その全体構造を規定する「外形式」と書誌データを記録するための「内形式」とがある。ここでは書誌データに関わる「内形式」を取り上げる。例として，日本でも JAPAN/MARC に採用（2012年１月から）されだし，現在国際的にも最も広範に流通している「MARC21」の「内形式」を見ていくことにしよう。

例えば，『海賊の文化史』という図書を MARC21フォーマットで表示すると，次ページの5-1図のようになる。

左側の３桁の数字が各フィールド[6]の内容を同定するための「フィールド識別子」であり「タグ」ともよばれる。フィールド識別子の例として，タグ

6：レコードは一群のデータのまとまりを指すものであり，これに対して，フィールドはレコード内の小さなデータのまとまりを指すものである。フィールド内に，さらに小さなデータのまとまりがある場合は，サブフィールドであらわす。なお，ここでのフィールドは NCR でいうエレメントに相当するデータのまとまりと対応している。

LDR	00000cam a22	zi 4500
001	028908251	
003	JTNDL	
005	20180524140722.0	
007	ta	
008	180418s2018 ja ||||g |||| |||||jpn	
015	$a 23051114 $2 jnb	
020	$a 978-4-02-263071-1 : $c 1700円	
035	$a (JP-ToTOH)33747744	
040	$a JTNDL $b jpn $c JTNDL $e ncr/1987	
084	$a GA39 $2 kktb	
084	$a 209 $2 njb/10	
090	$a GA39-L30	
24500	$6 880-01 $a 海賊の文化史 / $c 海野弘 著.	
260	$6 880-02 $a 東京 : $b 朝日新聞出版 , $c 2018.4.	
300	$a 296p ; $c 19cm.	
4900	$6 880-03 $a 朝日選書 ; $v 971	
650 7	$6 880-04 $a 海賊 $x 歴史 $2 ndlsh $0 00585899	
7001	$6 880-05 $a 海野 , 弘, $d 1939- $0 00088728	

5－1図 MARC21フォーマットの例（JAPAN/MARC からの抜粋）

「245」に注目すれば，これは NCR でいうところの「タイトル」「責任表示」
という二つのエレメントを記録対象とし，それぞれを識別するために「サブフ
ィールド識別子」[7]がタイトルと責任表示のデータの前に付加されている。フィ
ールド識別子には，さらに２桁の数字「インディケータ」[8]がつく場合もある。
５－１図ではタグ245に「00」という２桁のインディケータが付いている。

7：最初の文字の＄記号がサブフィールド開始文字で，２文字目がサブフィールドを識別す
　るための英小文字１字である。例えば，タグ「245」（タイトル及び責任表示に関する事
　項）では，「$a」が「本タイトル」，「$b」が「タイトル関連情報」，「$c」が「責任表示」
　を表す。
8：フィールド内のデータに関する付加的情報を示す。これはフィールドごとに定義されて
　いる（ただし，定義されてないフィールドも多い）。例えば，タグ041は「言語コード」と
　いう言語に関するフィールドであるが，ここに１というインディケータがあれば，翻訳作
　品であることを示している。なお，インディケータは各フィールドに二つ（２桁）まで付
　与することができるが，これの詳細についてはここでは省くことにする。

　同様にそれぞれのタグを NCR のエレメントに置き換えると，タグ「260」
は「出版表示」，「300」は「数量」や「大きさ」に対応している。
　同一のフィールド内に NCR でいうところのサブエレメントが複数ある場合，
サブエレメントの間に「国際標準書誌記述（International Standard
Bibliographic Description：ISBD[9]）」）に基いた区切り記号が挿入される。

（2）コンピュータによる目録作業

　目録データの作成作業を「目録作業（cataloging）」といい，コンピュータ
を利用するものとしては「集中目録作業（centralized cataloging）」と呼ばれ
るものと「共同目録作業（cooperative cataloging）」もしくは「分担目録作業
（shared cataloging）」（以下「共同目録作業」）と呼ばれるものとがある。

a．集中目録作業

　「集中目録作業」は，限定された図書館で集中して目録作業を行うものであ
る。作成された書誌データを他の図書館が使用することにより，個々の図書館
で目録作業を行う必要がなくなり，労力が削減される。典型例としては，全国
書誌[10]の作成が挙げられる。各国の全国書誌作成機関等（通常はその国の中央
図書館）が，納本制度等で網羅的に収集したその国の出版物について，集中目
録作業を行っている[11]。なお，集中目録作業で作成されたデータは主に公共図
書館で利用されている[12]。

b．共同目録作業

　「共同目録作業」は，複数の図書館がコンピュータ・ネットワークを介して

9：これについては1章3節3項を参照されたい。
10：一つの国の出版物を網羅する書誌。これについては1章1節2項を参照されたい。
11：現在の集中目録作業はコンピュータの利用が前提になっているが，実は，これの起源は米
　　国議会図書館が印刷目録カード頒布サービスを開始した1901年とされ，コンピュータが目
　　録作業に利用される以前にさかのぼる。日本では国立国会図書館が1950年から印刷目録カ
　　ードの頒布を始めた。もちろん，現在では，コンピュータが活用されており，目録カード
　　形式ではなく，電子ファイル形式での頒布である。
12：公共図書館への図書の販売等のサービスを行っている図書館流通センター(TRC)も集中
　　目録作業により民間 MARC データ「TRC MARC」を作成している。日本の公共図書館
　　の多くは，国立国会図書館が無償で提供する JAPAN/MARC ではなく TRC が販売する
　　TRC MARC を購入し利用している。

共同・分担して目録作業を行うものである。本節3項bで述べるように，これによって効率的な目録作業が可能になり，総合目録データベースも自然に構築される。わが国では，国立情報学研究所の「NACSIS-CAT」というシステムにおいて「共同目録作業」が行われている。なお，この方式の目録作業は，次項aで述べるように，主に大学図書館でなされている。

（3）「NACSIS-CAT」の概要

a．「総合目録データベース」と「CiNii Books」

「NACSIS-CAT（ナクシス・キャット）」は，全国の大学図書館等で，共同目録作業を行い，総合目録を構築するためのシステムとして，東京大学文献情報センター（大学共同利用機関）によって開発され，1984年に運用が開始された。その後，「学術情報センター（National Center for Science Information Systems：NACSIS）」に引き継がれ，学術情報センターの改組により2000年から国立情報学研究所（NII）の運用になり，現在に至る。

　NACSIS-CAT を利用して構築された「総合目録データベース」[13]は，「CiNii Books」[14]にて公開され，日本の大学図書館等における学術文献の目録所在情報を一般利用者に提供する役割を果たしている。また，この総合目録データベースは，NII の提供する「相互貸借システム（NACSIS-ILL）」の書誌・所蔵検索に利用され[15]，大学図書館等におけるスムーズな相互貸借を実現している。さらに，NACSIS-CAT に参加する大学図書館等は，総合目録データベースからデータをダウンロードして自館の蔵書目録データベースを構築し，「オンラ

13：NACSIS-CAT の本体部分のデータベース群を総称する呼び名。詳細は本項c**１**を参照のこと。なお，NACSIS-CAT では，2020年以降，データベースを「データセット」と呼ぶようになったが，「総合目録データベース」は固有名詞のため，その名称のまま維持されている。

14：1章1節1項で記したように「サイニィ・ブックス」と読む（https://ci.nii.ac.jp/books/）。

15：NACSIS-CAT の目的の一つは「総合目録データベースの形成」であるが，これは「図書館間の相互貸借のための目録所在情報提供」をするためのものである。この意味においてNACSIS-CAT と NACSIS-ILL とは密接不離な関係であり，国立情報学研究所のサービスとしての正式名称は，両者をセットとした「目録所在情報サービス NACSIS-CAT/ILL」である。

イン閲覧目録（Online Public Access Catalog：OPAC）」などを通じて利用者サービスに活用している。

b．NACSIS-CAT の特徴

特徴の説明のために，NACSIS-CAT での作業の仕組みを，細部を省いてごく単純に説明する。参加館がある資料を受け入れると，まず NACSIS-CAT のデータベースを検索する。その資料の書誌データがあれば自館の所蔵情報だけを登録する。書誌データが無ければ NACSIS-CAT にその資料についての書誌情報と自館の所蔵情報とを登録する。同時に，総合目録データベースから自館に必要なデータをダウンロードする。

NACSIS-CAT では，1300を超える大学図書館等がオンラインでの共同目録作業[16]を行っており，受け入れ資料についての書誌データが NACSIS-CAT に登録されている確率は９割を超えている。つまり，NACSIS-CAT に参加することで９割以上のデータ入力の手間が省け，大幅に目録作業が効率化される。これが一つ目の特徴である。

もう一つの特徴としては，参加館が NACSIS-CAT を利用し日々の目録業務を行うことがそのまま1,300館をこえる大規模な総合目録の自然な構築につながっていることである。

c．NACSIS-CAT の構造

■データとデータセット　　NACSIS-CAT は，さまざまなデータベースから構成されているが，これを構成するデータベースは「データセット」と呼ばれ，各データセットの中にある一つひとつのレコードは「データ」と呼ばれている。次ページの5-2図は，NACSIS-CAT の全体像をイメージ化したものである。

中心の部分は，NACSIS-CAT の本体となる総合目録データベースである。総合目録データベースは，「書誌データセット」「所蔵データセット」「典拠データセット」（それぞれ後述）などから成り立っている。その周りの部分には，総合目録データベースの書誌データを作成する際に参照することのできる「参照データセット」（後述）群が並んでいる。これらは本節１項ｂで見たようなMARC フォーマットを，NACSIS-CAT フォーマットに変換したものである。一番外側，リール状の図は「参照データセット」に変換する前の原 MARC デ

16：NACSIS-CAT では，この作業の方式を「オンライン共同分担入力方式」と呼んでいる。

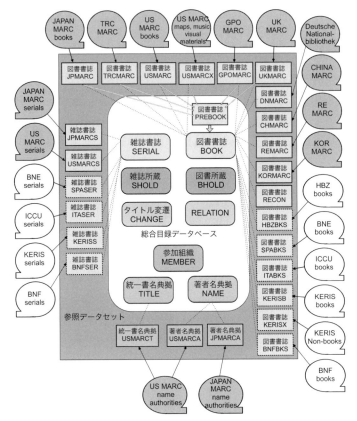

5-2図　NACSIS-CAT データベース構成図[17]

ータ群である。

　NACSIS-CAT を用いて目録作業をする際には，各種のデータセットがどのように配置され，どのように関係づけられているか明確なイメージを持っておくことが重要である。

❷総合目録データベース　　本項 c ❶では，NACSIS-CAT 全体の説明の中で，総合目録データベースを構成するデータセットについて大まかに触れたが，こ

17：国立情報学研究所．"目録情報の基準 第5版　1.3 総合目録データベースの環境（図1-1 データベース構成図）"．国立情報学研究所目録所在情報サービス．http://catdoc.nii. ac.jp/MAN/KIJUN/m5_1_3.html，（参照 2021-02-26）．

こで総合目録データベースに焦点を当て，これを構成するデータセットについて詳しく述べる。

　総合目録データベースを構成するデータセットは，書誌データ・所蔵データに関するデータセットと，その他のデータセットに分かれる。

　前者は「書誌データセット」「所蔵データセット」と呼ばれ，これには「図書」を対象とするものと「雑誌」を対象とするものがある。具体的には，「書誌データセット」には，「図書書誌　BOOK」「図書書誌　PREBOOK」[18]「雑誌書誌　SERIAL」の三つのデータセットがあり，「所蔵データセット」には，「図書所蔵　BHOLD」「雑誌所蔵　SHOLD」の二つのデータセットがある[19]。

　一方，その他のデータセットには，「著者名典拠　NAME」[20]「統一書名典拠TITLE」[21]「タイトル変遷　CHANGE」[22]「参加組織　MEMBER」[23]

5-1表　総合目録データベースのデータセット構成[24]

種別	図書	雑誌
書誌データセット	図書書誌　BOOK 図書書誌　PREBOOK	雑誌書誌　SERIAL
所蔵データセット	図書所蔵　BHOLD	雑誌所蔵　SHOLD
典拠データセット等	RELATION	タイトル変遷　CHANGE
	著者名典拠　NAME	
	統一書名典拠　TITLE	
	参加組織　MEMBER	

18：「図書書誌　BOOK」「図書書誌　PREBOOK」については，本章３節１項の脚注を参照されたい。

19：アルファベットはシステム内でのデータセット名。

20：個人や団体名の統一標目のもとに，別表記などの参照形や典拠となった資料名等のデータを収録したデータセット。

21：統一タイトル標目のもとに別タイトル等の参照形等のデータを収録したデータセット。

22：逐次刊行物のタイトル変遷の情報を収録したデータセット。

23：NACSIS-CAT に参加している機関の参加組織情報を管理するためのデータセット。参加組織は，１機関で１参加組織の場合もあるが，規模の大きい大学等では，部局単位や分館単位で複数の参加組織を申請している場合もある。

24：5-2図をもとに作成。

「RELATION」[25]がある。

　正式にはこれらの10個のデータセットの総体が総合目録データベースとされるが，便宜的に「書誌データセット」と「所蔵データセット」の部分だけで総合目録データベースと呼ばれる場合もある。

❸参照データセット　　c❶では，NACSIS-CAT全体の説明の中で，「参照データセット」に触れたが，ここではこれに焦点を当てて述べる。

　既述のように「参照データセット」とは，各国の目録作成機関等，NACSIS-CAT以外の機関が作成したMARCデータを，総合目録データベースのデータ形式に変換したものである。総合目録データベースに書誌データや典拠データを作成する際に，このデータをコピーして使うことによって，入力作業の軽減をはかることができる。

　NACSIS-CATに導入されている主な参照データセットは5-2表に記したとおりである。NACSIS-CATでは原MARCデータの名称を簡略化して用いている。

5-2表　主要な参照データセット[26]

種別	名称	原MARCデータ名称	原MARCデータ作成機関
図書書誌	JPMARC	JAPAN/MARC（図書）	国立国会図書館（NDL）
	TRCMARC	TRC MARC	図書館流通センター（TRC）
	CHMARC	China MARC	中国国家図書館
	USMARC	USMARC（books）	米国議会図書館（LC）
	UKMARC	UK MARC	大英図書館（BL）
雑誌書誌	JPMARCS	JAPAN/MARC（逐次刊行物）	国立国会図書館（NDL）
	USMARCS	USMARC（serials）	米国議会図書館（LC）
著者名典拠	JPMARCA	JAPAN/MARC（name authorities）	国立国会図書館（NDL）
	USMARCA	USMARC（name authorities）	米国議会図書館（LC）
統一書名典拠	USMARCT	USMARC（name authorities）	米国議会図書館（LC）

25：内容がほぼ同一とみなせる図書書誌データどうしのIDを管理するためのデータセット。
26：2020年12月時点の「国立情報学研究所目録所在情報サービス 参照MARCの収納状況」
　　（https://www.nii.ac.jp/CAT-ILL/archive/stats/cat/db.htm）をもとにした表。

❹総合目録データベースのデータ間の関係（リンク関係）　総合目録データベースのデータは，関連するものどうしのリンク関係を作成（リンク形成）することで相互参照が可能となっている。

図書と雑誌のリンク関係には，それぞれ次のようなものがある。

図書の場合は，(1)書誌データと所蔵データの関係（「所蔵リンク」），(2)書誌データと書誌データの関係（「書誌構造リンク」），(3)書誌データと著者名典拠データの関係（「著者名リンク」），(4)書誌データと統一書名典拠データの関係（「統一書名リンク」），の４種類がある（5-3図）。

この図では，円地文子著の『かぐやひめ』の書誌データを中心とし，(1)から(4)までのリンク関係を確認することができる。『かぐやひめ』の書誌データと所蔵データとの矢印は(1)所蔵リンクをあらわし，『かぐやひめ』の所蔵館に「樹大」という図書館があることがわかる。また，書誌データと書誌データとを結ぶ矢印は(2)書誌構造リンクをあらわし，『かぐやひめ』が，『ものがたり絵本』というシリーズの１冊であることを示している。書誌データと著者名典拠

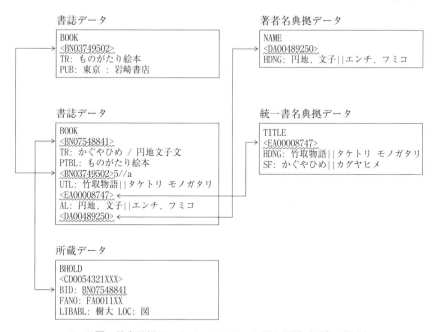

5-3図　総合目録データベースのデータ間の関係（図書の場合）

データとの矢印は(3)著者名リンクをあらわし，『かぐやひめ』の書誌データから著者の円地文子の著者名典拠データを参照することや，逆に，円地文子の著者名典拠データから『かぐやひめ』の書誌データを参照することができる。書誌データと統一書名データとの間の矢印は(4)統一書名リンクをあらわし，『かぐやひめ』の統一書名（古典作品などで，同一著作がさまざまなタイトルや言語で出版されている場合に，同じ著作としてまとめて検索できるようにするためにつけられた統一タイトル）が「竹取物語」であることが分かる。

　一方，雑誌の場合，(1)所蔵リンクと(3)著者名典拠リンクは図書の場合と同じだが書誌データと書誌データの関係は(5)タイトル変遷リンク[27]になり，(4)統一書名リンクは無い。

5章「1. 書誌データのコンピュータ処理と NACSIS-CAT」 演習問題

1．コンピュータを用いた「集中目録作業」と「共同目録作業（分担目録作業）」を簡単に説明しなさい。

2．「目録システム」（NACSIS-CAT）と「総合目録データベース」の関係を述べなさい。

3．「総合目録データベース」の活用例を挙げなさい。

4．NACSIS-CAT の特徴を挙げ，その意義を述べなさい。

5．次の各文は，NACSIS-CAT における「データセット」「データ」についての説明である。各文の正誤を判断しなさい。

(1)総合目録データベースの書誌データセットには，和資料書誌（JAPANESE）と洋資料書誌（FOREIGN）があり，それぞれが図書，雑誌に対応するデータセットに分かれている。

(2)著者名の別名等を統一した著者名典拠（NAME）や，無著者名古典の書名を統一した統一書名典拠（TITLE）などの典拠データセットは，総合目録データベースのデータセットではなく参照データセットである。

(3)所蔵データセットには，図書所蔵（BHOLD）と雑誌所蔵（SHOLD）とがある。

(4)総合目録データベースの「データ間の関係」の一つに「書誌データと書誌データの関係」があるが，これは図書書誌と雑誌書誌とで異なり，前者では「タイトル変遷リンク」，後者では「書誌構造リンク」である。

27：「タイトル変遷リンク」とは，個々の「雑誌書誌データ」と，雑誌のタイトル変遷を記録した「タイトル変遷マップデータ」（本項 c **2** で説明した「タイトル変遷　CHANGE」に収められるデータ）との間のリンク関係である。

2．NACSIS-CAT による目録作業⑴：『目録情報の基準』・検索

（1）NACSIS-CAT のデータ内容

a．『目録情報の基準』

　多くの参加館と共同して目録データを作っていくためには，参加館間での目録データに対する共通理解が重要である。NACSIS-CAT では，目録データや各種 MARC データの参照・流用[28]に関する共通理解を促進し，これらについての包括的な共通ルールや解釈に資するために『目録情報の基準』[29]が制定されている。この基準を適用することで NACSIS-CAT のデータの一貫性と標準化がはかられる。

　『目録情報の基準』において，書誌データと典拠データは参加館の「共有データ」，所蔵データは「（各参加組織の）固有のデータ」とされ，両者は区別されている。「固有のデータ」は，各参加館のためのデータであり，新規登録は勿論のこと修正・削除などデータの管理も各参加館に任されている。一方，「共有データ」は，NACSIS-CAT 参加館全体のためのデータのため，自館が登録したデータであっても修正に一定の制限事項があり，削除はできない。

b．図書書誌データ

■書誌データセット　　総合目録データベースの書誌データセットは，既述のように「図書書誌　BOOK」「図書書誌　PREBOOK」「雑誌書誌　SERIAL」から構成されている。以降本項では「図書書誌　BOOK」に焦点を絞って述べることにする。

28：ここでいう「流用」の意味については，本章 3 節の脚注を参照されたい。

29：2020年 8 月現在，「第 5 版」である。国立情報学研究所．"目録情報の基準 第 5 版"．国立情報学研究所目録所在情報サービス．http://catdoc.nii.ac.jp/MAN/KIJUN/kijun5.html，（参照 2021-02-26）．

2 図書書誌データのデータ内容

（1）　和洋区分

　これの区分はタイトルの言語による。タイトルの言語と本文の言語が異なるなど不適当な場合は本文の言語によって判断する。タイトルが日本語，中国語，韓国・朝鮮語のものは和資料として扱い，『日本目録規則 1987年版改訂3版』（NCR1987R3）を適用する。タイトルがそれ以外の言語は洋資料とし，『英米目録規則 第2版』（AACR2）を適用する。本書では主として『日本目録規則2018年版』（NCR2018）を取り扱っているが，NACSIS-CAT では同じ NCR でも NCR1987R3を適用している点に注意が必要である[30]。

（2）　データ・エレメントの区切り記号

　NCR2018では，データ・エレメントの区切り記号は定義されていないが，NACSIS-CAT が適用している NCR1987R3では，これが定義されている。NACSIS-CAT のデータベースのフィールドは，NCR2018でいうサブエレメントごとに分かれているが，参加館が利用しているローカル目録システムの多くでは，データ入力する際に区切り記号を入力する必要があり，かつ，書誌データの表示の際にも区切り記号が用いられていることがあるため，ここで説明する。

　NACSIS-CAT の区切り記号は，ISBD の区切り記号法に準拠するが，3箇所で相違点がある。一例を示すと，ISBD の「出版・頒布等エリア」では，「出版者または頒布者等」と「出版年または頒布年等」の間の区切り記号は「, △（カンマ　スペース）」（△はスペースを表す記号）であるが，NACSIS-CAT では「△, △（スペース　カンマ　スペース）」を採用している。NACSIS-CAT では，出版者等の後にもスペースが入る点で異なっている。

（3）　主なデータ内容

　図書書誌データの表示方式やフィールド名の表記形式は，参加館が利用する図書館システムごとに異なるため，本章では，NACSIS-CAT 講習会でも使用

30：NCR2018への対応については検討中である。

されている「WWW 対応新 CAT/ILL ゲートウェイ WebUIP」[31]（以下，WebUIP）の画面とフィールド定義を用いる。

　5-4図は，『海賊の文化史』を「WebUIP」で表示したイメージ画面である。

　画面例の各データの前に付されたローマ字表示は NACSIS-CAT における「フィールド名」である。

　次ページの5-3表にて，図書書誌データにはどのようなデータ・エレメント（フィールド）があるかを示す。なお，5-3表のフィールド一覧表中，(PUB) のようにフィールド名に丸括弧を付したものは，そのフィールドがいくつかの「サブフィールド」から構成されていることを示す。(PUB) の場合は，PUBP（出版地），PUBL（出版者等表示），PUBDT（出版年月等），PUBF（役割表示）の四つのサブフィールドから構成される。

❸図書書誌データの書誌作成単位　　本書で私たちは NCR2018における「記述対象」という考え方について学んだが，NACSIS-CAT では，NCR1987R3

BOOK

<BB25873737> **CRTDT:**20180416 **CRTFA:**<u>FA003964</u> **RNWDT:**20180516 **RNWFA:**<u>FA005358</u>

GMD: SMD: YEAR:2018 **CNTRY:**ja **TTLL:**jpn **TXTL:**jpn **ORGL:**

ISSN: NBN: LCCN: NDLCN:

REPRO: GPON: OTHN:

VOL: ISBN: 9784022630711 **PRICE:** 1700円+税 **XISBN:**

TR: 海賊の文化史 / 海野弘著 || カイゾク ノ ブンカシ

PUB: 東京 : 朝日新聞出版 , 2018.4

PHYS: 296p : 挿図, 肖像, 地図 ; 19cm

PTBL: 朝日選書 || アサヒ センショ <BN00107768> 971// a

AL: 海野, 弘(1939-) || ウンノ, ヒロシ <DA0004846X>

CLS: NDC9 : 209

5-4図　NACSIS-CAT の図書書誌データ画面例

31：WebUIP とは，国立情報学研究所が開発・提供している，標準的な Web ブラウザから NACSIS-CAT/ILL システムに接続し利用するための仕組み（ゲートウェイ）である。講習会での利用を主な目的として開発されたため，基本的な操作に特化したシンプルな作りが特徴である。

5-3表　NACSIS-CAT の図書書誌（BOOK）データのフィールド一覧（抜粋）[32]

フィールド名	内　　容
ID	書誌データ ID
CRTDT	データ作成日付：Create Date
CRTFA	データ作成参加組織：Create Library ID
GMD	一般資料種別コード：General Material Designation Code
SMD	特定資料種別コード：Specific Material Designation Code
（YEAR）	刊年：Year of Publication（YEAR1　刊年1；YEAR2　刊年2）
CNTRY	出版国コード：Country Code
TTLL	本タイトルの言語コード：Title Language Code
TXTL	本文の言語コード：Text Language Code
ORGL	原本の言語コード：Original Language Code
VOL	巻冊次等：Volumes
ISBN	国際標準図書番号：International Standard Book Number
NBN	全国書誌番号：National Bibliography Number
（TR）	タイトルおよび責任表示：Title and Statement of Responsibility Area（TRD　タイトルと責任表示；TRR　ヨミ　他）
ED	版に関する事項：Edition Area
（PUB）	出版・頒布等に関する事項：Publication, Distribution, etc. Area（PUBP　出版地；PUBL　出版者等表示；PUBDT　出版年月等；PUBF　役割表示）
（PHYS）	形態に関する事項：Physical Description Area（PHYSP　数量；PHYSS　大きさ；PHYSA　付属資料　他）
（VT）	その他のタイトル：Variant Titles（VTD　その他のタイトル　他）
（CW）	内容著作注記：Contents of Works（CWT　内容著作注記のタイトル　他）
NOTE	注記：Note
（PTBL）	書誌構造リンク：Parent Bibliography Link（PTBTR　親書誌[33]タイトルおよび責任表示；PTBTRR　親書誌タイトルのヨミ　他）
（AL）	著者名リンク：Author Link（AHDNG　著者標目形；AHDNGR　ヨミ；AID　著者名典拠データ ID　他）
（UTL）	統一書名リンク：Uniform Title Link（UTHDNG　統一書名標目形；UTHDNGR　ヨミ；UTID　統一書名典拠データ ID　他）
（CLS）	分類：Classification（CLSK　分類表の種類；CLSD　分類　他）
（SH）	件名等：Subject Headings（SHT　件名表の種類；SHD　件名；SHR　件名のヨミ；SHK　件名の種類　他）

32：基本的に各フィールドは NCR1987R3 の書誌的事項に対応しているが，「（PTBL）　書誌構造リンク」など，NACSIS-CAT 独自のリンク関係のフィールドについては，本章1節3項c**4**を参照されたい。

33：親書誌については，本項b**3**①の脚注を参照されたい。

に準拠[34]しているため，ここでは「記述対象」のかわりに NCR1987R3に基づいた「書誌作成単位」という言葉を使用する。

『目録情報の基準』[35]では，NACSIS-CAT における書誌作成単位について，次のように示している。

①図書書誌データは，原則として出版物理単位[36]ごとに作成する。最上位の集合書誌単位[37]のデータ作成は必要に応じて行う。中位の書誌単位[38]の記録は，出版物理単位のデータにおいて行う。

②図書書誌データは，各版ごとに別の書誌データを作成する。個々の図書館の所蔵する資料の刷の相違を示す情報は，必要があれば所蔵データに記録する。

③稀覯本[39]については，記述対象資料ごとに別の書誌データを作成する[40]。

④複製資料は，原則として，原本とは別の書誌データを作成する。原本代替資料・注文生産による複製資料については，同一原本から同一の方法で作成されたものどうしは同じ書誌データとする。

⑤図書書誌データは，資料種別ごとに別の書誌データを作成する[41]。

■4 「固有のタイトル」の扱い　　NCR2018では，「固有のタイトル」を「書誌階層構造において，それぞれの書誌レベルが有するタイトル[42]」と定義しているが，NACSIS-CAT では，「固有のタイトルでないもの」を例示して，逆説

34：ここでは主に和資料について述べている。洋資料は AACR2に準拠する。

35：『目録情報の基準』（第5版）4.2.2　図書書誌データの作成単位（https://catdoc.nii.ac.jp/MAN/KIJUN/m5_4_2.html（参照 2021-04-18））。

36：著作が物理的に1冊で刊行されているときはその1冊を意味するが，同一の著作が「上・下巻」など物理的にわかれている場合は，「上巻」「下巻」それぞれを意味する。

37：複数冊あつまって一つのまとまりを示す場合，例えば，『講座日本語と日本語教育』（全16冊）なら，これのデータが集合書誌単位のデータとなる。これに対して，その中の1冊1冊のデータが出版物理単位のデータである。なお，NACSIS-CAT では，集合書誌単位のデータを「親書誌」，出版物理単位のデータを「子書誌」と呼ぶ。

38：上述の例の16冊がいくつかにグルーピングできる場合，各グループが中位の書誌単位を形成する。

39：古書や古典籍など極めて珍しく価値のある資料のこと。

40：一般の図書と違い，個別資料ごとに書誌データを作成するということ。

41：具体例をあげれば，同じ『源氏物語』でも，冊子体のものと CD-ROM のものは別々に書誌データを作成するということ。

42：「書誌階層」「書誌レベル」については，3章2節1項で詳しく説明されている。

的に「固有のタイトル」を定義する方法をとっている[43]。

「固有のタイトルでないもの」には，「巻次等」と「部編名」の二つがある。具体的には，巻次等とは「数字，アルファベットなどによる順序付け」などであり，部編名とは「地域区分，年代的区分など」などである。固有のタイトルであれば，本タイトルとして TR（タイトルと責任表示等）フィールドに記録するが，固有のタイトルでないものに該当するものは，TR フィールドではなく，VOL（巻冊次等）フィールドに記録する。

このように，固有のタイトルかどうかによって，記録するフィールドが異なるので，固有のタイトルかどうかの判断には注意が必要である。

ｃ．典拠データ

総合目録データベースには「著者名典拠　NAME」と「統一書名典拠　TITLE」の二つの典拠データセットがある。これらの典拠データセットのための参照データセットとしては，「USMARCA」「USMARCT」（USMARC name authorities），「JPMARCA」（JAPAN/MARC name authorities）がある。「NAME」というデータセットは「著者名典拠データ」からなり，「TITLE」というデータセットは「統一書名典拠データ」からなる。

著者名典拠データは，書誌データとのリンクによって，(1)著作の集中（特定著者の著作の網羅的検索），(2)他著者との識別（同姓同名などの著者をより詳しいデータの付加によって識別），(3)異なる表記からの検索（実名，他の筆名，ローマ字表記等からの参照）などの機能を果たしている。5-5図は，「NAME」（著者名典拠データセット）の画面例であり，「寺田寅彦」の著者名典拠データを表示している。例えば，HDNG フィールドにはこの著者の統一標目形[44]が表示され，PLACE フィールド，DATE フィールドには，それぞれ出身地，生没年が表示されている。なお，SF フィールドには標目に採用されなかった名称が記されている。

一方，「統一書名典拠データ」も，書誌データとのリンクによって著作の集中や，異なる表記からの検索（同一著作に対する多面的な検索）を可能にして

43：『目録情報の基準』（第5版）4.2.2参照。「固有のタイトル」の厳密な定義は困難という判断から，このような方法が取られている。

44：NCR2018でいうところの典拠形アクセス・ポイントのこと。

[図書書誌検索] [著者名典拠検索] [統一書名典拠検索] [参加組織検索] [ログアウト]

著者名典拠詳細 (教育用サーバ)

[修 正] [流 用]　　　　　　　　　[簡略一覧に戻る]　　　　　　　　　[書誌一覧]

NAME

<DA00064273> **CRTDT:**19860108 **CRTFA:**FA001787 **RNWDT:**19990929 **RNWFA:**FA006678

HDNG: 寺田, 寅彦(1878-1935) || テラダ, トラヒコ

TYPE: p

PLACE: 東京

DATE: 1878-1935

SF: 吉村, 冬彦(1878-1935) || ヨシムラ, フユヒコ

SF: *Terada, Torahiko, 1878-1935

SF: Yoshimura, Fuyuhiko

SF: 寺田, 寅彦 || テラダ, トラヒコ

NOTE: 理学博士

NOTE: 東京大学教授

NOTE: 理化学研究所所員

NOTE: 出生地の追加は著書「寺田寅彦(ちくま日本文学全集)」(1992,筑摩書房)のカバーの記述より。

[ダウンロード]

5-5図　NACSIS-CAT の著者名典拠データの画面例

いる。

d．所蔵データ

　総合目録データベースの所蔵データセットは「図書所蔵　BHOLD」と「雑誌所蔵　SHOLD」の二つに分れている。所蔵データの主なデータ項目（フィールド）は次ページの5-4表のとおりである。所蔵データは，「出版物理単位」の書誌データにリンクする。1書誌データに対して，「参加組織＋配置コード」単位[45]で1所蔵データをリンクすることができる。

45：「参加組織」は，NACSIS-CAT に参加を申請し，承認された図書館等のことで，所蔵データの参加組織名には大学等の名称の略語形が使用されている。分館や部局図書室ごとに1機関につき複数の参加組織を設定することもできる。「配置コード（LOC）」は，各参加組織内をさらに区分識別する必要がある場合に設定されるコードで，図書室等，配置場所の略語系が用いられる。複数の配置コードの設定が可能だが，あらかじめ目録システムにこのコードを登録しておかなければ使用できない。

5-4表　NACSIS-CAT の所蔵データのフィールド一覧（抜粋）

フィールド名	説明
ID	所蔵データ ID^注
CRTDT	データ作成日付
RNWDT	データ更新日付
BID	書誌データ ID
FANO	参加組織 ID
LIBABL	参加組織略称
VOL	巻冊次等
CLN	請求記号
CPYR	刷の注記

注：5-6 図の画面例では＜＞に囲まれて表示されている。

　逆に言うと，同一配置コードに複本があっても，一つの書誌データに複数の所蔵データをリンクすることはできない。

　実際の所蔵データの画面例（イメージ）を 5-6 図に示す。WebUIP では，上部に当該図書の書誌データが表示され，「BHOLD」の文字から下が所蔵データの中身になる。「ID」（＜＞に囲まれた部分），「CRTDT」「RNWDT」は，システムが自動で付与するフィールドである。「BID」に書誌データ ID「BA30628338」が記録され，所蔵リンクが成り立っている。「FANO」「LIBABL」が，どの図書館の所蔵かを示し，この図では，「樹大（樹村房大学）」の所蔵であることがわかる。配置場所「LOC」は特に区別されておらず，空値である。さらに，「CLN」からこの大学における所在記号が「918.6‖Sh69‖Is」で，「RGTN」からは資料 ID が「78185」であることがうかがえる。

5-6図　NACSIS-CAT の所蔵データの画面例

（2）NACSIS-CAT の検索

a．NACSIS-CAT における**検索の意義**

　登録作業の前に，登録を行おうとする資料の書誌データを検索する必要がある。不十分な検索では間違った書誌データに所蔵を登録してしまう恐れがあるため，確実な検索とその結果の確認を心がけることが求められる。

　なお，総合目録データベースは，オンラインで絶えず更新されているので，検索は，登録作業の「直前」に行うことが推奨される。

b．NACSIS-CAT の**検索画面**

　以下に，NACSIS-CAT の検索画面を表示する。

　この図からわかるように，検索項目ごとにボックスが設定され，ここに値を入力することで，これに対応する値を持つ書誌データが検索される。なお，検索項目は，以下の２種類に分かれる。

　　①キーワードフィールド……下記画面で項目名の右側に「＝」のある検索項目。検索キー[46]をスペースもしくはコンマで区切って複数指定することができる。

　　②コードフィールド……下記画面で項目名の右側に「：」のある検索項目。

46：本項 d を参照のこと。

図書書誌検索 (教育用サーバ)

検　索　クリア　　　　　　　　　　　　参照ファイル 和図書 ∨ 表示件数： 10 ∨ 件

TITLE=
PTBL=
VOL=
TITLE/PTBL/VOL=
AUTH=
ISBN/ISSN:　　　　　　NBN:　　　　　　NDLCN/LCCN/OTHN:
PUB=　　　　　　　　　　　　　　　　　　YEAR:
PLACE=　　　　CNTRY:　　　　　　　　　LANG:
SH=
FTITLE=　　　　　　　　　　　　　　　　AKEY=
ID:　　　　　PID:
FILE:　　∨

5-7図　NACSIS-CAT の図書書誌データ検索画面例

　検索キーを一つしか入力することができない。

c．検索の種類

　NACSIS-CAT の検索には，通常の検索（データセット検索）とリンクをたどる形の検索（リンク参照）とがある。

❶検索（データセット検索）　「検索画面」（5-7図）の各検索語入力欄に，本項 d で述べる検索キーを入力して，書誌データセットの中から該当する書誌データを検索する。NACSIS-CAT では，全文検索ではなくインデクス検索[47]を採用している。

❷リンク参照　各データのリンクをたどって，リンク先のデータを参照する検索方式のことで，「所蔵リンク参照」（書誌データから所蔵データをたどる），「書誌構造リンク参照」（子書誌から親書誌をたどる等），「著者名リンク参照」（書誌データ中の著者標目から著者名典拠データをたどる等），「統一書名リンク参照」（書誌データ中の統一書名標目から統一書名典拠データをたどる等）がある。

d．検索キーと検索用インデクス

　NACSIS-CAT では，データセット検索を行うために入力される文字列（検

47：「索引語」（索引に使用する語）による検索のこと（「索引語」は，検索に使用される場合は「検索語」と呼ばれる）。なお，インデクスについては本項 d も参照されたい。

索語）を「検索キー」という。例えば，5‐7図の検索画面のフィールドに何らかの言葉を入力すると，それは検索キーとなる。一方，NACSIS-CAT の各データセットのデータから一定の規則にしたがって作成されるものを「検索用インデクス」という。検索用インデクスは，データ登録時に，自動生成される。NACSIS-CAT の検索は，入力した検索キーとあらかじめ用意されている検索用インデクスとを照合する形で行われる。

　検索を上手に行うためには，検索用インデクスの生成方式を知っておくことが望ましい。基本的に，各データの ID とコード類および書誌データのすべてのフィールドから万遍なく生成されている。

　以下に，検索用インデクスの種類5‐5表と具体例5‐8図とを示す。『海賊の文化史』（119ページの5‐4図）では，TR フィールド（タイトルおよび責

5‐5表　NACSIS-CAT 書誌データから生成される検索用インデクス（抜粋）

検索用インデクス名	説明	生成元のフィールド
TITLEKEY	タイトルキーワード	TR，VT　など
AUTHKEY	著者名キーワード	TR，AL　など
FTITLEKY	フルタイトルキー	TR
VOLKEY	VOL キー	VOL
PTBLKEY	PTBL キー	PTBL
ISBNKEY	ISBN キー	ISBN，XISBN

```
TITLEKEY=海賊ノ文化史
TITLEKEY=カイゾク
TITLEKEY=ノ
TITLEKEY=ブンカシ
TITLEKEY=海賊
TITLEKEY=文化史
AUTHKEY=海野弘着
AUTHKEY=1939
AUTHKEY=ウンノ
AUTHKEY=ヒロシ
AUTHKEY=海野
AUTHKEY=弘
FTITLEKEY=海賊ノ文化史
FTITLEKEY=カイゾクノブンカシ
```

5‐8図　NACSIS-CAT の書誌データから生成される検索用インデクス例（抜粋）

任表示に関する事項）の「海賊の文化史 / 海野弘著‖カイゾク ノ ブンカシ」から前ページの５-８図のような検索用インデクスが自動生成される。

　５-５表にあるとおり，TITLEKEY 等は，検索用インデクスの種類である。タイトルとそのヨミからは TITLEKEY（「海賊ノ文化史」「カイゾク」「ノ」「ブンカシ」など）と FTITLEKEY[48]（「海賊ノ文化史」「カイゾクノブンカシ」」）が生成され，TR フィールドの責任表示と AL（著者名リンク）フィールドからは AUTHKEY（「海野弘着」「1939」「海野」「弘」など）が生成される。

　ＴＩＴＬＥＫＥＹ は，検索画面の「ＴＩＴＬＥ＝」に対応し，ＡＵＴＨＫＥＹ は「ＡＵＴＨ＝」に対応している。ここで注意したいのは，検索画面で「ＡＵＴＨ＝海野弘」と指定してもこの書誌データはヒットしないことである。なぜなら，123ページの５-５図のとおり，検索用インデクス AUTHKEY に「海野弘」が存在しないからである。「～著」まで含めた形で検索するか，「海野弘＊」と前方一致検索[49]を使うなど，工夫が必要になる。あるいは，AL フィールドの書き方「姓，△名」（△はスペース）にならって，「ＡＵＴＨ＝海野△弘」と姓名の間にスペースを入れると，５-５図の元になった書誌データの検索ができる。

　なお，NACSIS-CAT の検索では，アラビア数字・ローマ字・カタカナの場合は半角，全角の違い，漢字については新字体・旧字体の区別は必要ない[50]。

e．検索対象データセットの検索順序

　検索の際には，必ず「総合目録データベース」「参照データセット」の順に検索することが決められている。参照データセット間の検索については，その検索順序をはじめ，複数の参照データセットのグループ化や横断検索など，各参加図書館のローカルシステムにて自由に設定できる。例えば WebUIP の場合は，参照データセットが「和資料」と「洋資料」にグループ分けされており，検索の際にプルダウンメニューで選ぶことで，それぞれの資料に適した参照デ

48：本タイトルのフルタイトルから作成される検索用インデクス。この例では，タイトルとフルタイトルは同じであるが，両者ではキーの切り出し方式が異なっていることが分かる（後者では，ヨミが文節ごとに区切られていない）。

49：文字列検索で，入力した文字列と先頭部分が一致する単語や語句（この場合はキー）を検索する手法で，NACSIS-CAT においては，アスタリスク記号（＊）を用いる。

50：サーバ側に新字体・旧字体等の漢字の異体字をグループにまとめた管理表があり，同じグループの漢字どうしの対応（例えば，「著」は「着」に）を取っている。

ータセットを効率的に横断検索できるようになっている[51]。

　なお，特定のデータセットだけを検索したい場合は，検索画面左下の「FILE」フィールドのプルダウンメニューで指定すればよい。

ｆ．検索で注意すべき点（主なもの）

1 ISBN もしくは ISSN での検索　　検索結果が絞られるので ISBN や ISSN での検索は有効であるが[52]，これらが書誌データに記録されていないことがあるので，検索結果が０件であってもこれで検索を断念せず，他の検索キーで検索しなおすことが必要である。

2 タイトルと責任表示での検索

　(1)　ヨミでの検索

　総合目録データベースの書誌データ，典拠データの各データは，分かち書きされたヨミに基づいて「検索用インデクス」が作成されている。そのため，ヨミと分かち書きについての理解が重要である。NACSIS-CAT におけるヨミと分かち書きの規則は，『目録情報の基準』の「11.3　ヨミの表記及び分かち書き規則」に規定されている。

　(2)　タイトルの漢字表記形での検索

　漢字表記形の検索用インデクスは，まず表記形から，スペースや記号等で分割したものが作成されるが，さらにヨミの分かち書きの単位を基に単語単位の検索用インデクスも作成されている。そのため，TR（タイトル及び責任表示に関する事項），VT（その他のタイトル），CW（内容著作注記）等に入力されたデータを，漢字表記形で検索する際には，記録の形だけではなく，そのヨミの分かち書きの単位を意識して検索キーを入力する必要がある。5-8図の例でいえば，タイトル「海賊の文化」から，「海賊ノ文化」だけではなく，「海賊」「文化史」の文字列が分割して検索用インデクスとして作成されているの

51：「和図書」グループは，JPMARC，TRCMARC，CHMARC が検索対象となり，「洋図書」グループは，USMARC，USMARCX，GPOMARC，UKMARC，DNMARC 等が検索対象となる。なお，プルダウンメニューで選択しなければ，初期設定の「和図書」での検索になる。

52：ISBN は国際標準図書番号 "International Standard Book Number" の略で，図書（体現形）の ID 番号となるもの，ISSN は国際標準逐次刊行物番号 "International Standard Serial Number" の略で逐次刊行物の ID 番号となるもの。

は，ヨミが「カイゾク　ノ　ブンカシ」と分かち書きされているからである。

〔例〕タイトルが「日本文学研究」でヨミが「ニホン　ブンガク　ケンキュウ」
　　　の場合
　　　「日本文学研究」「日本」「文学」「研究」で検索可（「日本文学」「文学研
　　　究」では検索不可）。

　⑶　責任表示での検索

　TR（タイトル及び責任表示に関する事項）の責任表示には，姓名を連続し
た形で検索キーにすると検索に失敗することが多い。役割表示を併せて検索す
るか，前方一致検索で検索が有効である。

〔例〕「熊野洋著」と記述されている書誌データは「熊野洋」では検索不可
　　　　→「熊野洋著」あるいは「熊野洋＊」で再度検索する

g．書誌データの同定

　指定した検索条件に合致した書誌データがある場合，検索結果が表示される
が，表示されたデータが本当に目録作業の対象としている資料の書誌データな
のかどうか，慎重に判断しなければならない。この判断が十分ではなく，版や
出版者の異なるデータに誤って所蔵データを登録してしまっている例が散見さ
れる。図書書誌データの場合は，⑴資料種別，⑵版に関する事項，⑶書誌構造
が相違すれば，明らかに別データを作成しなければならない。⑴資料種別は，
一般種別コード「GMD」と特定資料種別コード「SMD」の組み合わせで入力
されているため，この二つのコードから判断できる。なお，「GMD」「SMD」
共に空値の場合は，一般的な紙媒体の資料であることを意味する。⑵版に関す
る事項は，「ED」フィールドに記録されている。版表示か装丁に関する表示か
判断が難しい表示の場合は，「VOL」（巻冊次を記録するフィールド。装丁に
関する事項を記録することもできる）や「NOTE」（注記）に記録されている
こともある。⑶書誌構造は，「PTBL」フィールドに記録されている項目で，
PTBL フィールドにシリーズ名が記録されているのに，所蔵登録したい手許資
料にはシリーズ名が無い場合には，その書誌データに同定してはいけない，と
いうことになる。その他の書誌データのフィールドについても，ていねいに比
較して判断しなければならない。

5章「2．NACSIS-CAT による目録作業(1)」演習問題

1．『目録情報の基準』の目的（必要性）を述べなさい。

2．総合目録データベースのデータの特性について，下記の問いに答えなさい。

⑴BOOK および SERIAL データセットの（①　　）データと NAME および TITLE データセットの（②　　）データは，共有データである。

⑵BHOLD および SHOLD データセットの（③　　）データは，各参加組織固有のデータとされる。

⑶共有データは，参加館による（④　　）は不可だが，（⑤　　）は一定の条件のもとに可能である。一方，各参加組織固有のデータは，（④　　）・（⑤　　）は，各参加組織で自由に行うことができる。

3．NACSIS-CAT における「書誌作成単位」の認定は何によって行うか。

4．「固有のタイトルでないもの」について下記の問いに答えなさい。

⑴「固有のタイトルでないもの」は，（①　　）フィールドに記録する。

⑵「固有のタイトルでないもの」には，（②　　）と（③　　）の2種類がある。

⑶（②　　）とは，「1⇔2⇔3……」などの（④　　）による順序づけや「A⇔B⇔C……」などの（⑤　　）による順序づけのことである。

⑷（③　　）とは，「北海道⇔東北⇔関東……」などの（⑥　　）区分や，「昭和⇔平成⇔令和」などの（⑦　　）区分などのことである。

5．NACSIS-CAT において以下のような検索を行った場合，失敗する可能性がある。失敗の原因と考えられることを述べなさい。

⑴倉田敬子著『学術情報流通とオープンアクセス』（勁草書房）を検索するために，TITLE 検索フィールドに「学術情報」と指定した。

⑵村上春樹著『海辺のカフカ　上』（新潮社）を検索するために，TITLE 検索フィールドに「海辺のカフカ　上」と指定した。

⑶遠山敦子著『来し方の記：ひとすじの道を歩んで五十年』（かまくら春秋社）を検索するために AUTH（著者）検索フィールドに「遠山敦子」と指定した。

⑷鈴木明［ほか］編『つくる図書館をつくる』（鹿島出版会）を検索するために，TITLE 検索フィールドに「図書館」，PUB フィールドに「鹿島」と指定した。

⑸海野弘著『海賊の文化史』を検索するために，TITLE 検索フィールドに「かいぞくのぶんかし」と指定した。

⑹筒井康隆編『60年代日本 SF ベスト集成』（ISBN978-4480430427）を検索するために，ISBN 検索フィールドに「9784480430427」と指定したところ，検索結果は0件であった。この資料に該当する書誌データは登録されていないと判断し検索を終了した。

3．NACSIS-CAT による目録作業(2)：登録

　NACSIS-CAT の登録演習に移る。NACSIS-CAT の参加館が行っている「登録作業」には次の３種類がある。(1)所蔵のみの登録，(2)書誌流用入力，(3)書誌新規入力[53]，である。これらは，総合目録データベースに登録しようとする資料の書誌データがあるかないかで分かれてくる。総合目録データベースに書誌データがあれば(1)の「所蔵のみの登録」だけになるが，総合目録データベースに書誌データがない場合には，書誌データを新たに作成した上で所蔵を登録することになる。この場合であっても，参照データセット等に求める書誌データ（あるいは類似データ）[54]があれば，それを利用（流用）して簡単に新規書誌データを作成することができ，(2)の「書誌流用入力」となる。総合目録データベースに求める書誌データがなく，流用できる書誌データもまったく無い場合に，(3)の「書誌新規入力」となる。

　(1)の場合，すでに登録されている書誌データをダウンロード（コピー）して，自館の目録システムに取り込むことになるので，これらの方法による目録作業（cataloging）は，「コピー・カタロギング」と呼ばれる。対して(2)と(3)とは，総合目録データベースに登録されていない書誌データを参加館が新たに作成することになるので，一般的には「オリジナル・カタロギング」と呼ばれる。ただし，NACSIS-CAT においては，一から新規に書誌データを作成する必要があるという意味で，(3)のみを「オリジナル入力」と呼び，参照データの記述をそのまま利用することができる(2)とは，区別している。

　本項では，NACSIS-CAT の目録作業の大半を占める(1)「所蔵のみの登録」と，NACSIS-CAT の豊富な参照データセットを活用する(2)「書誌流用入力」

53：「所蔵」は「所蔵データ」，「書誌」は「書誌データ」と呼ぶのが正確ではあるが，NACSIS-CAT の操作に関する用語は慣例的に「データ」を省略したものが多い。本章においても NACSIS-CAT の用語の慣例にならって説明を行う。また，「書誌流用入力」という語についても，「流用」の本来の意味である「所定の目的以外のことに用いること」とは異なり，NACSIS-CAT では「何かしら既にあるデータをコピーして新規に書誌データを作成する」意味で「流用」が使用されているので，注意されたい。

54：総合目録データベース内に類似データがある場合も，同じく「流用入力」が可能である。

についての解説を行う。

（1） 所蔵のみの登録

　検索の結果，総合目録データベース（BOOK データセットまたは PREBOOK データセット[55]）に登録しようとする資料の書誌データが存在した場合，同一書誌であるかどうかを確認した上で，所蔵登録に移る。

　所蔵登録とは，自館の所蔵データを入力し，このデータを当該書誌データにリンクする作業である。NACSIS-CAT における登録作業の90％以上が「所蔵のみの登録」である。書誌の同定の部分に注意は必要なものの，コンピュータによる自動入力ソフトが使われることもある[56]。

　所蔵登録の手順は，⑴書誌検索（総合目録データベースにヒット），⑵書誌同定（書誌の確認），［⑶書誌修正（データ修正の必要性がある場合のみ）］，⑷所蔵登録（所蔵データに必要データを入力し保存）である[57]。

　なお，⑵の同定をした書誌データが PREBOOK のものであった場合，⑷の所蔵データの登録をきっかけに，その書誌データは PREBOOK から BOOK データセットに自動的に移行する[58]。

（2） 書誌流用入力

　「書誌流用入力」は，二つのパターンがある。一つは，参照データセットにヒットした場合，そのデータを流用して新規書誌を総合目録データベース上に

55：PREBOOK データセットとは，参照データをもとにシステムが自動登録している図書書誌データセットである。所蔵データとリンクしない書誌データであるため，所蔵データとのリンクが前提の BOOK データセットに入れることができず，別の PREBOOK というデータセットになっている。参照データと同じだが，「流用」の一手間無く所蔵登録ができるものとして2020年 8 月に新設された。だが，実のところ，その意味と効果については疑問点が多い。

56：所蔵データは，参加館固有のデータであるため，各参加館の責任のもと自動登録が認められている。

57：NACSIS-CAT のシステムがこれに対応する書誌データとリンク付けしてくれる。

58：PREBOOK データセットは，書誌データにとっては所蔵リンクがないが故の一時的な置き場所であり，参加館が所蔵登録すれば，それをきっかけにシステムがその書誌データを BOOK データセットへ移行させる。

作成することである。もう一つは，総合目録データベース（BOOK データセットおよび PREBOOK データセット）上に，版の異なる書誌などの類似の書誌データが見つかった場合である。この両者は，流用入力する対象の書誌データの属するデータセットは異なるものの，新たな書誌データを作っている（総合目録データベース上に新しい書誌データ ID を持ったデータができる）点で同様の作業といえる。

a．書誌流用入力の手順

　所蔵登録の手順は，(1)書誌検索（総合目録データベースにヒットせず，参照データセットにヒット，もしくは総合目録データベースに類似データがヒット），(2)書誌同定（所蔵資料と違う点は修正するので，まったく同一である必要はない），(3)書誌登録・リンク形成[59]（新規書誌の作成），(4)所蔵登録，である。(3)の書誌登録がこの作業の中心となる。

b．書誌登録

1書誌登録　　参照データセットは，外部機関が作成した書誌データを NACSIS-CAT のデータ形式に機械的に変換したものであるが，『目録情報の基準』等にあわせて書誌修正を行うか，修正はせずにそのまま利用するかは，参加館が自由に選択できる。

2リンク形成　　図書書誌データ記述に関わるリンク形成には，「著者名典拠リンク」「統一書名リンク」「書誌構造リンク」の三つがあり，いずれもリンク形成するか否かは任意である。リンク形成する場合に，リンクすべき親書誌データや著者名典拠データ，統一書名典拠データが総合目録データベースにない場合は，それぞれ新規データを作成する必要がある。

　AL（著者名リンク）を例にリンク形成作業を説明すると，まず AL（著者名リンク）フィールドに埋め込まれたデータ（参照データセットからの流用では必ずデータが入っている）で，著者名典拠データセットを自動検索する。ここで検索に失敗した場合は，あらかじめ埋め込まれたデータに問題があると考え，適切な形の検索キーを入力し再検索する。検索の結果，目的とする著者名

典拠データ等がヒットしたら詳細表示し，データの同定をした上でリンクを形成する。リンクが形成されると書誌データの AL フィールドに著者名典拠データの ID が自動入力される。

　リンク時のデータの同定作業は，特に著者名典拠データの場合は同姓同名や異表記の存在などによって，必ずしも容易ではないので，人名辞典等の各種のレファレンス・ブックを活用して作業を進めなければならない。

c．『目録システムコーディングマニュアル』

　各フィールド内のデータについては『目録情報の基準』や目録規則等に準拠して記述されるが，どのフィールドにどう記述するかの具体的な方法（コーディング）を規定したものに，『目録システムコーディングマニュアル』（https://catdoc.nii.ac.jp/MAN2/CM/mokuji.html）がある。

5章「3．NACSIS-CAT による目録作業(2)」演習問題

1．NACSIS-CAT における所蔵登録作業について述べた以下の各文には誤りが含まれている。どの点が誤っているか指摘しなさい。

(1)作業効率を高めるために，午前中に登録予定資料の検索を済ませ，午後から総合目録データベースに存在しなかった書誌の登録と所蔵登録作業を行った。

(2)『標準音楽療法入門　下　実践編』（春秋社）の所蔵データを登録する際，「標準音楽療法入門　上　理論編」の書誌がヒットした。タイトルが同じだったため，この書誌に所蔵登録した。

(3)同一参加組織（FA）の同一配置コード（LOC）に対し，同じ本を2冊登録するため，RGTN（登録番号）フィールドを繰り返し作成し入力した。

(4)総合目録データベースにおける所蔵データ件数は，各参加図書館が登録した蔵書冊数の総計である。

2．以下の各文は，総合目録データベースの書誌登録について述べたものである。各文の正誤を判断しなさい。誤っている場合は，その理由を示しなさい。

(1)「書誌流用入力」による目録作業は，参照データセットの内容をコピーして書誌データを作成する作業であるから，「コピーカタロギング」と呼ばれる。

(2)総合目録データベース中の類似データ（例えば第2版を新規登録する際の初版のデータなど）から流用入力した場合，総合目録データベース上には新たな書誌データ ID が付与された新規書誌データが登録される。

(3)図書書誌データに関するリンク形成には，「著者名典拠リンク」「統一書名リンク」「書

誌構造リンク」の3種類があり，いずれも必ずリンク形成しなければならない。

(4)参照データセットのデータから流用入力する場合におけるリンク形成では，PTBL（書誌構造リンク），AL（著者名リンク）およびUTL（統一書名リンク）の各フィールドに埋め込まれたデータで，書誌データセットや典拠データセットを自動検索する。

(5)「著者名典拠リンク」のリンク形成時の自動検索で表示された著者名典拠データは，システムが選んだデータであるからそのまま信頼してリンク形成してよい。

Ⅱ部

分類・件名編

6章 | 主題組織法

　この章では，情報資源を組織して主題検索を可能にする方法，すなわち主題組織法について述べる。主題検索を可能にするにはそのための仕掛けが必要である。仕掛けは情報の在りかを指し示すもので，これを「索引（index）」という[1]。本章では，まず主題組織法の枠組みについて述べ，次に索引作業の前段階としての主題分析について述べる。

1．主題組織法の枠組み

（1）主題組織法と主題検索の諸段階

　主題組織法は主題検索を可能にするための方法であるが，両者のプロセスには類似点がある。両者の対応関係を6−1図に示す[2]。四つの段階のうち共通するのは主題分析と翻訳である。主題分析は情報資源の内容あるいは質問内容の分析であり，翻訳は分析により突き止められた主題を表す語句の言い換えである。具体的には検索システムが使用する統制語のリスト，すなわち統制語彙表（分類表や件名標目表）の記号や語への変換である[3]。

　この科目は情報資源（以下，主題組織法や情報検索の文脈でよく使用される「文献」という用語[4]を使用し，主に「図書」を題材とする）の検索ではなく，

---

1 ：索引については本書11章1節も参照されたい。
2 ：Langridge, D.W. Subject analysis: principles and procedures. London, Bowker-Saur, 1989, p.5.
3 ：「統制語」とは語の概念（語として表わされる事物の意味やイメージ）が同じもの（例えば，本，図書，書籍，書物など）のうち，使用すべき一つを定めたもの。使用すべき語を一覧表にしたのが「統制語彙表」である。そのうち「分類表」は概念を体系的に編成して記号化したもので，「件名標目表」は概念を表す語を音順に編成したものである。詳しくは，本シリーズ第9巻『三訂 情報資源組織論』1章4節2項b❶などを参照されたい。
4 ：同様の理由から本書11章でも原則として「文献」という用語を使用している。

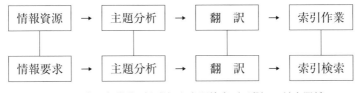

6-1図　主題組織法（上段）と主題検索（下段）の対応関係

その組織に関するものである。したがって，以後の記述は6-1図の上段のプロセスに焦点を合わせたものになる。

（2）主題と主題分析[5]

　「主題（subject）」とは文献の内容のうちの主要あるいは中心となるものをいう。例えば「この文献は図書の装丁について書かれている」というときの，「図書の装丁」を指す。

　「主題分析（subject analysis）」とは，個々の文献内容を分析し，上に例示したような主題を突き止め，その主題を表す諸概念に名辞（ことば）を与え，概念間の関係を明らかにすることである。すでに述べたように，通常，一つの概念に対してそれを表す名辞は複数ある（脚注3）。したがって，主題分析には文献の中心となる内容とそれを表す名辞の「概念分析（concept analysis）」が要求される。

　主題分析は重要である。なぜなら，主題分析の結果が文献内容を正しくとらえていなければ，その後の努力が無駄になるかも知れないからである。

　主題分析を統制語彙表に合わせて行うのは好ましくない。順序としては，主題分析は翻訳段階における統制語彙表の使用に先立つのであり，語彙表から独立しているからである（6-1図）。

　主題分析と翻訳では主題分析の方がはるかに難しい。次の項で主題分析の二つの方法（要約法と網羅的索引法）について述べるが，とりわけ要約法は難しく，いまだコンピュータがなしえない人間の知的作業である。要約法による主題分析と翻訳に関する一連の作業モデルは以下のようになる。

5：主題と主題分析については，本書11章1節2項aでも論じられており，ここを参照することで，より総合的な理解につながる。

①文献内容を担当者のことばや文献中の用語を使って要約する。

②内容が一語でなく，句（または文）として要約される場合は，要約された主題（以下，「要約主題」と短縮形で表記）の構成要素である語句の統語関係（語と語の結びつき）に注意して（日本語の場合は主に格助詞に注意して），それらを並べてみる。

③要約主題を表す語句に対応する用語を統制語彙表の中に見つけ，それらを検索用の索引語として付与する。

　上記の作業のうち①と②が主題分析で，③が翻訳である。ただし，上記プロセスにおいて記載されていない重要な作業がある。それは主題が何の分野の話であるかを突き止めることである。同じ主題が複数の分野で取り扱われる例は珍しくない。例えばウサギは，動物学（哺乳類ウサギ科），林業（害獣），畜産・獣医学（毛皮，食肉，愛玩動物），宗教（神話・伝承の登場物）といった分野で人間に関わっている。

（3）要約法と網羅的索引法

　「要約法（summarization）」においては，文献の「主要主題（main theme）」に着目して，そこから文献が全体として何について述べているか（the overall theme of a document）を，タイトル形式の句（または文）で簡潔に表現する。図書の主題分析にはこの方法を用いるのが一般的である。そして句（または文）の構成要素に対応する概念は統制語彙表の用語に翻訳され，それらは語と語の結びつきに関する統語規則に従って並べられる。

　これに対して「網羅的索引法（exhaustive indexing）」は文献の主要主題にとどまらず，「副次的主題（sub-themes）」の概念まで拾い上げる。例えば『花粉症の発症要因』という図書に関していえば，この主題（花粉とアレルギー体質の関係）の他に，大気汚染や森林政策に関する問題までも取り扱っているのであれば，これらも拾い上げる[6]。拾い上げる概念の数は検索システムの方針により自在に調整できる。ただし，多数個の概念を何かの規則に従って並べるのが困難になる。一般に，要約法は採用する索引語の事前結合を行うのに対し，

6：以下では，要約法に焦点を絞るが，網羅的索引法については本書11章1節2項bを参照されたい。

網羅的索引法は事後結合になる[7]。

（4）主題分析のための情報源

　図書には主題内容が顕在化している個所と，それが潜在化したままで，そこを読んで始めて主題の把握が可能になる個所とがある。また，当該図書以外の文献情報が手がかりになることがある。以下，主題の把握に役立つ図書の個所や手がかりとなる文献を情報源と呼ぶ（6-1表）。

　主題分析の第1段階は内容が顕在化している箇所を「見る」ことから始まる。顕在情報の信頼度および担当者の知識にもよるが，この段階で主題分析を終えることが可能な場合もある。ここまでで主題を把握できない場合は第2段階として，図書の序文や序説や後書き，さらには本文の拾い読みという「読む」行為により，潜在情報の把握に努める。それでも主題が分からない場合は，第3段階として眼前の図書ではなく外に情報源をもとめて，他の人の意見を「聞く」ことで主題の把握に努める。

6-1表　主題分析のための情報源（図書の場合）

第1段階	顕在情報	タイトル，サブ・タイトル，目次，著者関連情報，カバー（ジャケット），帯（ベルト）
第2段階	潜在情報	序文，序説，後書き，本文の拾い読み
第3段階	外部情報	出版案内，文献紹介，書評，専門的知識を有する人の意見

7：要約法と網羅的索引法に対応するのが，「事前結合索引法」と「事後結合索引法」である。事前すなわち検索前の索引時に，文献主題を表す概念を規則に従って並べるのが事前結合索引法である。例えば，「科学が宗教にあたえる影響」という主題は，「科学－影響－宗教」あるいは「宗教－影響－科学」などとして語順により概念間の関係を規定する。これに対し，事後すなわち検索時に索引語の掛け合わせを利用者が行うのが事後結合索引法である。事後結合法では「科学」「宗教」「影響」を単独の概念として扱い，概念間の関係を規定することをしない。これらについては，本シリーズ第9巻『三訂 情報資源組織論』4章6節に詳細な解説があるので参照されたい。

2．要約主題の構造

（1）主題の構成概念

　要約主題は「学問分野―事象―形式」という，3種類の概念からなる図式にあてはめることができる[8]。例えば『病気の医学事典』という図書の主題は，それを構成する概念を上の図式にあてはめると次のようになる。

〔例〕医学―疾患―事典（学問分野―事象―形式）

　最初の概念はそれが何の分野の話であるかを表し，次の概念は取り扱う事柄を表し，最後のそれは内容表現の仕方を表している。以下，要約主題を構成する3種類の基本概念について述べる。

a．学問分野

　「学問分野（discipline）」とは，哲学，数学，物理学，化学，生物学，心理学，教育学，経済学，建築学など，一般に知られている体系的な知識分野のことである[9]。主題分析に関連して突き止められるべきは，その文献が何の知識分野に属するか（which area of knowledge the document *belongs to*）である。本項冒頭の例でいえば，それは医学である。

b．事象あるいは主題概念

　一般に文献は学問分野が取り扱う「事象（phenomenon）」を対象に記されている。本項冒頭の例では取り扱う事象は疾患である。

　学問分野が取り扱う事象を「主題概念（subject concept）」という。主題概念はその文献が何について述べているか（what the document is *about*）を表す。多くの場合，主題分析で最初に突き止められるのは，この主題概念である。

c．形式

　「形式（form）」の概念はその文献が何であるか（what the document *is*）を

---

8 : Brown, A.G., in collaboration with D.W. Langridge and J. Mills. An introduction to subject indexing. 2nd ed. London, Clive Bingley, 1982, frame 128.
9 : 学問分野と知識分野は相互に置き換えることができる。本章においては独自の方法論を確立した知識分野という意味で，主に学問分野を使用する。

2. 要約主題の構造 ｜ 143

表す。本項冒頭の例における文献の形式は事典である。形式には以下の4種類がある。

1 物理形式（physical form）　これは文献の物理形態すなわち情報媒体のことである。具体的には図書，雑誌，パンフレットなどのことである。物理形式は時代の推移と共に変遷してきた。CDやDVDなどの媒体が登場する一方で，レコードやビデオテープは衰退してきた。

　物理形式は主題概念に影響を及ぼさない。例えば，野球に関する文献はそれが図書であろうがビデオであろうが，野球という主題概念に変化はないからである。

　物理形式はあらゆる文献にそなわるのであるが，図書などの紙媒体の冊子体に関しては，通常そのことは意識されず，したがって物理形式として記されることがない。

2 表現形式（form of presentation）　これは文献内容がどのような形式で表現されているか表す。その種類は叙述形式（論述の展開），編集形式（編集の方法），出版形式（出版の形態）など多岐にわたる。例えば『少子化に関連する統計集』という図書は，少子化という主題概念を統計という形式で表現したものである。表現形式も物理形式と同じく主題概念に影響を及ぼさない。

3 読者対象形式（form of presentation for particular readers）　文献には特定の読者層を対象に書かれたものがある。例えば『科学者のための哲学講義』という図書の場合，本書の主題概念は哲学であり，形式概念は対象とする科学者である。これも主題概念に影響を及ぼさないが，往々にしてどちらに収めるかで迷うことがある。要約主題の構成概念の図式をヒントに，図書はまず主題により分類し，次に形式で分類するという原則に従うなら，順当に考えれば本書は哲学に収められる。

　読者対象形式の一種でありながら，あまり意識されないのが文献内容の難易度に関する「叙述程度形式（form of presentation level）」である。それはタイトルに「初歩」「中級」「上級」「難解」などの語句がつく図書である。ただし，「入門」とか「標準」とかの語句は，難易度を表すだけではないので注意を要する。

4 知の形式（intellectual form）　数ある学問分野の中で，哲学，科学，歴史，

芸術は特別な存在である。まず，これらの境界線と方法論はきわめて明確である。これらに数学，宗教，道徳的義務の知識をくわえたものを「基礎学問分野（fundamental disciplines）」という。基礎学問分野は知の形式という役割をになう。例えば『英国史』という図書は，まず「英国の歴史」と分析できる。本書が何について述べているかといえば，それは「英国」についてである。本書が何であるかといえば，それは「歴史」という「知の形式」の書である。

　知の形式は主題概念に影響を及ぼすのが特徴である。上の図書に関していえば，形式でありながら歴史という学問分野の中で英国について書かれているからである。また『哲学の歴史』や『科学の哲学』のように，基礎学問分野は主題概念と知の形式のどちらにもなりうる。そして知の形式ははその図書において主題概念の取り扱いに影響を及ぼす。

　基礎学問分野を母体としながら（複数を母体とすることもある），さまざまな学問分野が形成されてきた。それらを従属あるいは下位学問分野（sub-disciplines）という。これらは基礎学問分野を特定の事象のグループに適用する必要性から形成されてきた。例えば，医学という学問分野は，人体とその病気という事象（主題概念）に関する科学（知の形式）である。

d．主題概念と形式概念の区別

　4種類の形式について述べた。主題分析に関連して形式を取り上げるのは，形式が要約主題の基本構成概念の一つであり，何よりも正確な主題分析は主題概念と形式概念の区別にあるからである。例えば，『NHK スペイン語入門／LP レコード』という図書において，情報媒体である LP レコードは形式概念である。しかし，『LP レコード再発見』という図書において，LP レコードは主題概念である。この区別が重要なのである。

（2）主題の種類

　要約主題は3種類の基本構成概念で表わされる図式（学問分野―事象―形式）にあてはめることができると述べた。この図式を念頭におきながら主題の種類について述べる。

　主題の種類は次に説明する「a．基礎主題」「b．単一主題」「c．複合主題」「d．混合主題」「e．複数主題」「f．総記主題」の6種類である。この

うち最後の「ｅ．複数主題」と「ｆ．総記主題」は，要約主題を特定できない
ものと収めるべき分野が見当たらない場合の特例的な主題である。

　また，「ｂ．単一主題」と「ｃ．複合主題」の説明には，「ファセット」およ
び「フォーカス」という二つの概念を使用しなければならない[10]。

ａ．基礎主題

　文献が何の知識分野に属するかを知らせる学問分野は「基礎主題（basic
subject）」と呼ばれる。基礎主題はそれ自体が主題となりうる。例えば『物理
学』という図書は，物理学という学問分野全体を問題にしており，この分野が
取り扱う個々の事象（熱，光，音，磁気，電気など）へのこだわりはない。冒
頭の図式にあてはめると物理学（学問分野―事象なし―形式なし）となる。こ
の場合は物理学という学問分野が要約主題である。

ｂ．単一主題

　要約主題が「基礎主題」と「１種類のファセット」の中の「１フォーカス」
で構成されるとき，これを「単一主題（simple subject）」という。例えば『結
核読本』という図書は，医学―疾患（結核）と分析される。この場合，医学が
基礎主題で，疾患というファセットにおける結核というフォーカスが主題概念
である。

ｃ．複合主題

　「基礎主題」とその学問分野における「２種類以上のファセット」中の各フ
ォーカスで構成される主題を「複合主題（compound subject）」という。現代
では複合主題が最も多い。例えば少し複雑な主題であるが，『喫煙が原因の男
性肺がん患者に対する放射線療法』と題する文献は，医学―患者(男性)―器官
(肺)―疾患(腫瘍)―原因(喫煙)―治療(放射線)と分析できる。これは医学にお

10：ファセット（facet：面）という用語は，宝石やカットグラスのような多面体の面に由来
　する。つまり，ある学問分野の事象について，共通の特性を有するもののグループをいう。
　各グループの中の個々のメンバーをフォーカス（focus：焦点）という。例えば，人体と
　その病気の科学である医学には，患者，部位，器官，疾患などのファセットがある。各フ
　ァセットの中には，患者（性別・年齢別など），部位（頭部・頸部・胸部・腹部・四肢な
　ど），器官（食道・胃・十二指腸・小腸・大腸など）といったカッコ内のフォーカスがあ
　る。ファセットについては，本シリーズ第９巻『三訂 情報資源組織論』５章３節２項に
　も解説がある。

ける5種類のファセット（患者，部位／器官，疾患，原因，治療／手段）の各
フォーカス（男性，肺，腫瘍，喫煙，放射線療法）からなる複合主題である。

d．混合主題

　基礎主題，単一主題，複合主題は学問分野とその中におけるファセットの関
係を規定していた。「混合主題（complex subject）」とは，同一の学問分野あ
るいは異なる学問分野が関係する二つ（あるいはそれ以上）の主題が，それぞ
れの性質を保ちながら結びついたものをいう。結びつきの度合いは複合主題よ
りも弱く，複合主題と混合主題の違いは化学における化合物と混合物の違いに
近いものと理解されたい。

　「混合主題」を形成する各構成要素を「相（phase）」と呼び，その関係を
「相関係（phase relation）」という。相関係は発生箇所により以下のように呼
ばれている。

　①主題間相関係（inter-subject phase relation）

　②ファセット内相関係（intra-facet phase relation）

　③アレイ内相関係（intra-array phase relation）[11]

　性質上，これまでに6種類の相関係が確認されている。以下，6種類の相関
係について例を用いて説明する。そこでは相関係を便宜的に【　】の中に記し
た上で，相同士をハイフンでつないで混合主題を例示する。ただし【　】の右
側は簡略化して一語だけの表示にする。

❶総合の相（general phase）　　分野間に存在はするが，これといって関係を
限定できないものをいう。例えば『地理学と歴史学』という図書の主題は，
「主題間総合の相関係」として以下のように図式化できる。

　〔例〕地理学―【総合の相】―歴史学

❷偏向の相（bias phase）　　文献内容が特定の読者層を念頭においたものを
いう。例えば『社会科学者のための基礎数学』という図書の主題は，「主題間
偏向の相関係」として以下のように図式化できる。

11：アレイ（array：列）とは，あるファセットの従属あるいは下位ファセット（sub-facets）
　　のことである。例えば，宗教には各宗教（キリスト教，仏教，イスラム教など）のファ
　　セットがあり，その中のキリスト教には二大教派（カトリック教とプロテスタント教）とい
　　う下位ファセットがある。

〔例〕数学—【偏向の相】—社会科学者

　ただし，この関係にある図書は想定する読者層と結びつく学問分野（ここでは社会科学）について，多くの場合あまり記述がないことから，現在では「形式概念」とする見方が優勢である（本章2節1項c❸の読者対象形式を参照）。

❸比較の相（comparison phase）　　主題が比較されているものをいう。例えば『キリスト教と仏教の対比』という図書の主題は，宗教の中の各宗教というファセットにおけるキリスト教と仏教を比較しているので，「ファセット内比較の相関係」として以下のように図式化できる。

〔例〕宗教—キリスト教—【比較の相】—仏教

❹相違の相（difference phase）　　主題間の違いに関心が向いているものをいう。例えば『カトリックとプロテスタント：その信仰の根本的相違』という図書の主題は，宗教の中の各宗教というファセットの下位ファセット，すなわちキリスト教内の二教派の相違について述べているので，「アレイ内相違の相関係」として以下のように図式化できる。

〔例〕宗教—キリスト教—カトリック教—【相違の相】—プロテスタント教

❺影響の相（influencing phase）　　ある主題に対する別な主題の影響を取り扱ったものをいう。例えば『宗教に対する科学の影響』という図書の主題は，「主題間影響の相関係」として以下のように図式化できる。

〔例〕宗教—【影響の相】—科学

❻手段の相（tool phase）　　ある主題における目的達成に別な主題を用いるものをいう。例えば『故事成語でわかる経済学のキーワード』という図書の主題は，「主題間手段の相関係」として以下のように図式化できる。

〔例〕経済学—用語—理解—【手段の相】—故事成語

e．複数主題

　一冊の図書の中に複数の主題が相互作用なしに並列しているものを「複数主題の文献（polytopical document）」という。例えば『綿・麻・毛・絹』という図書があり，4種類の繊維産業（綿産業，麻産業，羊毛産業，絹産業）について，それぞれ記述が独立している場合である。この種の図書の取り扱いを定

めたものに分類規程がある[12]。

f．総記主題

　百科事典，総合年鑑，総合目録などの参考図書は，要約主題の基本構成概念（学問分野─事象─形式）のうち，学問分野と事象を特定できないため，形式を手がかりにするしかない。形式によって分類する図書には他に文学作品があるが，これは文学という知識分野において言語─形式─時代の順で区分する[13]。形式によってしか区分できない図書は，収めるべき学問分野が見当たらず，最後は総記クラス（generalia class）に行き着く[14]。したがって，上述の参考図書は「総記クラスの主題（generalia class subject）」と呼ぶべきであるが，ここでは主題の種類を表す用語を統一するために「総記主題」としている。

　なお，基本構成概念のうち同じく事象を特定できないものに全集や叢書があるが，文学全集や哲学叢書がそうであるように，これらの学問分野は特定できる。

3．主題分析のまとめ

　これまでに述べた主題分析の要点をまとめると以下のようになる。

①主題分析は主題とそれを表現する語句の「概念分析」が要求される。

②主題分析は統制語彙表から独立している。

③主題分析の方法には「要約法」と「網羅的索引法」の2種類がある。

④「要約主題」の構成概念は「学問分野─事象─形式」の図式における3種類である。

⑤「学問分野」は文献が何の知識分野に属するか，「事象」は文献が何につ

12：分類規程とは，分類作業に一貫性を持たせるために定められた規則や原則のことである。わが国の図書館で広く使用されている日本十進分類法（NDC）の分類規程については，本書7章2節に詳しい解説がある。

13：NDCの文学の区分については本書8章5節2項①を参照のこと。

14：総記クラスは，一般分類表の第一次区分である主類（main classes：NDCの場合は0類〜9類）のうち，学問分野を特定できない文献を収めるためのものである。通常，形式でしか区分できない文献が収められるが，NDCの総記（0類）のように主題で区分するものが含まれることがある（本書8章2節1項①と②を参照）。なお，「一般分類表」とは知識の全分野を取り扱う分類表のことであり，これに対して特定の主題分野を取り扱うものに「専門分類表（特殊分類表）」がある。

いて述べているか，「形式」は文献が何であるかを表す。

⑥「主題概念」と「形式概念」の区別は重要である。

⑦形式の種類は「物理形式」「表現形式」「読者対象形式」「知の形式」の4
　種類である。

⑧「物理形式」「表現形式」「読者対象形式」は主題概念に影響を及ぼさない
　が，「知の形式」は影響を及ぼす。

⑨主題の種類は「基礎主題」「単一主題」「複合主題」「混合主題」の4種類
　である。他に複数の主題が並列している「複数主題」と学問分野を特定で
　きない「総記主題」がある。

⑩「混合主題」を形成する「相関係」は「総合の相」「偏向の相」「比較の
　相」「相違の相」「影響の相」「手段の相」の6種類である。

6章「主題組織法」 演習問題

1．次の図書⑴〜⑽の主題を「学問分野—事象—形式（形式の種類）」として表した。
　図書のタイトルとそれに続く内容の概略を手がかりに主題分析を行い，二つのうち正
　しい方を選びなさい。

⑴見田宗介『社会学文献事典』　社会学に関する1,000点の文献に解題をつけた書誌。
　　　ア．社会学—文献—書誌（表現形式）
　　　イ．社会学—解題—書誌（表現形式）

⑵浅井恵子『CDで覚えるやさしい中国語会話入門』　CD-ROMを使った中国語会話
　テキスト。
　　　ア．言語学—中国語会話—CD-ROM（物理形式）
　　　イ．言語学—CD-ROM—中国語会話（表現形式）

⑶別冊宝島編集部『「味つけサシスセソ」の科学』　おいしい料理のコツと調味料の謎
　を科学的に解説。
　　　ア．家政学—料理—科学（表現形式）
　　　イ．家政学—料理—科学（知の形式）

⑷矢野健太郎『ゆかいな数学者たち』　アインシュタインから岡潔まで東西の数学者
　の逸話や想い出を披露。
　　　ア．数学—数学者—伝記（表現形式）
　　　イ．数学—数学者—随想（表現形式）

⑸廣岡秀明『薬学生のための物理入門』　薬学生がはじめに身に付けるべき物理学の

基本的知識を網羅。

　　　ア．物理学―基礎知識―入門書（読者対象形式）

　　　イ．物理学―基礎知識―薬学生（読者対象形式）

⑹早坂優子『鑑賞のためのキリスト教美術事典』　西洋美術の鑑賞に必要な宗教的知
識を平易な文章と挿絵で解説。

　　　ア．宗教―キリスト教―事典（表現形式）

　　　イ．美術―キリスト教―事典（表現形式）

⑺江口克彦『上司の哲学：部下に信頼される20の要諦』　経営の神様といわれる松下
幸之助の考え方をもとに管理職の哲学を20項目にまとめる。

　　　ア．経営学―松下幸之助―哲学（知の形式）

　　　イ．経営学―管理職―哲学（知の形式）

⑻林真一郎『メディカルハーブの事典』　欧米で広く使用され，科学的に論評されて
いるハーブの中から100種類を選び，学名，含有成分，構造式，作用，副作用，禁忌，
服用法など，データと解説をそえて植物名の五十音順に排列。

　　　ア．薬学―薬用植物―事典（表現形式）

　　　イ．薬学―薬用植物―科学（知の形式）

⑼吉田茂『教師のための運動学：運動指導の実践理論』　体育を専門的に学ばなかっ
た小学校の教師や運動学の基礎知識をもたない指導者に，「できない子をどうするか」
という，体育における基本問題の解決策を教示。

　　　ア．運動学―実践理論―解説（表現形式）

　　　イ．運動学―実践理論―教師（読者対象形式）

⑽増田奏『住まいの解剖図鑑：心地よい住宅を設計する仕組み』　住宅設計のエッセ
ンスをイラストと文章で解説。

　　　ア．建築学―住宅設計―解剖（表現形式）

　　　イ．建築学―住宅設計―図鑑（表現形式）

2．次の図書⑴〜⑾のタイトルとそれに続く内容の概略を手がかりに主題分析を行い，
⑴〜⑸の「　　」の中には「主題の種類」を，問題末尾のア〜オの中から一つずつ選びな
さい。また，⑹〜⑾の「混合主題」については，【　】の中に入れるべき「相関係の種
類」を，末尾のカ〜サの中から一つずつ選びなさい。

　　〔例〕日本園芸療法協会『心を癒す園芸療法』　園芸による精神疾患の治療を解説。
　　　「混合主題」：医学―精神疾患―治療―【手段の相】―園芸

⑴ドナルド・キーン『能・文楽・歌舞伎』　アメリカ出身の日本文学・日本文化研究
の第一人者が，能・文楽・歌舞伎について，それぞれの歴史・特質・醍醐味を解説。

　　　「　　　　　」：芸術―能楽―人形浄瑠璃―歌舞伎

(2)朝日新聞社『農学がわかる。』　　21世紀の総合科学としての新しい農学を展望。
　　　「　　　　」：農学

(3)坂田俊文『地球を観測する：衛星からの画像情報』　　地球観測衛星の衛星画像を手
　　がかりにマクロ的かつ複眼的な地球の見方を解説。
　　　「　　　　」：地球科学―地球―観測―人工衛星

(4)武田喬男『水の気象学』　　水にまつわる大気現象を地球上の水循環の一環として解説。
　　　「　　　　」：気象学―水

(5)平凡社『世界大百科事典』　　各分野の専門家7,000人の知識が集結した日本最大級の
　　百科事典。
　　　「　　　　」：事典

(6)島内景二『文豪の古典力：漱石・鷗外は源氏を読んだか』　　古典を原文で読み切っ
　　た明治の文豪（夏目漱石，森鷗外，樋口一葉，尾崎紅葉，与謝野晶子）を取り上げ，
　　作品の中に現れた「源氏物語」の原文とその描写の影響とその痕跡を追跡。
　　　「混合主題」：日本文学―明治期文豪―【　　　　】―源氏物語

(7)アリスター・マクグラス『科学と宗教』　　宗教は科学の敵か味方かという問いのも
　　とに，両者の相関関係を歴史的・神学的・哲学的・科学的な見地から考察。
　　　「混合主題」：科学―【　　　　】―宗教

(8)ひろさちや『仏教と神道：どう違うか50のQ&A』　　仏教と神道が日本人の実生活で
　　果たす役割を比較検討しながら日本人の宗教を明らかにする。
　　　「混合主題」：宗教―仏教―【　　　　】―神道

(9)工藤和久『法学部生のための経済学入門』　　法学部生を主な読者対象とするミクロ
　　経済学の入門書。
　　　「混合主題」：経済学―【　　　　】―法学生

(10)北林正司『短歌で物理』　　物理学の各領域の基礎を五七五七七の短歌調でわかりや
　　すく解説。
　　　「混合主題」：物理学―基礎知識―【　　　　】―短歌

(11)相松義男『紅茶と日本茶：茶産業の日英比較と歴史的背景』　　日英における茶産業
　　の発達を茶の受容史の比較を通じて両者の違いを述べる。
　　　「混合主題」：農業―茶―日本―【　　　　】―英国

ア．基礎主題	イ．単一主題	ウ．複合主題
エ．複数主題	オ．総記主題	
カ．総合の相	キ．偏向の相	ク．比較の相
ケ．相違の相	コ．影響の相	サ．手段の相

7章 | 分類作業の実際(1)

1. 『日本十進分類法』（NDC）の使用法

　ここでは，『日本十進分類法（Nippon Decimal Classification：NDC)』の最新版である新訂10版の使用法に関する基本的理解を深めたい。

　新訂10版（以下，NDC と呼ぶ）は，「1　本表・補助表編」と「2　相関索引・使用法編」の2分冊構成である[1]。前者は，序説，各類概説，第1次区分表（類目表），第2次区分表（綱目表），第3次区分表（要目表），細目表，一般補助表，固有補助表からなり，後者は相関索引，使用法，用語解説，事項索引からなる。

　以下，NDC を使用して分類作業を行うためにあらかじめ理解しておくことが求められる基本的な事項について説明を加える。

（1）分類表の構成

　NDC の分類表は，第1次区分表，第2次区分表，第3次区分表，細目表，補助表からなり，そのうち NDC の本表とされるのが，細目表である。以下，それぞれについて説明する。

　まず，知識全体を九つの学術・研究領域に分け，それぞれを数字の1〜9で表示する。次に，各領域にまたがる総合的・包括的な分野を「総記」と名づけ，0で表示し，合計10区分の表を作成する。これが「第1次区分表（類目表)」となる。

1：第1分冊は，分類作業実務のためのメインツール，第2分冊は，分類作業支援のための補助的ツールとしての使用が意図された編成となっている。

　続いて，第1次区分の各々をその領域にふさわしい区分原理[2]を適用して10区分（9区分＋総記）し，合計100区分の表を作成する。これが「第2次区分表（綱目表)」（次ページの7‐1表）である。

　さらに，第2次区分の各々を同様な方法で10区分し，合計1,000区分の表を作成する。こうして「第3次区分表（要目表)」ができあがる。

　第4次区分以降は一律な展開ではなくなる。それぞれの主題ごとに必要に応じて十分な区分まで展開が進められる[3]。このような手順を踏んで最終的に構築された表が，NDCの本表である「細目表」である。

　この細目表に用意されている分類項目のみでは不十分な場合に，文字どおりそれを補助するために用意されている表が「補助表」[4]である。

　なお，分類作業は細目表を用いて行い，第1次区分表，第2次区分表，第3次区分表を用いて行ってはならない。なぜなら，細目表には分類記号を付与する際に必要となるさまざまな指示が示されている各種の注記などが記されているのに対し，これら三つの表には，注記などが記されていないからである。つまり，これらはNDCの分類体系（知識の宇宙）を概観する目的の要約表という位置づけのものである。

　また，NDCは3桁の記号で表示される第3次区分をその基準と考えているので，1桁の記号で表示される第1次区分と2桁の記号で表示される第2次区分の分類項目の分類記号は，細目表では後ろに0が付加されて3桁の記号に揃えられている。この点を細目表で確認してみる（155ページの7‐2表）。

　社会科学は，第1次区分の位置を占めるものであり，第1次区分表では「3」という1桁の記号が振られているが，細目表では，3桁で表記する約束事になっているので，「300 社会科学」と表記されている。

　NDCでは，分類記号が4桁以上（第4次区分以降）となる場合には，見やすくするため，3桁目と4桁目の間にピリオドを付す。なお，十進記号は絶対

2：区分する（分ける）ときに適用される視点。例えば，料理は調理法という視点（区分原理）で区分する（分ける）と，西洋料理，中華料理，日本料理などに分かれる。
3：このため，細目表には3桁，4桁，5桁，6桁など，分類記号の桁数が異なる分類項目が並ぶことになる。
4：NDCの補助表については，本書8章1節を参照されたい。

7-1表　NDC 綱目表[5]

第2次区分表（綱目表）

00　**総記**	50　**技術. 工学**
01　　図書館. 図書館情報学	51　　建設工学. 土木工学
02　　図書. 書誌学	52　　建築学
03　　百科事典. 用語索引	53　　機械工学. 原子力工学
04　　一般論文集. 一般講演集. 雑著	54　　電気工学
05　　逐次刊行物. 一般年鑑	55　　海洋工学. 船舶工学. 兵器. 軍事工学
06　　団体. 博物館	56　　金属工学. 鉱山工学
07　　ジャーナリズム. 新聞	57　　化学工業
08　　叢書. 全集. 選集	58　　製造工業
09　　貴重書. 郷土資料. その他の特別コ	59　**家政学. 生活科学**
レクション	
10　**哲学**	60　**産業**
11　　哲学各論	61　　農業
12　　東洋思想	62　　園芸. 造園
13　　西洋哲学	63　　蚕糸業
14　　心理学	64　　畜産業. 獣医学
15　　倫理学. 道徳	65　　林業. 狩猟
16　**宗教**	66　　水産業
17　　神道	67　　商業
18　　仏教	68　　運輸. 交通. 観光事業
19　　キリスト教. ユダヤ教	69　　通信事業
20　**歴史. 世界史. 文化史**	70　**芸術. 美術**
21　　日本史	71　　彫刻. オブジェ
22　　アジア史. 東洋史	72　　絵画. 書. 書道
23　　ヨーロッパ史. 西洋史	73　　版画. 印章. 篆刻. 印譜
24　　アフリカ史	74　　写真. 印刷
25　　北アメリカ史	75　　工芸
26　　南アメリカ史	76　　音楽. 舞踊. バレエ
27　　オセアニア史. 両極地方史	77　　演劇. 映画. 大衆芸能
28　　伝記	78　**スポーツ. 体育**
29　**地理. 地誌. 紀行**	79　**諸芸. 娯楽**
30　**社会科学**	80　**言語**
31　　政治	81　　日本語
32　　法律	82　　中国語. その他の東洋の諸言語
33　　経済	83　　英語
34　　財政	84　　ドイツ語. その他のゲルマン諸語
35　　統計	85　　フランス語. プロバンス語
36　　社会	86　　スペイン語. ポルトガル語
37　　教育	87　　イタリア語. その他のロマンス諸語
38　　風俗習慣. 民俗学. 民族学	88　　ロシア語. その他のスラブ諸語
39　　国防. 軍事	89　　その他の諸言語
40　**自然科学**	90　**文学**
41　　数学	91　　日本文学
42　　物理学	92　　中国文学. その他の東洋文学
43　　化学	93　　英米文学
44　　天文学. 宇宙科学	94　　ドイツ文学. その他のゲルマン文学
45　　地球科学. 地学	95　　フランス文学. プロバンス文学
46　　生物科学. 一般生物学	96　　スペイン文学. ポルトガル文学
47　　　植物学	97　　イタリア文学. その他のロマンス文学
48　　　動物学	98　　ロシア・ソビエト文学. その他のス
49　**医学. 薬学**	ラブ文学
	99　　その他の諸言語文学

7-2表　NDC 細目表（抜粋）[6]

300　社会科学　Social science
　　　＊ここには，政治学，法律学，経済学，社会学などを含む総合的なものを収める
　　　＊社会学→361

301　理論. 方法論　Theory and methdology
　　　＊政策学は，ここに収める
　.2　　社会科学史
　.6　　社会科学方法論

的な大きさを表す数値ではなく，相対的な順序を表す記号なので，例えば「301.6」は「サンビャクイチテンロク」と読まずに，「サンゼロ[7]イチテンロク」と読む[8]。

（2）細目表の構成要素

　NDC の細目表は，以下の要素から構成されている（次ページの7-1図）。

　細目表の構成要素の詳細については，本シリーズ第9巻『三訂 情報資源組織論』5章5節4項もしくは NDC 本表・補助表編にある「細目表凡例」[9]を参照し，確認願いたい。

（3）分類作業

　個々の資料の主題を分析し，その結果を NDC の分類記号に変換する一連のプロセスを「分類作業」[10]という。NDC を含め，近代以降の図書館分類法は，

5：日本図書館協会分類委員会編. 日本十進分類法 本表・補助表編. 新訂10版, 日本図書館協会, 2014, p.47.
6：前掲注5, p.152参照。
7：「0」を「ゼロ」と読まないで，「マル」と読むこともある。
8：本来「社会科学方法論」は，細目表中に「301.6」という記号付きで表記されるべきであろうが，NDC では，7-2表のように，4桁以上の記号は，3桁目まで（つまりピリオドの前まで）省略される。
9：前掲注5, p.65-69参照。
10：ただし，通常図書館では，分類記号への変換にプラスして，実務的な業務分担の都合から厳密にいえば分類作業とはいえない著者記号や巻次記号等を含めた所在記号の付与までの一連の作業を分類作業と呼び，分類担当者の業務としている。なお，著者記号，巻次記号，所在記号などについては，本シリーズ第9巻『三訂 情報資源組織論』5章8節2項を参照されたい。

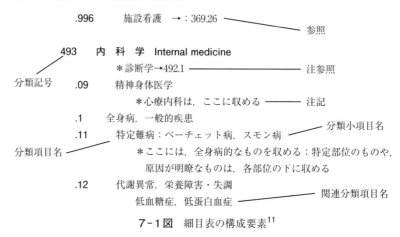

7-1図　細目表の構成要素[11]

「書架分類法」「書誌分類法」[12]の双方に共通に用いることができるタイプが多いので，図書館でもこの両者の分類記号を付与することを分類作業として一緒に行うことが一般的となっている。

a．主題分析

「主題分析」とは，その資料が全体として何について書かれたものであるか（主題）を明らかにすることである。通常，主題を一つの句や文に「要約」する方法が用いられる。なお，主題分析について詳しくは本書6章1節2項で触れているので，そちらを参照されたい[13]。

b．分類記号への変換

主題分析によりその資料の主題およびその主題をどの学問分野[14]の視点（観点）からとらえているかが把握できたなら，まずNDCの細目表からその学問分野を示す分類項目を見つけ出し，決定する。

11：前掲注5，p.65参照。

12：書架分類法は書架上に資料をおおよそ分類順に排列するための分類法であり，1点の資料には一つの分類記号（正確には所在記号を構成する分類記号）が付与される。これには，排列の便のため短い桁の記号が与えられることがある。書誌分類法は書誌データを分類するための分類法であり，一件の書誌データに複数の分類記号が付与されることもある。これには，書架分類法とは異なり，主題を表現するのに十分な桁の記号が与えられる。これらについては，本シリーズ第9巻『三訂 情報資源組織論』5章3節1項を参照されたい。

13：なお，これについては，11章1節2項aでも論じられている。

　例えば，砂糖に関する（砂糖が主題の）資料の場合には，その視点（観点）により，以下のような学問分野の分類項目が考えられる。

　＊砂糖大根の栽培についてなら，農業の工芸作物栽培（617）

　＊砂糖の製造（製糖）についてなら，食品工業（588）

　＊砂糖の栄養価についてなら，栄養学（498.55）

　＊調味料としての砂糖についてなら，料理（596）

　＊砂糖取引についてなら，商業の取引所（676.4）

　決定した分類項目の下で砂糖という主題を示す分類項目をその学問分野内での主題の連鎖（つながり）をたどり，同時に細目表中の注記なども丹念に確認しながら見つけ出し，その分類記号を付与する。なお，たとえ砂糖に完全に一致する分類項目が見当たらない場合でも，細目表に用意された分類項目の中から次善の分類項目を選び，その分類記号を付与する。例えば，上記の砂糖のケースでは，それぞれ以下の分類記号を付与することになる。

　＊砂糖大根の栽培についてなら，617.1（糖料作物）

　＊砂糖の製造（製糖）についてなら，588.1（砂糖．製糖業．甘味料）

　＊砂糖の栄養価についてなら，498.55（栄養学：糖類）

　＊調味料としての砂糖についてなら，596（食品．料理：調味料）

　＊砂糖取引についてなら，676.4（商業の取引所：砂糖）

　なお，複合主題，混合主題，複数主題[15]の資料や複数の著作からなる資料（合集）では，それらの主題に適合した分類項目が細目表中に用意されていないことがある。その場合には，書誌分類と書架分類のそれぞれに応じて以下の作業を行う。

　例えば，「大学図書館におけるレファレンス・サービス」という複合主題の資料の場合を考えてみる。NDC の細目表中には，「大学図書館」と「レファレンス・サービス」それぞれの分類項目はあるが，「大学図書館」と「レファレ

14：本章１節１項の第１次区分表の説明では「学術・研究領域」と表現したが，NDC は19世紀末に確立した独立の学術・研究領域，つまり「学問分野」（本書６章２節１項 a 参照）の体系に準拠しているので，以下この用語を用いる。ただし便宜上，以下の例では学問分野の下の事象に相当する分類項目も例示されている。

15：複合主題，混合主題，複数主題については，本書６章２節２項を参照されたい。

ンス・サービス」という二つの主題が組み合わされた，この資料の主題内容を
正確に表現する分類項目は用意されていない。したがって，主題目録において
主題検索に応えるための書誌分類記号としては，「大学図書館」（017.7）と「レ
ファレンス・サービス」（015.2）というNDCの細目表に用意されている分類
項目の記号を両方（017.7と015.2）とも付与し，両方の主題からの検索ができ
るようにすることが望ましい。

　一方，資料自体を書架に排架するために使用される書架分類記号としては，
「レファレンス・サービス」（015.2）の直近上位の主題を表す分類項目である
「図書館奉仕. 図書館活動」（015）の下にある注記（「＊ここには，図書館〈一
般〉および公共図書館に関するものを収める：公共図書館以外の各館種に関す
るものは，016/018に収める」）に基づき，上記の二つの分類項目から「大学図
書館」一つだけを選択し，その記号（017.7）のみを付与する。

　独自にこの二つの分類項目を組み合わせて，「大学図書館—レファレンス・
サービス」という主題内容を正確に表現する分類項目を新たに創り出すことは
しない。

　分類記号への変換における主要な留意点は，次の4点である。

⑴　図書館の利用者の利用しやすさを配慮する

　資料の主題とその観点を重視することが，一般的には利用者の利用しやすさ
につながる[16]。しかし，図書館の性格や利用者に応じて，各観点に資料を分散
排架せずに特定主題の資料を一箇所に集中させるケースを考慮することも利用
者の利用しやすさという点から必要となることがある[17]。ただし，これはNDC
の体系をくずすことになるので，慎重に行わなければならない。

⑵　最も特定的で詳しい分類記号を付与する

　生じうるあらゆる主題に対して，的確な分類項目がNDCに用意されている

16：前ページの砂糖の例で考えてみる。調味料の砂糖のことを知りたい利用者がさらに関心を
　広げるケースでは，砂糖のそばに塩や醤油といった同じ観点の他の調味料がグルーピング
　されている（しかし，他の観点から見た砂糖はそれぞれの観点の下に分散する）方が利用
　しやすいと一般的には言えるだろう。こうしたタイプの分類法を観点分類法と呼ぶ。観点
　分類法については本シリーズ第9巻『三訂 情報資源組織論』5章3節3項を参照されたい。
17：砂糖という主題の関連で，さとうきびの栽培法や砂糖の栄養価や製糖法，さらには砂糖の
　先物取引など，いわゆる「連想検索」が有効となるケースも考えられるだろう。

わけではない。したがって，NDC に用意されている分類項目の中から主題内容を最も的確・詳細に示すものを選び，その分類記号を付与する。これには，後述する補助表からの記号の合成（組み合わせ）も含まれる。

　上記は書誌分類記号を付与する場合の話であるが，実務的な利便性が重視される書架分類記号を付与する場合は，各図書館の蔵書構成や所蔵冊数，利用傾向などの特徴により適用桁数などを独自に決めて運用することが可能である。しかしそうした場合でも，書誌分類記号として NDC による最も詳しい分類記号を与えた後に，各図書館で決めた範囲内の桁数に短縮することを心がけたい。

　⑶　常に首尾一貫した分類記号を付与する

　同種の資料に対して，人によって異なる分類記号を与えてはならない。分類規程[18]の的確な適用により，首尾一貫した分類記号の付与に留意しなければならない。

　⑷　相関索引のみを用いて分類記号を決定しないで，必ず細目表で確認する

　「相関索引（relative index）」は，分類対象の資料にふさわしい分類記号を見つけるための索引であり，細目表中の分類項目名などを五十音順に配列したものである。ただし，一般に本文中に記載された事項（語）を抽出して作成される図書などの巻末索引とは違った特徴を持っている。NDC の索引は，細目表中に示されている語のみではなく，そのような語の同義語や類語などの細目表中にない語までも必要に応じて採録している。また，それぞれの観点によって複数の主題分野に分散してしまう主題については，主題分野を示す語を後ろに丸カッコで付記した形で，索引項目としている（7-3表）。

7-3表　NDC 相関索引（「飼料」の項）[19]

飼料（蚕糸業）	635.3	（蚕へ与える飼料について）
（水産増殖）	666.13	（養殖水産物へ与える飼料について）
（水産物利用）	668.1	（水産物を材料にした飼料について）
（畜産業）	643.4	（家畜へ与える飼料について）
（養鶏）	646.13	（にわとりへ与える飼料について）

注：上記の例の番号後の（　）内は著者による補足説明

18：これは，分類結果に一貫性を持たせるためのルールや指針となるものである。NDC の分類規程については，本章 2 節で解説する。
19：日本図書館協会分類委員会編. 日本十進分類法 相関索引・使用法編. 新訂10版, 日本図書館協会, 2014, p.129.

さらに，合成語については，検索の便宜を考慮して，合成語中に含まれる基幹となる語の下でも検索できるようになっている。7-4表の例では，植物学を検索すると，その下で園芸植物学以下の分類記号も同時に検索できる。

7-4表　NDC 相関索引（「植物学」の項）[20]

植物学	470
園芸植物学	623
森林植物学	653.12
水産植物学	663.7
農業植物学	613.7

　相関索引には，8章1節2項で解説する一般補助表の地理区分および海洋区分に示された名辞も採録されている。それらを検索すると，以下の例のようにアステリスクが一つ付いたイタリック体で地理区分記号，アステリスクが二つ付いたイタリック体で海洋区分記号が示される。

〔例〕キリバス　*747

〔例〕アドリア海　**64

　また，相関索引で示された分類記号の中に「△」あるいは「□」が含まれている場合には，適用に際して「△」を一般補助表の地理区分に掲載されている地理区分記号，「□」を一般補助表の言語区分に掲載されている言語区分記号に置き換えて細分する。

〔例〕紀行（地誌）　29△09　→　フランス紀行　293.509

〔例〕戯曲（文学）　9□2　→　スペイン語の戯曲　962

　このように相関索引は，NDC の分類体系全体の知識が十分になくても，特定主題の分類記号を知る手がかりを与えてくれる大変便利なものである。しかし，相関索引だけで分類記号を決定してはならない。相関索引で見つけた分類記号が適切な学問分野の下の分類項目のものであるか，あるいはより適切な分類項目がその下位項目として用意されていないか，さらには使用方法などに関する注記はないかなど，常に細目表を確認することが必要である。

　ここで紹介しなかった相関索引中の記号の意味などについては，「相関索引凡例」[21]を参照し，確認願いたい。

20：前掲注19，p.127参照。

21：前掲注19，p.7-9参照。

2．分類規程

　「分類規程（classification code）」とは，分類結果に一貫性を持たせるためのルールや指針となるものである。これには，各図書館に共通する一般分類規程と各図書館がそれぞれの実情に応じて（例えば，蔵書数やその分野構成，図書館の目的あるいは利用者の利便性等を勘案して）個々に決定する特殊分類規程とがある[22]。

　ここでは，NDC による分類記号の決定・付与作業に全般的に関係し，基本的に各図書館に共通する一般分類規程について解説する。ただし，各類[23]や分類項目（個々の主題）ごとに定められるものに関しては本書8章で解説される。

（1）主題の観点

　観点分類法である NDC では，主題の観点（学問分野）を明確にし，その観点の下にある主題の分類項目の分類記号を選択することが重要である。

　観点が二つ以上（学際的著作）の場合，主たる観点が明らかならば，その観点の下に分類する。

〔例〕星川清親『米：イネからご飯まで』は，生産から見た米（616.2）と調理から見た米（596.3）をも内容に含んでいるが，著者の中心的な観点が流通から見た米（611.33）なので，611.33に分類する。

　しかし，主たる観点が不明なときは，その主題にとって最も基本となる，つまり，より基礎的，あるいは目的を示す観点の下に分類する。

　例えば上記の例が，このケースに当てはまる場合であったならば，まず米の栽培があってこそ，その流通や調理といった事象が生じることから，より基礎的観点であると考えることができる，生産から見た米（616.2）に分類する。

　なお，総記（0類）の分類記号を選択する可能性も見落してはならない。

22：「一般分類規程」「特殊分類規程」という用語の使い方については，本シリーズ第9巻『三訂 情報資源組織論』5章7節の脚注32を参照されたい。
23：NDC では第1次区分表のことを類目表と呼ぶことから，第1次区分表で示される0〜9までの十区分の分類項目のそれぞれを0類〜9類と呼ぶ。

（2）主題と形式概念の区別

NDC は主題を優先する。まず細目表よりその主題を最も詳細・的確に表す分類項目を選択し，その分類記号を付与する。次に必要ならば，その主題を表現する叙述の形式または編集・出版の形式を示す記号を補助表の一つである形式区分[24]から選択し，主題の分類記号に付加する。

〔例〕『生物学辞典』は，主題が生物学で辞典という編集形式を持つ資料である。分類記号の付与にあたっては，まず細目表より主題を表す分類項目である生物学（46）を選び，その記号を付与する。次にその主題を表現する編集形式である辞典（-033）を補助表の形式区分より選び，それを主題の記号の後ろに付加して460.33とする。

ただし，以下の例外箇所がある。

①さまざまな主題を総合的・包括的に取り扱う資料に対処するために，NDC の細目表には総記類（0類）：百科事典（03），一般論文集．一般講演集（04），逐次刊行物（05），新聞（071/077），叢書．全集．選集（08）という，資料の編集・出版形式を優先した分類項目が用意されている。

〔例〕『世界大百科事典』は，あらゆる学問分野を網羅しており，特定の一分野を限定することはできない。したがって，総記類に用意されている百科事典（03）を選ぶ。百科事典の場合は，次に言語により細区分する指示が細目表中にあるので，補助表の一つである言語区分[25]より日本語（-1）を選び，その記号を付加して031（日本語で書かれた百科事典）とする。

②文学作品はその作品の主題によらず，言語区分（何語による文学なのかを示す）の上，文学形式（文学ジャンル）によって分類する。芸術作品も，芸術形式（絵画，彫刻など）により分類する。

〔例〕城山三郎『小説日本銀行』は，主題として描かれている日本銀行（338.41）ではなく，日本文学の近代小説（913.6）に分類する。

24：形式区分については，本書8章1節2項aを参照されたい。
25：言語区分については，本書8章1節2項dを参照されたい。

（3）原著作とその関連著作

　特定著作（原著作）を基にした，それと関連する著作のことを関連著作とい
う。この関連著作には，他の言語への翻訳書，原著作を批評，解釈した評釈書
や注釈を加えた校注書，あるいは原著作自体をテーマとした研究書や解説書，
さらには原著作を題材として編纂される辞典や索引などがある。これらの関連
著作は，すべて原著作と同一の分類項目の下に分類する。

〔例〕アガサ・クリスティ著・神鳥統夫訳『オリエント急行殺人事件』は，英
　　　語から日本語への翻訳書である。したがって，原著作と同じ20世紀英文
　　　学小説（933.7）に分類する。

　しかし，以下の例外がある。

ａ．語学学習書

　語学学習を主目的とした対訳書，注釈書などに対しては，それが扱っている
主題または文学形式に関わらず，学習される言語の読本，解釈として分類する。

〔例〕藤木直子編著『エミリ・ブロンテ名詩選』は，ブロンテの詩を英文読解
　　　のテキストとして解説を加えて編集したものである。したがって，原著
　　　作と同じ20世紀英文学詩（931.7）ではなく，英文解釈（837.5）に分類
　　　する。

ｂ．翻案，脚色

　ある文学作品をもとに，その筋立てを借りて改作した翻案書や脚色された作
品は，翻案作家，脚色家のオリジナルな作品として，原著作とは別の分類項目
の下に分類する。

〔例〕A. ハケット著・菅原卓訳『戯曲アンネの日記』は，アンネ・フランク
　　　原作のオランダ文学日記（949.35）を英語の戯曲に改作し，さらにそれ
　　　を日本語に訳した翻訳書である。まず，改作を行った段階でアンネ・フ
　　　ランクの原著作とは独立したオリジナルな作品として扱うことになる。
　　　そして次は，翻訳書に対する分類規程を適用して，ハケットのオリジナ
　　　ルな戯曲作品（原著作）と同じ20世紀英文学戯曲（932.7）に分類する。

ｃ．特定意図による抄録

　特定の意図により原著作から一部分を取り出して刊行されたような資料の場

合には，その一部分によって表された（意図する）主題に分類する。

〔例〕塚本善隆『魏書釈老志の研究』は，中国南北朝時代の王朝の一つである
　　　北魏の正史である「魏書」の中の仏教と道教の歴史を記している「釈老
　　　志」のみに関する研究書である。したがって，中国南北朝時代史
　　　（222.046）ではなく，中国仏教史（182.22）に分類する。

（4）複数主題

　一つの資料が複数の主題をそれぞれ独立して取り扱っている場合は，以下の
三つのケースに分かれる。

①そのうちの一つの主題が特に中心的に取り扱われている，あるいは著者の重
　点が置かれている場合には，その中心となる，重点が置かれている主題に分
　類する。

　　〔例〕『胃癌の話 付：食道癌と腸癌』は，タイトルからも明白なように，食
　　　　道癌（493.445）や腸癌（493.465）は〈付録〉扱いの主題であり，中
　　　　心・重点は胃癌に置かれている。したがって，明らかに中心・重点の
　　　　主題である胃癌（493.455）に分類する。

②中心・重点となる主題が明確でなく，二つまたは三つの主題を対等に扱って
　いる場合は，その最初[26]の主題に分類する。

　　〔例〕L. M. チャン著・上田修一訳『目録と分類』は，目録法と分類法の両
　　　　方を対等に解説している。したがって，タイトルの後ろの主題である
　　　　分類法（014.4）ではなく，最初の目録法（014.3）に分類する。

　　〔例〕『ウメ・イチジク・ビワ』は，びわ（625.24）あるいはいちじく
　　　　（625.62）ではなく，タイトルの最初の主題であるうめ（625.54）に分
　　　　類する[27]。

③中心・重点となる主題がなく，四つ以上の主題を対等に扱っている場合は，
　それらを含む上位の主題に分類する。

26：タイトルやタイトル関連情報における記載の順序などにより“最初”を判断することが多
　　い。
27：なお，ここでは，この三つの主題の分野は，植物学ではなく果樹栽培という前提に立ち，
　　分類記号を付与している。

〔例〕『キャベツ・シュンギク・ニラ・ハクサイ』は、キャベツ（626.52），
　　しゅんぎく（626.56），にら（626.54），はくさい（626.51）の四つが
　　含まれる上位の主題である葉菜類（626.5）に分類する[28]。

（5）主題と主題との関連

　一つの資料が、通常は独立している複数の主題を相互に関連させて扱っている場合には、その関連の種類によって以下のタイプに分けて分類する。

ａ．影響関係

　ある主題と他の主題との影響関係を扱っている場合には、影響を受けた主題に分類する。

〔例〕『ベトナム戦争とアメリカ経済』は、影響を与えたベトナム戦争
　　（223.107）ではなく、ベトナム戦争により影響を受けたアメリカ経済
　　（332.53）に分類する。

　ただし、個人の思想・業績が多数人へ影響を及ぼした場合には、例外として影響を与えた個人に分類する。

〔例〕『カントと近代日本思想』は、影響を受けた近代日本思想（121.6）ではなく、影響を与えたカント（134.2）に分類する。

ｂ．因果関係

　主題間に原因と結果という因果関係がある場合には、結果の側の主題に分類する。

〔例〕『海洋汚染と赤潮』は、原因となった海洋汚染（519.4）ではなく、その結果として発生した赤潮（663.96）に分類する。

ｃ．概念の上下関係

　主題間に概念の上位、下位という関係がある場合には、上位の側の主題に分類する。

〔例〕『農業と農村』は、農業と農村問題の二つの主題を取り扱っている。そして、農村問題（611.9）は農業（61）の中の一つの分野、つまり下位区分にあたるので、上位の主題である農業（610）に分類する。

28：なお、ここでは、この四つの主題の分野は植物学ではなく蔬菜園芸の下の葉菜類という前提に立ち、分類記号を付与している。

ただし，上位概念が漠然としていて，下位概念の主題が「本論」として論述されているような場合には，下位の側の主題に分類する。

〔例〕『日本経済と雇用政策』は，上位概念である日本経済（332.1）という広範で漠然とした主題ではなく，具体的に焦点を当てて論じられている雇用政策（366.21）に分類する。

d．比較対照関係

主題間で比較対照が行われている場合には，比較の尺度として使われている側ではなく，著者が説明しようとする主題，または主張している主題に分類する。

〔例〕『日韓法制比較解説：物権法』は，韓国の物権法の特徴を日本の物権法との比較手法により説明しているので，比較対照である日本の物権法（324.2）ではなく，韓国の物権法（324.921）に分類する。

e．主題と材料

複数の主題間に，特定主題とそれを説明するために用いられた主題（材料）という関係がある場合には，説明される側の主題に分類する。

〔例〕『教科書で見る近代日本の教育』は，教科書を「材料」にして近代日本の教育を説明しているので，材料である教科書（375.9）ではなく，日本の教育（372.1）に分類する。

f．理論と応用

特定主題の理論と応用の両方を扱ったものは，応用された側の主題に分類する。

〔例〕『原子力の理論と応用』は，理論となる原子物理学（429）ではなく，その応用分野である原子力工学（539）に分類する。

また，特定理論・技術の特定主題への応用を扱ったものも，応用された側の主題に分類する。

〔例〕『レーザーメス』は，光電子工学：レーザー（549.95）技術の外科手術への応用なので，外科手術（494.2）に分類する。

さらに，多数の主題に応用されている場合には，細目表中にその応用部門を総合的に収める分類項目が用意されている場合には，そこに分類する。

〔例〕『応用物理入門』は，物理学（420）の理論が多数の技術・工学に応用されているので，細目表にあらかじめ用意されている工業物理学［応用物理学］（501.2）に分類する。

　ただし，応用部門を総合的に収める分類項目が用意されていない場合には，理論の側の主題に分類する。

〔例〕『情報理論：基礎と応用』は，総合的な応用部門の分類項目が細目表に
　　　用意されていないので，情報理論（007.1）に分類する。

g．主題と目的

　特定の目的のために（特定主題分野の利用者のみを対象として）著わされた資料は，原則としてその目的とした主題に分類する。

〔例〕『介護のための心理学入門』は，心理学（140）ではなく，介護福祉
　　　（369）に分類する。

　ただしこのような場合，実際には基本となる（重点がおかれる）主題に関する一般的概論，つまり基本となる主題の解説（入門書的性格）であることも多い。その場合には，目的とした主題ではなく，基本となる主題に分類する。

〔例〕『介護のための医学知識』は，介護福祉（369）ではなく，医学（490）
　　　に分類する。

（6）新主題

　あらかじめ細目表に用意されていない主題（新主題）に関する資料は，一般的にはその主題と最も密接な関係があると思われる主題のための分類項目を細目表中より探し，そこに分類する。ただし，その分類項目が適切とはいえない場合には，その分類項目の階層上位にあたる分類項目に分類する。

　しかし，階層上位の分類項目では詳細さの程度が十分でないと考えられる場合には，NDC の分類体系において最も関連があると思われる系列に新主題のための分類項目を独自に新設し，そこに分類することも検討する。

　例えば，NDC 新訂 9 版ではまだ分類項目が用意されていなかった「燃料電池」の場合を考えてみる。新訂 9 版の細目表では，電池（572.1）の下にその種類による分類項目として一次電池（572.11）と二次電池（572.12）が下位展開されている。ところが，燃料電池は一次・二次電池とは異なる第三の種類の電池なので，このどちらかの分類項目に分類するのは適切とは言えない。したがって，これらの階層上位にあたる分類項目である電池（572.1）に分類する。

　しかし，燃料電池に関する資料を多数所蔵しているなど，その分類項目の必

要性が高いと考えられる場合には，一次・二次電池と同列に位置づけられる個
所に燃料電池のための分類項目を新設し，そこに分類することも検討する。

7章「分類作業の実際(1)」 演習問題

　本章にて説明した分類規程を適用し，以下の各資料に対してそれぞれ一つの主題を選
択しなさい。

(1)高橋碵一『流行歌でつづる日本現代史』　　流行歌の歌詞に着目し，その内容から現
　　代日本の世相・歴史を読み解く。
　　　　　ア．流行歌　イ．日本現代史

(2)鷺坂清信『地震と津波』　　地震を原因として大津波が起こるメカニズムを解説。
　　　　　ア．地震　イ．津波

(3)増谷文雄『仏教とキリスト教の比較研究』　　仏教とキリスト教を比較し，仏教の特
　　徴を明らかにする。
　　　　　ア．仏教　イ．キリスト教

(4)シェークスピア著・森林太郎訳『マクベス』　　イギリスの劇作家，シェークスピア
　　(William Shakespeare, 1564-1616) の四大悲劇の一つを日本の明治文壇の重鎮である，
　　森鴎外（本名：森林太郎）が翻訳。
　　　　　ア．英文学―戯曲　イ．日本文学―戯曲

(5)シェークスピア著・清水護注解『オセロー』　　イギリスの劇作家，シェークスピア
　　の四大悲劇の一つを英語の学習のための英文読解テキストとして，清水護が注釈等を
　　加えて編集。
　　　　　ア．英文学―戯曲　イ．英語読本（リーダー）

(6)黒岩涙香『巌窟王』　　フランスの作家，アレクサンドル・デュマ（Alexandre
　　Dumas, 1802-1870) の『モンテ・クリスト伯』を日本の作家・ジャーナリスト，黒
　　岩涙香が児童向けに改作したもの。
　　　　　ア．フランス文学―小説　イ．日本文学―小説

(7)秋山憲兄監修『新共同訳聖書コンコルダンス：聖書語句索引』　　聖書の重要な用語
　　の使い方，引用箇所，その頻出度，さらに比較対照などを聖書全体から考察する手助
　　けとなる聖書語句索引。
　　　　　ア．聖書　イ．索引

(8)日本オーストリッチ協議会編『ダチョウ：導入と経営・飼い方・利用』　　ダチョウ
　　飼育を産業として育てていこうと尽力した人たちの体験談を豊富に盛り込み，ダチョ
　　ウの導入や飼育について解説する。

ア．だちょう（家禽：畜産業）　イ．だちょう（野禽：動物学）

(9)松岡喜惣治『トマトの栽培と加工・調理』　蔬菜園芸の観点からのトマトの栽培，園芸利用・加工の観点からのトマトの加工，料理の観点からのトマトの調理を解説した，トマトに関する学際的著作。

ア．トマトの栽培　イ．トマトの加工　ウ．トマトの調理

(10)鮎沢修『分類と目録』　分類法と目録法の基本的事項をそれぞれ説明する概説書。

ア．分類法　イ．目録法

(11)福永基三『綿・麻・毛・絹』　四つの繊維産業（綿産業，麻産業，羊毛産業，絹産業）の現状をそれぞれ個別に解説。

ア．綿産業　イ．麻産業　ウ．羊毛産業　エ．絹産業　オ．繊維産業

(12)山本三郎『登山者のための気象学』　登山の際に特に心得ておくべき山の気象に関する知識を解説。

ア．登山　イ．気象学

(13)梅田卓夫『高校生のための文章読本』　高校生でもわかるように，やさしく文章作成について解説。

ア．高校生　イ．文章（日本語）

(14)『図書館年鑑』　図書館に関するさまざまなトピックスや統計を網羅した，総合的年鑑資料。

ア．一般年鑑　イ．図書館―年鑑

(15)『科学・技術大百科事典』　科学・技術の各分野を網羅した約6,800項目を50音順に編集し，それぞれについて多数の写真・図解と共に解説。

ア．百科事典　イ．科学技術

(16)中田輝夫『落語に学ぶメンタルヘルス』　「多重人格」や「摂食障害」など，ストレス時代といわれる現代の心の病気を，落語に登場する人物にあてはめて分析する，精神科医によるエッセイ。

ア．落語　イ．精神医学

(17)智創会計人クラブ編『Q&A これでわかる経営・経理のチェックポイント』　変貌する経済・経営環境の現状の中，生き残りをかけた企業経営と財務管理・会計についてQ&A方式で解説。

ア．経営管理　イ．企業会計

(18)橋本康『農業におけるシステム制御』　農産物の栽培，品質・貯蔵管理などに応用される，いわゆる農業ロボットにおけるシステム制御の技術について解説。

ア．農業　イ．システム工学

(19)社河内敏彦，辻本公一，前田太佳夫『流体力学：基礎と応用』　身近な液体，気体

の性質を解明する流体力学の理論からその応用である流体機械，シミュレーションまで，流体工学のイロハをやさしく解説。

　　ア．流体力学　イ．流体工学

⑳有吉佐和子『恍惚の人』　　老人問題をテーマにした小説。

　　ア．老人問題　イ．日本文学─小説

㉑井桁貞義『ドストエフスキイと日本文化：漱石・春樹，そして伊坂幸太郎まで』
夏目漱石，村上春樹などの日本の作家たちへのロシアの作家，フョードル・ミハイロヴィチ・ドストエフスキー，1821-1881の影響を解明する。

　　ア．ドストエフスキイ　イ．近代日本の文学者たち

㉒村松康行，土居雅広，吉田聡編『放射線と地球環境：生態系への影響を考える』
紫外線や自然放射線，人工放射線が生物に及ぼす影響とその防護法について，最新の研究成果をもとに解説。

　　ア．放射線　イ．生物（放射線生物学）

8章 | 分類作業の実際(2)

　本章では NDC を使用して実際の図書の分類作業を行ってみる。NDC 分類表が手元になくても作業ができるように配慮した。そのためには，まず共通して使用できる「補助表」の解説を行い，次に「各類」の概要とそこにおける分類作業を，「補助表」の使用とあわせて解説した。「各類」において述べた個々の約束事は NDC の「一般分類規程」に則ったものである[1]。

　なお，本章における【 】内の語句は，解説につけた簡潔な見出し語であり，漢字二文字を原則としている。

1．補助表の使用法

（1）補助表について

　「補助表」とは主題を細目表で表現し尽くせないとき，細目表の分類記号にこの表の分類記号を付加して細区分を行い，より的確に主題を表現するための分類表である。補助表の分類記号はあくまでも細目表の分類記号に付加するものなので，単独で分類記号になることはない。

a．補助表の種類

　補助表には一般補助表（第1分冊で本表に続いて掲載）と固有補助表（第1分冊で一般補助表に続いて掲載および細目表の当該箇所に挿入）がある。

① 【一般】「一般補助表」には細目表のほぼ全分野で使用可能なもの，または二つ以上の類で部分的に使用可能なものがあり，これらは形式区分，地理区分，海洋区分，言語区分の4種類からなる。

② 【固有】「固有補助表」は特定の類またはその一部についてのみに使用され

1：「一般分類規程」には，分類記号の決定・付与に関して全般的に関係し，各館が基本的に共通して遵守すべき約束事もある。詳しくは本書7章2節を参照されたい。

るものである。これは細目表中の以下の10箇所で用意されている。すなわち
神道各教派，仏教各宗派，キリスト教各教派，日本の各地域の歴史（沖縄県
を除く），各国・各地域の地理・地誌・紀行，各種の技術・工学の経済的・
経営的観点，様式別の建築図集，写真・印刷を除く各美術の図集，言語共通
区分，文学共通区分の10箇所である。

b．記号の取り決め

① 【ハイフン】補助表の各記号の冒頭にはハイフン（例：-02）が付いている。
　ハイフンが付いた記号は単独では使用できず，常に細目表に記載されている
　分類記号の後に付加される。付加に際してハイフンは除去される。

② 【末尾の0】分類記号の末尾の桁がゼロ（0）の場合やさらにその前の桁も
　ゼロの場合は，ゼロを除去してから補助表の記号を付加する。

　　〔例〕 400 → 4[00] + -02 = 402
　　〔例〕 410 → 41[0] + -08 = 410.8

③ 【ピリオド】補助表を付加するなどして，分類記号が4桁以上になるとき，
　冒頭から3桁目と4桁目の間にピリオド（テンと読む）を打つ（上記②の二
　つ目の例を参照）。

（2）一般補助表

a．形式区分（Form division）

　著作の叙述形式や編集・出版形式を特定するもので，原則として細目表のす
べての分類記号に付加できる（8-1表）。

① 【直接】分類記号に直接付加する。
　　〔例〕科学史　402 ← 4[00]（自然科学）+ -02（形式区分：歴史）[2]

② 【0追加】歴史類（200）において各国史（210/270）[3]はまず時代区分（01/07）
　を行う。ところが，そのまま形式区分（01/08）を付加すると両方の区分が
　かち合うので，形式区分を行う場合は0を追加する。
　　〔例〕アジア史辞典　220.033 ← 22[0]（アジア史）+ 0 + -033（形式区分：
　　　　辞典）

2：以下，コロン（：）の後の語句は前の概念の区分肢の一つであることを意味する。
3：NDC分類表の「／」は「〜」を意味している。この例では「210〜270」の意味である。

　ただし，時代区分の後に形式区分を続ける場合は両者がかち合うことがないので，0を追加する必要はない。

　〔例〕フランス革命事典　235.06033 ← 235（フランス）＋06（フランス革命）＋-033（形式区分：事典）

　なお，時代区分は補助表としては用意されていないが，次の③の諸分野において補助的な区分の役割を果たすことから，NDC分類表に従い時代区分と呼ぶことにする。

8-1表　NDC形式区分表（抜粋）[4]

-01	理論. 哲学	-04	論文集. 評論集. 講演集
-02	歴史的・地域的論述	-05	逐次刊行物：新聞，雑誌
-028	多数人の伝記	-059	年報. 年鑑. 年次統計
-03	参考図書［レファレンスブック］	-06	団体：学会，協会，会議
-033	辞典. 事典. 用語集	-07	研究法. 指導法. 研究
-036	便覧. ハンドブック	-076	研究調査機関
-038	諸表. 図鑑. 地図	-08	叢書. 全集. 選集

③【0追加】歴史類（200）に属さない主題でも時代区分が可能なものがある（適用：332 経済史，362 社会史，523 西洋の建築，702 芸術史・美術史，723 洋画，762 音楽史，902 文学史など）。これらにおいても両方の区分がかち合うので，形式区分を行う場合は0を追加する。

　〔例〕美術史事典　702.0033 ← 702（美術史）＋0＋-033（形式区分：事典）

　　ただし，時代区分の後に形式区分が続く場合は0を追加する必要はない。

　〔例〕古代美術史事典　702.03033 ← 702（美術史）＋03（時代：古代美術）＋-033（形式区分：事典）

④【0追加】[5]二国間の外交関係は地理区分を行い，0を追加して，相手国を別な地理区分により特定する（適用：319 外交，678.2 貿易史）。

　〔例〕日英関係　319.1033 ← 319（外交）＋-1（＊地理区分：日本）＋0＋-33（＊地理区分：イギリス）

4：日本図書館協会分類委員会編. 日本十進分類法本表・補助表編. 新訂10版, 日本図書館協会, 2014, 473p. の該当部分を参考に作成。本章における以後の表も同様である。

5：この箇所の手続については，下記b「地理区分」の説明を読んでから，確認されたい。

　このような主題を形式区分する場合も，地理区分と形式区分がかち合うので，0を追加した上で形式を特定する。

　〔例〕日本外交史事典　319.10033 ← 319（外交）＋-1（＊地理区分：日本）
　　　　＋0＋-033（形式区分：事典）

⑤【0省略】-01（理論）および -02（歴史）に関して，細目表に省略の指示がある場合は，0を省略して短縮形にする。

　〔例〕政治学　311 ←［.1 → 311］の指示あり。

　　これは，政治 310 → 31［0］＋-01＝310.1（政治学）の0を省略した結果である。

⑥【特例】細目表に形式区分を表す特例項目がある場合は，これを使用する。

　〔例〕貿易（［.02 → 678.2］の指示あり）の統計は，678.059（← 678（貿易）
　　　　＋-059（形式区分：年次統計））の0を省略した678.59でなく，678.9
　　　　（貿易統計）に収めるとある。

b．地理区分（Geographic division）

　形式区分（前ページの8-1表）における「歴史的・地域的論述」を表す-02の延長上に展開された一般補助表である。-02を介して細目表にある分類記号すべてに付加できる（8-2表）。細目表中に注記「＊地理区分」がある箇所では必要度が高く，その場合は形式区分記号（-02）を省略して直接地理区分を付加する。

8-2表　NDC 地理区分表（抜粋）

-1　日本	-33　イギリス	-53　アメリカ合衆国
-13　関東地方	-3333　ロンドン	-6　南アメリカ
-136　東京都	-35　フランス	-7　オセアニア．両極地方
-2　アジア	-4　アフリカ	-71　オーストラリア
-22　中国	-48　南アフリカ	-78　北極．北極地方
-3　ヨーロッパ	-5　北アメリカ	-79　南極．南極地方

①【直接】細目表中に注記「＊地理区分」を伴う分類記号には，地理区分の各記号を直接付加する（本項 a ④の例も参照）。

　〔例〕日本金融史　338.21 ← 338.2（金融史）＋-1（＊地理区分：日本）[6]

②【02介在】細目表中に注記がない場合は分類記号との間に形式区分の -02を

介在させて付加する。

〔例〕ドイツ医学史　490.234 ← 49[0]（医学）＋-02＋-34（地理区分：ドイツ）

③【1省略】細目表中に注記「＊日本地方区分」を伴う分類記号には，形式区分の -02 にくわえて，日本の各地方・各都道府県を表す記号から冒頭の 1（日本を表す記号）を省いて，直接地理区分の記号を付加する。

〔例〕東京都の神社史　175.936 ← 175.9（神社史）＋-[1] 36（＊日本地方区分：東京都）[7]

④【特別】細目表に特別な地理区分を用意している場合は，これを使用する。728 の短縮指示［歴史的・地域的論述：.02 → 728.2］［特別な地理区分：1 日本，2 中国］

〔例〕書道史　728.2 ← 728（書．書道）＋.02（歴史的・地域的論述：短縮指示）

日本書道史　728.21 ← 728.2（書道史）＋1（特別な地理区分：日本）

中国書道史　728.22 ← 728.2（書道史）＋2（特別な地理区分：中国）

ｃ．海洋区分（Sea division）

記号は細目表の海洋（299）の細目から冒頭の299を除いた部分と一致する（8-3表）。海洋気象誌（451.24），海洋誌（452.2），水路図誌・海図・水路報告（557.78）にのみ使用できる。

①【直接】細目表中に注記「＊海洋区分」を伴う分類記号に直接付加する。

〔例〕インド洋誌　452.24 ← 452.2（海洋誌）＋-4（海洋区分：インド洋）

8-3表　NDC 海洋区分表（抜粋）

-1	太平洋	-5	大西洋
-2	北太平洋	-6	地中海
-3	南太平洋	-7	北極海［北氷洋］
-33	ジャワ海	-8	南極海［南氷洋］
-4	インド洋		

6：細目表中に注記「＊地理区分」があり，地理区分の記号を分類記号に直接追加する例には，本章においては（＊地理区分）と表示する。

7：細目表中に注記「＊日本地方区分」があり，日本を表す記号である 1 を省略した上で，地理区分の記号を分類記号に直接付加する例には，本章においては（＊日本地方区分）と表示する。

d．言語区分（Language division）

記号は8類（言語）における各国の言語（810/899）から冒頭の8を除いたものと一致する（8-4表）。

① 【直接】細目表中に注記「＊言語区分」を伴う分類記号には直接付加する。

<table>
<tr><td colspan="4" align="center">8-4表　NDC言語区分表（抜粋）</td></tr>
<tr><td>-1</td><td>日本語</td><td>-6</td><td>スペイン語</td></tr>
<tr><td>-2</td><td>中国語</td><td>-7</td><td>イタリア緒</td></tr>
<tr><td>-3</td><td>英語</td><td>-8</td><td>ロシア語</td></tr>
<tr><td>-4</td><td>ドイツ語</td><td>-9</td><td>その他の諸言語</td></tr>
<tr><td>-5</td><td>フランス語</td><td>-92</td><td>ラテン語</td></tr>
</table>

〔例〕貿易実務のフランス語 670.95 ← 670.9（商業通信）＋-5（言語区分：フランス語）

② 【文学】9類（文学）に直接付加して各国語の文学の分類記号を特定する。

〔例〕イタリア文学　970 ← 9[00]＋-7（言語区分：イタリア語）

③ 【総記】0類を構成する百科事典（030），一般論文集（040），逐次刊行物（050），叢書（080）の言語を特定するために，末尾の0を除去して付加する。

〔例〕ロシア語で書かれた百科事典　038 ← 03[0]（百科事典）＋-8（言語区分：ロシア語）

④ 【899】ただし，030，040，050の下位には，039（用語索引），049（雑著），059（一般年鑑）があり，これらは9ではじまる言語区分とかち合うことになる。そこで百科事典（030），一般論文集（040），逐次刊行物（050）に対して，9ではじまる言語区分（その他の諸言語）を適用する場合は，8ではじまる言語区分の最後の記号である899を挿入することで，899の後にくるようにする。

〔例〕ラテン語で書かれた論文集　048.9992 ← 04[0]（一般論文集）＋899＋-92（言語区分：ラテン語）

（3）固有補助表

次の10種類があり，そのうち3種類（a〜c）が宗教関係で，2種類（g〜h）は図集による細区分である。すべて主題を表す分類記号に直接付加する。

a．神道各教派（178）の共通細区分表

〔例〕御嶽教の歴史　178.592 ← 178.59（御嶽教）＋-2（178の固有補助表：教史）

b. 仏教各宗派（188）の共通細区分表[8]

〔例〕天台止観成立史の研究　188.41 ← 188.4（天台宗）＋-1（188の固有補助表：教義・宗学）

c. キリスト教各教派（198）の共通細区分表

〔例〕ウェストミンスター信仰告白　198.51 ← 198.5（清教徒）＋-1（198の固有補助表：教義・信条）

d. 日本の各地域（211/219）の歴史（沖縄県を除く）における時代区分

〔例〕北九州の古代を探る　219.103 ← 219.1（福岡県）＋-03（固有補助表：古代）

e. 各国・各地域の地理・地誌・紀行（291/297）における共通細区分表

〔例〕津軽平野の村落地理　291.210176 ← 29[0]（地理）＋-121（＊地理区分：青森県）＋-0176（固有補助表：村落地理）

f. 各種の技術・工学（510/580）における経済的・経営的観点の細区分表[9]

〔例〕配管工事業の経営学　528.18095 ← 528.18（配管工事）＋-095（固有補助表：経営・会計）

g. 様式別の建築（521/523）における図集

〔例〕日本城郭建築図集　521.823087 ← 521.823（日本の城郭）＋-087（固有補助表：建築図集）

h. 写真・印刷を除く各美術（700/739,750/759）の図集に関する共通細区分表

〔例〕仏像図集　718.087 ← 718（仏像）＋-087（固有補助表：美術図集）

i. 言語共通区分（810/890）

　8類（言語）の各言語の下で，言語学の共通区分として使用する。記号は言語学（801）の細区分（.1/.8）とほぼ一致する（次ページの8-5表）。

8：-1　教義・宗学，-2　宗史・宗祖・伝記，-3　宗典，-4　法話・語録，-5　寺院，-7　布教・伝道（以上抜粋）。

9：-09　経済的・経営的観点，-091　政策，-092　歴史・事情，-093　金融・市場，-095　経営・会計（以上抜粋）。

8-5表　NDC 言語共通区分表

-1　音声. 音韻. 文字	-4　語彙	-7　読本. 解釈. 会話
-2　語源. 意味［語義］	-5　文法. 語法	-78　会話
-3　辞典	-6　文章. 文体. 作文	-8　方言. 訛語

① 【直接】8類における個々の言語の分類記号に直接付加する。
　〔例〕アイヌ語辞典　829.23 ← 829.2（アイヌ語）+ -3（言語共通区分：辞典）
② 【禁止】言語の集合（諸語）（例：893.1　ケルト諸語）には使用できない。
　また，分類記号を他と共有する言語（例：893.2　アイルランド語，スコットランド・ゲール語）にも使用できない。

ｊ. 文学共通区分　(910/990)

　9類の各国語の文学の下で，文学形式および作品集の共通区分として使用する（8-6表）。

8-6表　NDC 文学共通区分表（抜粋）

-1　詩歌	-4　評論. エッセイ. 随筆	-7　箴言. アフォリズム
-2　戯曲	-5　日記. 書簡. 紀行	-8　作品集：全集. 選集
-3　小説. 物語	-6　記録. ルポルタージュ	-88　児童文学作品集

① 【直接】9類における各言語の文学の分類記号に直接付加する。
　〔例〕ヒンディー語の詩　929.831 ← 929.83（ヒンディー文学）+ -1（文学
　　　共通区分：詩歌）
② 【禁止】言語の集合（例：893.1　ケルト諸語）による文学には使用できない。
　また，分類記号を他と共有する言語（例：893.2　アイルランド語，スコットランド・ゲール語）による文学にも使用できない。

8章「1. 補助表の使用法」演習問題

　次の図書(1)〜(10)に対する分類記号を完成させなさい。[ ]の中には細目表の分類記号とそれに付加する補助表の記号の意味が記されている。
(1)佐伯茂樹『カラー図解楽器の歴史』[763＋歴史]
(2)神田啓治『原子力政策学』[539＋政策]

(3)原田泰夫『名棋士81傑ちょっといい話』［796＋伝記］

(4)マルカム・フォーカス『イギリス歴史地図』［233＋0＋地図］

(5)木村三郎『西洋絵画作品名辞典』［723＋0＋辞典］

(6)出口保夫『楽しいロンドンの美術館めぐり』［706.9＋-02＋ロンドン］

(7)長盛順二『弘法大師空海』［188.5＋伝記］

(8)福岡英明『現代フランス議会制の研究』［314＋フランス］

(9)海上保安庁水路部『ジャワ海水路誌』［557.78＋ジャワ海］

(10)知里幸恵『アイヌ神謡集』［929.2＋詩歌］

2．各類別(1)（0類　総記，1類　哲学，2類　歴史）

(1) 0類　総記

　ここには1類～9類に分類できないものを収める。それらは総合的な情報源や総合的な研究分野に関する資料であるが，これらは主題を特定しにくい形式のクラスと主題のクラスに属するものとに分けられる。

① 【形式】書誌・目録（025/029），百科事典（030/038），用語索引（039），一般論文集・一般講演集（040/048），雑著（049），逐次刊行物・雑誌（050/058），一般年鑑（059），叢書・全集・選集（080/089）が形式のクラスである。これらは一般補助表の形式区分（173ページの8−1表）とほぼ一致する。

② 【主題】知識・学問一般（002），情報学（007），図書館・図書館情報学（010/019），図書・書誌学（020/024），団体：学会・協会・会議（060/065），博物館（069），ジャーナリズム・新聞（070/077）が主題のクラスである。

③ 【資料】情報資源の収集・組織化・保管など，ここには，すべての図書館種に関するものを収める。資料組織法もここに収める。

　〔例〕田窪直規『情報資源組織論』　014（情報資源の組織化法）

④ 【館史】各種の図書館（016/018）には，(1)公共図書館を除く館種別の経営管理を含む各種の問題，(2)一館ごと（公共図書館を含む）の沿革・要覧・統計・報告書などを収めるとされているが，図書館史〈一般〉もここに収める。ただし，近代以前の文庫史は010.2に収める。

　〔例〕奥泉和久『近代日本公共図書館年表　1867-2005』　016.21 ← 016.2

（公共図書館）＋-1（＊地理区分：日本）

⑤【編集】編集実務〈一般〉は雑誌編集も含めて021.4に収める。新聞の編集は070.163に収める。

　〔例〕編集の学校『編集をするための基礎メソッド』　021.4（編集，編纂）

⑥【伝記】個人の著述目録・著作年譜は027.38に収める。個人伝記（289）のクラスに分類される人物の著述目録・著作年譜もここに収める。

　〔例〕梅棹忠夫『梅棹忠夫著作目録　1934-2008』　027.38（個人著述目録）

⑦【目録】郷土資料目録，善本[10]目録，逐次刊行物目録などは，蔵書目録であっても025/028に収める。

　〔例〕「目次総覧」刊行会『政府定期刊行物目次総覧』　027.5（逐次刊行物
　　　目録・索引）

⑧【文庫】特定の個人文庫目録は，029.9の下で当該文庫の所在地（＊日本地方区分）によって細区分する。現在，図書館などの蔵書となっているものも同様に扱う。

　〔例〕法政大学図書館『正岡子規文庫目録　法政大学図書館蔵』　029.9361
　　　← 029.9（個人文庫）＋-[1] 361（＊日本地方区分：東京都区部）

⑨【雑著】文学者以外の随筆で，しかも主題を特定できないものを収める。また，特にまとまった主題がない文集を収める。

　〔例〕佐藤光浩『ちょっといい話』　049（雑著）

⑩【年鑑】一般年鑑（059）には総合年鑑および一地域に関する総合年鑑を収め，地理区分する。

　〔例〕奈良新聞社『奈良県年鑑　2010』　059.165 ← 059（一般年鑑）＋-165
　　　（＊地理区分：奈良県）

⑪【報道】新聞，テレビ，ラジオなどの総合的なマスコミ事情・報道〈一般〉は070に収める。

　〔例〕井上宏『放送と通信のジャーナリズム』　070（ジャーナリズム）

⑫【新聞】各国の新聞〈一般〉，個々の新聞社の経営事情は070に収める。ただし，社誌は070.67に収める。

10：書誌学などで，本文の系統が正しく，保存状態のよい本をいう。

〔例〕水野富久司『激動のなかの欧・米・ソ新聞製作事情』　070.2 ← 07［0］
　　（新聞）＋-02（形式区分：歴史的・地域的論述）

（2）1類　哲学

　ここには人間の精神界に関わる著作を収める。

① 【分野】哲学（100/139），心理学（140/149），倫理学（150/159），宗教
（160/199）からなる。

② 【応用】社会思想（309），科学哲学（401），美学（701）など，他の分野に
おける哲学（思想）の応用はそれぞれの分野に収める。

a．哲学

① 【区分】哲学総記（100/108），哲学各論（110/118），各国の哲学・思想
（120/139）からなる。

② 【学説】哲学各論（110/119）は西洋哲学の体系に基づく。そこには概論・
歴史など包括的著作を収め，個々の哲学者の学説は120/139に収める。
　　〔例〕大崎博『論証と論理』　116（論理学）
　　〔例〕小泉義之『デカルトの哲学』　135.23（フランス・オランダ哲学：17
　　　　　世紀：デカルト）

③ 【伝記】哲学者列伝[11]は102.8に，個々の哲学者の伝記は120/139に収める。
　　〔例〕サイモン・クリッチリー『哲学者たちの死に方』　102.8（哲学者列伝）

④ 【全集】108には哲学講座のたぐいを収め，個々の哲学者の全集・著作集は
121/139に収める。
　　〔例〕『現代哲学講座』　108（哲学叢書・全集・選集）
　　〔例〕『フィヒテ全集』　134.3（ドイツ観念論：フィヒテ）

⑤ 【日本】日本思想の近代（121.6）には，明治以降の思想家・哲学者，その
学説に関する包括的な著作，個々の哲学者の哲学的著作，思想家・哲学者と
しての伝記・評伝を収める。
　　〔例〕『高山岩男著作集』　121.6（日本思想：近代）

⑥ 【学派】分類表にない哲学者は，各国の哲学・思想・学派の下に収める。

11：列伝とは多数人（三人以上）の人物に関する伝記のことである。叢伝ともいう（本節3項
　　b③を参照）。

⑦【学派】学派が示されていない西洋の近代哲学者は139.3に収める。

　〔例〕シオラン『シオラン対談集』　139.3（その他の西洋諸国の哲学）

ｂ．心理学，倫理学

①【区分】心理学総記（140），各種の心理学（141/146），超心理学・心霊研究（147），相法・易占（148）からなる。

②【応用】特定主題への心理学の応用はその主題の下に収める。

　〔例〕教育心理学研究会『教育心理学入門』　371.4（教育心理学）

③【巨匠】フロイト，ユングの精神分析学に関する著作や両者に関する一般的研究の著作は146.13/.15に収める。ただし，特定主題に関する著作はその主題の下に収める。

　〔例〕サミュエル・ウェーバー『フロイトの伝説』　146.13（フロイト）

④【医学】医学としての精神療法は医学の各主題の下に収める。

　〔例〕スティーブン・ノブロック『精神療法という音楽』　493.72（精神医学：治療）

⑤【格言】人生訓・教訓は159に収める。哲学者の人生論は121/139に収め，文学者の金言・格言・箴言は9□7（□＝言語区分）に収める。

　〔例〕斎藤茂太『笑って生きればすべてうまくいく』　159（人生訓）

ｃ．宗教

①【区分】一般宗教学（160/165）と各宗教（166/199）からなる。

②【三大】各宗教のうち神道（170），仏教（180），キリスト教（190）に比重を置いている。

③【新興】分類表にない宗教はその他の宗教（169）に収め，発祥国により地理区分する。新興宗教も同様の扱いとするが，分類表にあるものはその宗教の下に収める。

　〔例〕森井敏晴『天理教の海外伝道』　169.1 ← 169（その他の宗教）＋-1（＊地理区分：日本）

④【宗派】各宗派・教派に属するもの（教義，史伝，教典，説教集，教会・寺院，儀式，布教など）は，すべて各宗派・教派の下に収める。

⑤【伝記】宗教家の個人伝記，全集・著作集，思想，語録，法話，説教集なども，その宗教家が帰依する宗派・教派の下に収める。

〔例〕山田雅晴『太陽の神人　黒住宗忠』　178.62 ← 178.6（黒住教）＋-2
　　（固有補助表：教祖）

⑥【芸術】仏教美術（186.7）およびキリスト教芸術（196.7）には信仰の対象
　として扱われているものを収める。芸術的・鑑賞的な観点から扱われている
　ものは，それぞれ702.098および702.099に収める。

　　〔例〕秦剛平『美術で読み解く聖母マリアとキリスト教伝説』　196.7（キリ
　　　スト教：キリスト教芸術）

　　〔例〕名取四郎『キリスト教美術の源流を訪ねて』　702.099（美術史：宗教
　　　美術：キリスト教芸術）

（3）2類　歴史

　ここには時間的過程と地域的展開の記述に関わる著作を収める。過去および
現在の事象を扱い，未来の計画には関わらない。

①【分野】歴史（200/279），伝記（280/289），地理（290/299）からなる。

②【優先】地理区分が時代区分に優先する。歴史は現代史を含めて過去の出来
　事の記述である。まず，出来事が発生した，または影響を及ぼした地域（国
　家）で分類し，次に時代を区分する。

a．歴史

①【区分】総記（201/208）と各国・各地域の歴史（210/270）からなる。
　210/279は一般補助表の地理区分と一致する。

②【除外】特定主題の歴史は各主題の下に収める。一般政治史，一般社会史，
　戦争史は，一般史として歴史に収める。

③【遺跡】歴史補助学としての考古学（202.5）には，それ自身に関するもの，
　および遺跡・遺物に関する著作で，地域も時代も特定できないものを収める。
　特定の地域・時代の遺跡・遺物に関するものは，その地域・時代の歴史に収
　める。

　　〔例〕藤本強『考古学でつづる世界史』　202.5（考古学）

④【事件】地方に発生した事件でも，一国の歴史に関係ある事件の場合には，
　その国の歴史の下に収める。

　　〔例〕田村幸一郎『加波山事件始末記』　210.635（日本史：近代：加波山事件）

⑤【戦争】一般の戦争史は歴史の下に収める。ただし，純粋な軍事戦略的記述
　は391.2に，戦記および従軍記はルポルタージュとして9□6（□＝言語区分）
　に収める。

⑥【戦争】日本と他国の戦争は，世界大戦を除いてすべて日本の歴史に収める。
　〔例〕W. チャーチル『第二次世界大戦史』　209.74（世界史：20世紀：第2
　　次世界大戦）
　〔例〕横手慎二『日露戦争史』　210.67（日本史：近代：日露戦争前後）

⑦【亡国】亡国の民族の歴史はその民族が居住していた土地の歴史に収める。
　〔例〕山瀬暢士『インカ帝国崩壊』　268.04（南アメリカ：ペルー：インカ
　　帝国時代）

ｂ．伝記

①【区分】人物の歴史としての列伝（280/287），系譜・家史・皇室（288），個
　人伝記（289）からなる。

②【範囲】伝記の他に日記・書簡・語録・逸話・追悼録・伝記書誌・年譜など，
　ここには伝記関連資料の一切を収める。ただし，哲学者や政治家など，特定
　主題の列伝はその主題の下に収める。

③【人数】伝記は被伝者の人数により列伝・叢伝（三人以上）と各伝・個人伝
　記（二人まで）に分かれる。

④【列伝】列伝において主題分野を限定できる場合，当該主題の分類記号に形
　式区分記号（-028 多数人の伝記）を付加する。
　〔例〕矢野健太郎『すばらしい数学者たち』　410.28 ← 41［0］（数学）＋-028
　　（多数人の伝記）

⑤【列伝】列伝において主題分野を限定できない場合，まず列伝（28［0］）に
　分類し，次に可能ならば地理区分する。
　〔例〕ケン・ベラー『平和をつくった世界の20人』　280（列伝）
　〔例〕下見隆雄『『華陽国志』列女伝記中国古代女性の生き方』　282.2 ← 28
　　［0］（列伝）＋-22（＊地理区分：中国）

⑥【各伝】各伝において被伝者が哲学者，宗教家，芸術家，スポーツマン，諸
　芸に携わる者，文学者（文学研究者を除く）である場合，その思想・作品・
　技能などと不可分の関係にあるので，その主題の下に収める。

〔例〕飯田絵美『王の道　王貞治を演じ切るということ』　783.7（スポーツ：球技：野球）

⑦【各伝】各伝の被伝者が上記⑥以外である場合，まず個人伝記（289）に分類し，次に被伝者の出身国もしくは主たる活動の場と認められる国により地理区分する。あるいは次のように三分してもよい：.1 日本人，.2 東洋人，.3 西洋人およびその他。

〔例〕増田弘『マッカーサー』　289.53 ← 289（個人伝記）＋-53（＊地理区分：アメリカ合衆国）

〔例〕増田弘『マッカーサー』　289.3 ← 289（個人伝記）＋.3（西洋人およびその他）

⑧【各伝】個人の一面だけを述べた伝記でも，その一面にとらわれず個人の伝記に収める。

〔例〕東条由布子『家族愛　東条英機とかつ子の育児日記・手紙より』　289.1 ← 289（個人伝記）＋-1（＊地理区分：日本）

⑨【各伝】中心人物の説明のために多数の人物を扱うものは，その中心人物の伝記の下に収める。

〔例〕幕末維新英傑顕彰会『竜馬を支えた女たち　「女性の視点」から歴史ドラマの主人公を考察』　289.1 ← 289（個人伝記）＋-1（＊地理区分：日本）

c．地理・地誌・紀行

①【区分】地理学・人文地理学・地誌学（290）と各国・各地域の地理・地誌・紀行（291/297）からなる。

②【固有】各国・各地域の地理・地誌・紀行は，形式区分の他に固有補助表（-013/-093）で細区分できる。

〔例〕谷川彰英『「地名」は語る』　291.0189 ← 291（日本）＋-0189（固有補助表：地名）

③【除外】自然地理は450に収める。

〔例〕松原彰子『自然地理学　自然地理の過去・現在・未来』　450（自然地理学）

④【除外】各地域・各時代の歴史地理は歴史に収める。

　　〔例〕中野榮治『紀伊の歴史地理考』　216.6（日本史：近畿地方：和歌山県
　　　　［紀伊国］）

⑤【除外】特定の地域を扱っていても，社会事情（302）や政治地理・地政学
　　（312.9）などの特定主題のものは，各主題の下に収める。

　　〔例〕浜本隆志『最新ドイツ事情を知るための50章』　302.34 ← 302（社会
　　　　事情）＋-34（＊地理区分：ドイツ）

⑥【除外】文学者の紀行文は9□5（□＝言語区分）に，美術紀行など特定主
　　題・意図による探訪・視察・調査を目的とした紀行は，それぞれの主題の下
　　に収める。

　　〔例〕小山内薫『北欧旅日記』　915.6（日本文学：紀行：近代：明治以後）
　　〔例〕吉村怜『中国美術の旅』　702.22 ← 702（美術史）＋-22（＊地理区分：
　　　　中国）

8章「2．各類別(1)」演習問題

　次の図書(1)～(10)は0類～2類に分類される。それぞれに与えるべき分類記号をア～コ
の中から一つずつ選びなさい。［　］の中は図書の内容の区分である。

(1)金容雲『韓国歴史散歩』［地理：朝鮮：紀行］
(2)本多勝一『植村直己の冒険』［個人伝記：日本人］
(3)日本機関紙出版センター『パソコン新聞編集入門』［ジャーナリズム：新聞：編集］
(4)山我哲雄『旧約新約聖書時代史』［キリスト教：聖書：歴史］
(5)佐藤康邦『哲学への誘い』［哲学］
(6)植木久『難波宮跡』［日本史：古代：大化改新時代］
(7)西村良平『広報・雑誌づくりのらくらく編集術』［図書・書誌学：著作：編集］
(8)神田和花『運命の占いガイド』［心理学：相法・易占］
(9)児玉幸多『標準日本史年表』［日本史：年表］
(10)星亮一『会津籠城戦の三十日』［日本史：近代：明治維新］

　　　ア．021.4　　　　　　イ．070.163　　　　　ウ．100
　　　エ．148　　　　　　　オ．193.02　　　　　　カ．210.032
　　　キ．210.34　　　　　　ク．210.61　　　　　　ケ．289.1
　　　コ．292.109

3．各類別(2)（3類　社会科学，4類　自然科学）

（1）3類　社会科学

　ここには人間の社会生活に関わる諸現象を扱った著作を収める。

①【分野】政治（310/319），法律（320/329），経済（330/339），財政（340/349），統計（350/359），社会（360/369），教育（370/379），風俗習慣・民俗学・民族学（380/389），国防・軍事（390/399）からなる。

②【包括】政治，経済，文化，教育，国民性，風俗などを包括する各国の事情は，社会事情として302に収める。

　〔例〕東京書籍編集部『最新世界各国要覧』　302（政治・経済・社会・文化事情）

③【短縮】一般補助表の形式区分のうち理論（-01）および歴史（-02）については，細目表に短縮形の指示がある場合，0を省略する。

　〔例〕熊野直樹『政治史への問い／政治史からの問い』　312 ← 310.2 ← 31[0]（政治）+-02（形式区分：歴史）

④【人物】社会思想（309），経済学（331），社会学（361），教育学（371）では諸学説の代表人物が列挙されている。これら代表人物の著作および著作集も同一箇所に分類する。

　〔例〕K. マルクス，F. エンゲルス『共産党宣言』　309.3（社会思想：マルクス主義）

⑤【外国】行政および法律は国によって著しく異なる。NDC は日本の制度を中心にして展開されており，外国に関する項目の多くは，その細目の末尾に割当てられている（具体例は下記 a の③④および b の②③を参照）。

a．政治

①【歴史】政治史（312）には政治機構・制度の内的発展など，特に政治学的観点から扱ったものを収め，一般政治史は歴史（200/279）に収める。

②【国家】国家の歴史，国体，政体に関する一般的著作は313に収め，各国の政治体制に関する著作は政治史（312.1/.7）に収める。

　　〔例〕吉川宏『国民国家システムの変容』　313（政治：国家の形態）

③【選挙】選挙・選挙制度（314.8）における項目で，外国に関するものはすべて314.89の下で地理区分する。

　　〔例〕吉野孝『2008年アメリカ大統領選挙』　314.8953 ← 314.89（議会：外国の選挙）+-53（＊地理区分：アメリカ合衆国）

④【行政】行政（317）および地方行政（318）において，外国に関するものは個々の項目ではなく，それぞれ317.9および318.9に収める。

　　〔例〕ロードリ・ジェフリーズ＝ジョーンズ『FBIの歴史』　317.953 ← 317.9（外国の中央行政）+-53（＊地理区分：アメリカ合衆国）

⑤【民族】民族・人種問題（316.8）は，その問題が発生した国に収めて地理区分する。

　　〔例〕的場光昭『「アイヌ先住民族」その真実』　316.81 ← 316.8（民族・人種問題）+-1（＊地理区分：日本）

ｂ．法律

①【区分】法令集・判例集（320），法学（321），法制史（322），憲法（323），各法律（324/329）からなる。

②【外国】外国の各法律（行政法（323.9），民法（324），商法（325），刑法（326）など）は，各法律の細目の末尾（例えば民法は324.9）に収めて地理区分する。

　　〔例〕H. Schuler-Sprigrum『ドイツ刑事法学の展望』　326.934 ← 326.9（外国の刑法）+-34（＊地理区分：ドイツ）

③【外国】同様に外国の司法制度・訴訟制度も，個々の法律の下ではなく末尾の327.9に収める。

　　〔例〕幡新大実『イギリスの司法制度』　327.933 ← 327.9（外国の司法制度）+-33（＊地理区分：イギリス）

ｃ．経済・財政

①【学説】個々の経済学者の学説・体系を形成する著作および著作集は331.3/.7に収める。分類表にない経済学者の学説は該当する学派の下に収める。

　　〔例〕田中正司『アダム・スミスと現代』　331.42（経済学：古典学派）

②【各論】経済各論（331.8）には各論の包括的な著作・概論・歴史などを収

める。

③【援助】経済援助および技術移転に関するものは経済協力（333.8）の下に
収める。

〔例〕青山和佳『開発援助がつくる社会生活』　333.8（経済政策：経済援助）

④【移民】移民［来住民］および難民政策は334.4に収め，受入国により地理
区分する。

〔例〕奥島美夏『日本のインドネシア人社会』　334.41 ← 334.4（移民［来
住民］）＋-1（＊地理区分：日本）

⑤【移民】移民［流出民］および植民政策は334.5に収め，母国［発生国］に
より地理区分する。

〔例〕園田節子『南北アメリカ華民と近代中国』　334.522 ← 334.5（移民
［流出民］）＋-22（＊地理区分：中国）

⑥【投資】公共投資・財政投融資は343.7に収める。特定の経費は各主題の下
に収める。

〔例〕門野圭司『公共投資改革の研究』　343.7（財政政策：経費・財政支出）

d．統計・社会

①【統計】統計理論と統計学は350.1に収める。数理統計学は417に収める。

〔例〕神永正博『不透明な時代を見抜く「統計思考力」』　350.1（統計理論）

〔例〕青木繁伸『統計数学を読み解くセンス』　417（数理統計学）

②【学説】社会学説史（361.2）には個々の社会学者の学説・体系を形成する
著作および著作集を収める。

〔例〕犬飼裕一『マックス・ウェーバー　普遍史と歴史社会学』　361.234
（社会学説史：ドイツ社会学）

③【調査】特定の目的をもった調査は，世論・世論調査（361.47）に収めず，
各主題の下に収める。

〔例〕国立社会保障・人口問題研究所『日本人の結婚と出産』　334.31 ←
334.3（人口・土地・資源：人口問題）＋-1（＊地理区分：日本）

〔例〕内閣府大臣官房政府広報室『社会意識に関する世論調査』　361.47（社
会学：世論調査）

④【歴史】社会史（362）には社会体制史，社会構造・組織史を収め，一般社

会史は歴史（2類）の下に収める。

　〔例〕星野智『市民社会の系譜学』　362.06（社会史：市民社会）

⑤【年金】国民年金・厚生年金・共済年金は364.6に収めるが，公務員の共済
制度は317.35の下に収める。

　〔例〕田島ひとみ『年金基礎講座』364.6（社会保障：国民年金・厚生年金・
　　　共済年金）

⑥【職場】職場におけるセクシャルハラスメントは労働者の保護（366.3）に
収める。

　〔例〕水谷英夫『職場のいじめ・パワハラと法対策』　366.3（労働問題：労
　　　働者の保護）

⑦【児童】児童・青少年問題一般は367.6に収める。

　〔例〕丸田佳子『虐待される子どもたち』　367.61 ← 367.6（児童・青少年
　　　問題）+-1（＊地理区分：日本）

⑧【老人】老年学および中高年齢者問題〈一般〉は367.7に収め，老人福祉は
369.26に，老年医学は493.185に収める。

　〔例〕綿祐二『高齢者の寄りそい介護　考え方・進め方』　369.26（社会福
　　　祉：老人福祉）

⑨【奉仕】ボランティア活動〈一般〉は，369.7に収める。ただし，特定の対
象の場合は各主題の下に収める。

　〔例〕田村正勝『ボランティア論』　369.7（社会福祉：地域福祉）

e．教育

①【学説】個々の教育学者の学説・体系を形成する著作および著作集は教育学
史・教育思想史（371.2）に収める。

　〔例〕今井康雄『教育思想史』　371.21 ← 371.2（教育思想史）+-1（＊地理
　　　区分：日本）

②【伝記】教育家の列伝は372.8に収め，個人伝記は289に収める。

　〔例〕中野光『教育改革者の群像』　372.8（教育史：教育家〈列伝〉）

③【各国】各国の教育制度史・事情は372.1/.7に収める。比較教育は373.1に収
める。

　〔例〕フランス教育学会『フランス教育の伝統と革新』　372.35 ← 372（教

育史）＋-35（＊地理区分：フランス）

④【経営】小学校・中学校・高等学校における学校経営・管理は374の下に収め，大学の経営・管理は，377.1に収める。

　〔例〕荻野珠美『学級を組織する微細技術』　374.12（小学校）

⑤【課程】小学校・中学校・高等学校教育のカリキュラムや学習指導に関する著作は375に収める。幼稚園は376.15に，大学は377.15に収める。

⑥【教科書】小学校・中学校・高等学校の教科書・往来物〈一般〉は375.9に収める。特定教科の教科書は各教科（375.3/.8）の下に収める。

⑦【留学】海外留学は高校生までは376.489に収め，それ以上の対象は377.6に収める。

f．風俗習慣・民俗学・民族学

①【区分】民俗学総記（380/382），各種の風俗・習慣（383/388），民族学・文化人類学総記（389）からなる。

②【共有】民族学を民俗学と同格に扱い，両者の間に各種の風俗・習慣をおいて共有させている。

③【民俗】民俗学の理論に関するものは380.1に収める。

　〔例〕柳田国男『日本民俗学入門』　380.1（風俗習慣・民俗学・民族学：民俗学）

④【民族】特定民族の民族誌は382.1/.7のように地理区分する。

　〔例〕田中二郎『ブッシュマン，永遠に。変容を迫られるアフリカ狩猟採集民』　382.48 ← 382（民族誌）＋-48（＊地理区分：南アフリカ）

⑤【民族】地理区分できない民族は382.9に収める。

　〔例〕水谷驍『ジプシー　歴史・社会・文化』　382.9（地理区分できない民族）

⑥【個別】特定民族の特定の風俗・習慣は個別項目（383/387）の当該個所に収める。

　〔例〕藤野紘『日本人なら身につけたい「和」の礼儀作法』　385.9（冠婚葬祭：礼儀作法）

g．国防・軍事

①【区分】総記（390），戦争史（391），国防史・事情（392），国防政策（393），

軍事医学（394），軍事施設（395），陸・海・空軍（396/398），古代兵法（399）からなる。

② 【戦記】戦史・戦記（391.2）には軍事的見地からの著作を収め，従軍記などはルポルタージュとして9□6（□＝言語区分）に収める。一般の戦争史は歴史（270/279）に収める。

〔例〕斎藤聖二『日清戦争の軍事戦略』　391.2（戦争：戦史・戦記）

〔例〕佐藤啓輔『一召集将校の従軍記』　916（日本文学：記録・手記・ルポルタージュ）

③ 【部隊】陸軍・海軍の個々の部隊史は，それぞれの兵科の下に収める。

〔例〕鯨騎兵隊戦史刊行委員会『鯨騎兵隊戦史』　396.59（陸軍：歩兵・騎兵：部隊史）

④ 【医学】軍事医学（394）には軍隊の保健衛生・食事・診療・防疫などの著作を収め，医学的な著作は490に収める。

〔例〕関修司『自衛隊衛生のための感染対策マニュアル』　394（軍事医学）

（2）4類　自然科学

ここには純粋科学の諸分野と医学・看護・薬学に関わる著作を収める。

① 【分野】数学（410/419），物理学（420/429），化学（430/439），天文学・宇宙科学（440/449），地球科学・地学（450/459），生物科学・一般生物学（460/489），医学・看護（490/498），薬学（499）からなる。

② 【生物】生物科学・一般生物学（460）では，その細区分である植物学（470）と動物学（480）を同列の第二次区分に並べ（154ページの7‐1表），人類学（469）を両者に先行させている。

③ 【歴史】科学と技術の両面にわたる歴史は科学史（402）の下に収める。

〔例〕伊東俊太郎『科学史技術史事典』　402.033 ← 402（科学史）＋-033（形式区分：事典）

④ 【探査】科学探検・調査（402.9）の内容が人文・自然の両面にわたるものは地誌（290）の下に収める。

〔例〕後藤末雄『藝術の支那・科學の支那』　292.2 ← 290（地誌）＋-22（＊地理区分：中国）

⑤【元素】無機化合物は，それに含まれている元素のうち，435/436で示す各元素の後方に置かれているものの下に収める。

〔例〕吉村哲彦『NO（一酸化窒素）　宇宙から細胞まで』　435.53（無機化学：窒素）

⑥【地球】天文学上の地球は448に収める。地球科学は450に収める。

〔例〕大久保修平『地球が丸いってほんとうですか？　測地学者に50の質問』448.9（地球・天文地理学：測地学）

〔例〕水谷仁『宇宙からの地球観測　人工衛星と宇宙飛行士の視点で見る』450（地球科学）

⑦【人種】人種誌において地理区分できない民族・国民は469.8に収め，言語区分する。

〔例〕『雲南白族的起源和形成論文集』　469.82 ← 469.8（人類学：地理区分できない人種）＋-2（言語区分：中国語）

⑧【看護】特定の患者についての各疾患の看護は，その患者の看護（492.921/.929）に収める。患者を限定しない各疾患の看護は成人看護（492.926）に収め，493/497のように区分する。

〔例〕児玉敏江『高齢者看護学』　492.929（医学：看護学：老年看護）

〔例〕川口良人『事例に学ぶ透析看護』　492.926493 ← 492.926（医学：看護学：成人看護）＋493（外科学：泌尿器科学：腎：人工腎 494.93）

⑨【薬学】薬物の生理学的・治療学的作用に関するものは薬理学（491.5）に収める。薬化学や薬剤学に関するものは薬学（499）に収める。

8章「3. 各類別(2)」演習問題

次の図書(1)〜(10)は3類か4類に分類される。それぞれに与えるべき分類記号をア〜コの中から一つずつ選びなさい。[ ]の中は図書の内容の区分である。

(1)橋本敏雄『沖縄読谷村「自治」への挑戦』[政治：地方自治：沖縄]

(2)鈴木順子『くすりの作用と効くしくみ事典』[医学：薬理学：事典]

(3)中村広治『リカードウ評伝』[経済：古典派：リカード]

(4)中村邦光『世界科学史話』[自然科学：歴史]

(5)安野智子『重層的な世論形成過程』[社会学：世論]

⑹新井郁男『比較教育制度論』［教育：教育制度］

⑺河合信和『人類進化99の謎』［生物科学：人類学］

⑻丸山康則『ブラジル百年にみる日本人の力』［経済：移民：ブラジル］

⑼日本私立大学連盟『私立大学のマネジメント』［教育：大学管理］

⑽高野範城『高齢者の生活の安定と法知識』［社会：老人問題］

ア．318.299	イ．331.44	ウ．334.462
エ．361.47	オ．367.7	カ．373.1
キ．377.1	ク．402	ケ．469.2
コ．491.5033		

4．各類別⑶（5類　技術・工学，6類　産業，7類　芸術）

（1）5類　技術・工学

　ここには第二次産業の生産諸技術，第一次産業のうちの採鉱技術，および家政学・生活科学に関する著作を収める。固有補助表を含む（下記②を参照）。

①【分野】総記（500/509），各種の技術・工学（510/580），家政学・生活科学（590/599）からなる。

②【固有】各種の技術・工学の生産流通経済は固有補助表（-09/-096）により細区分する（本章1節3項fの脚注9を参照）。

③【区分】原子力工学（539）と兵器・軍事工学（559）は，それぞれ機械工学（530/538）と海洋工学・船舶工学（550/558）の一部ではなく，それらと同格の第二次区分の分類項目である（要目表を参照）。

④【優先】橋梁工学（515）は主材（515.4），構造形式（515.5），用途（515.7）のファセットで構成されているが，優先順序はその逆で二つ以上のファセットにまたがる主題は後のファセットのクラスに収める。なお，現在のところ最優先の用途のクラスに収められるのは道路橋（515.7）だけである。その他の歩道橋（514.7），鉄道橋（516.24），水路橋（518.16）は，それぞれ道路工学，鉄道工学，衛生工学・都市工学に収められている。

　〔例〕高速道路技術センター『これからの橋梁技術を考える　第二東名神橋

梁シンポジウム』　515.7（橋梁工学：用途による各種の橋梁）

⑤【国宝】日本の歴史的建造物（国宝・重要文化財など）は，各時代の下に収めず，521.8に収める。

　　〔例〕熊本日日新聞社編集局『熊本城のかたち』　521.823（日本の建築：国宝・重要文化財：城郭）

⑥【建築】現代の建築計画・工事誌は526に収め，綱目表に準じて種類を細区分する（例：06 博物館，07 新聞社，18 寺院，49 病院など）。ただし，学校施設は374.7，図書館建築は012もしくは016/018に収める。

　　〔例〕鈴木進一郎『飲食店設計マニュアル』　526.67 ← 526（各種の建築）＋67（綱目表：商業）

⑦【金属】金属加工・製造冶金（566）には主として鉄鋼の加工を収める。個々の非鉄金属加工は565に収める。

　　〔例〕百合岡信孝『鉄鋼材料の溶接』　566.6（金属加工：溶接）

　　〔例〕新家光雄『チタンの基礎・加工と最新応用技術』　565.54（非鉄金属：チタニウム）

⑧【家政】家政学・生活科学（590）には家庭生活を技術面から扱ったものを収める。社会面から扱った生活・家族・女性問題は365,367に収め，家庭倫理は152に，生活史は383に収める。

　　〔例〕扶桑社『暮らしのなかのエコ節約』　590（家政学・生活科学）

⑨【被服】アパレル産業および既製服の製造販売は589.2に収める。家庭裁縫および仕立業は593に収める。

　　〔例〕高橋恵美子『手ぬいでつくる大人の服』　593.36（家政学：衣服：婦人服）

（2）6類　産業

　ここには第一次産業の農林水産業と第三次産業の商業・運輸・交通・通信に関する著作を収める。第二次産業の生産諸技術および第一次産業の採鉱技術は5類（技術・工学）に収められている。

①【分野】産業総記（600/609：第二次産業を含めた産業一般を収める），農林水産業（610/669），商業（670/678），運輸・交通（680/689），通信（690/699）

からなる。

② 【別法¹²】商業と経済の分離を望まない図書館のために，673/676（商業経営・広告・マーケティング・取引所）を336.7に，678（貿易）を333.9に収めることができる。

③ 【農業】農業経済（611）に関する著作は一地域を対象としたものであっても，主題が611.1/.99に含まれるものは，当該主題の下に収める。ただし，近世以前のものは，土地制度（611.2/.29）と飢饉・備荒・三倉制度（611.39）を除き，農業史・農業事情（612）に収める。

　〔例〕守谷早苗『天明の飢饉と諸藩の改革』　611.39（農業経済：飢饉）

④ 【林業】林業経済（651）も同様の扱いで，近世以前のものは森林史・林業史・林業事情（652）に収める。

　〔例〕山田容三『森林管理の理念と技術』　651.1（林業：森林政策）

⑤ 【水産】水産経済（661）も同様の扱いで，近世以前のものは水産業・漁業史・事情（662）に収める。

　〔例〕荒居英次『近世の漁村』　662.1 ← 662（水産業・漁業史）＋-1（＊地理区分：日本）

⑥ 【作物】食用作物（616）および工芸作物（617）の個々の作物栽培・育苗・病虫害・収穫などに関する著作は各作物の下に収め，それらの加工品は食品工業（588）または農産物製造・加工（619）に収める。

　〔例〕農畜産業振興機構『歴史に学ぶ明日のさとうきび栽培技術』　617.1（さとうきび）

　〔例〕石川伸『大豆が教えてくれること　たかが豆腐，されど豆腐』　619.6（大豆・豆類製品：豆腐）

⑦ 【畜産】家畜各論（645）および家禽各論（646）における個々の家畜・家禽の育種・育成・病気と手当などに関しては各動物の下に，それらの経済的・経営的観点からの著作は畜産経済（641）に収め，加工品は畜産物（648）に収める。

　〔例〕吉田六順『畜産の経済学　現代危機からの解放』　641（畜産経済）

12：別法とは，分類表が標準的に定めた分類の他に，選択できると認めた分類項目である。二者択一項目ともいう。

⑧【商店】商店街〈一般〉は673.7に収め，特定地域の商店街は672に収めて地理区分する。

　　〔例〕三浦展『商店街再生計画』　673.7(商業経営：小売業・商店街〈一般〉)

　　〔例〕山屋光子『東京・自由が丘商店街』　672.1361 ← 672（商業史）+
　　　　　-1361（＊地理区分：東京都区部）

⑨【広告】商品・企業に限定されない広告〈一般〉は674.1/.8に収め，特定商品・企業の宣伝・広告は674.9に収める。

　　〔例〕植村祐嗣『広告新時代』　674.6（広告・宣伝：広告媒体）

⑩【番組】個々の番組あるいは写真や活字で番組そのものを再現したような出版物は699.63/.69に収める。ただし，個々の番組内容の主題を出版物として編纂したものは当該主題の下に収める。

　　〔例〕林家たい平『笑点絵日記』　699.67（放送事業：娯楽番組）

（3）7類　芸術

　ここには芸術・美術，スポーツ・体育，諸芸・娯楽の三群に関わる著作を収める。

①【分野】芸術・美術の総記（700/709），芸術・美術（710/759），音楽（760/768），舞踊（769），演劇（770/777），映画（778），大衆演芸（779），スポーツ・体育（780/789），諸芸・娯楽（790/799）からなる。

②【優先】芸術作品は主題でなく表現形式によって分類する。

③【歴史】世界全般の芸術・美術の各時代史，および芸術・美術史上の主要な様式の歴史や研究・評論は702.02/.07に収める。ただし，各国の芸術・美術史は時代史および様式も702.1/.7に収める。

④【社寺】日本の個々の古社寺を中心とした芸術・美術は702.17に収める。

　　〔例〕伊東史朗『千本釈迦堂大報恩寺の美術と歴史』　702.17（日本芸術史・美術史：古社寺）

⑤【伝記】芸術家，スポーツマンあるいは諸芸に携わる専門家の個人伝記は，研究・評論と共に，一般に最も活躍が顕著であった分野の下に収める。

　　〔例〕岡本太郎『青春ピカソ』　723.35 ← 723（洋画）+-35（＊地理区分：フランス）

⑥【伝記】芸術活動が多岐にわたり，分野が特定できない芸術家の総合的な伝記は，主な活動の場と認められる国もしくは出身国により702.1/.7に収める。

　　〔例〕池上英洋『レオナルド・ダ・ヴィンチの世界』　702.37 ← 702（芸術史）＋-37（＊地理区分：イタリア）

ａ．美術

①【分野】彫刻（710/718），絵画（720/727），書・書道（728），版画（730/737），印章・篆刻・印譜（739），写真（740/748），印刷（749），工芸（750/759）からなる。

②【優先】表現形式につづいて，様式や材料，技法などによって分類する。

③【図集】各美術の図集（写真・印刷を除く）は固有補助表（-087）により細区分できる。この図集には鑑賞のための図版を主体とする所蔵・出陳図録も含まれる。

④【目録】美術品目録は特定の美術の目録を除いて703.8に収める。美術館・展覧会の所蔵・出陳目録において，図版が目録の一部として収録されているものも同じく目録として扱う（形式区分：-038）。ただし，鑑賞のための図版を主体とする所蔵・出陳図録は美術図集として708.7に収める（固有補助表：-087）。

⑤【目録】文化財の目録は703.8に収め，文化財の図集は708.7に収める。ただし，特定の文化財の目録および図集は各主題の下に収める。

　　〔例〕京都府教育委員会『京都府文化財総合目録』　703.8（美術品目録）

　　〔例〕高松市美術館『高松市美術館収蔵品図録』　708.7（美術図集）

⑥【歴史】日本絵画史（721.02）は日本芸術史（702.1）の時代を示す記号（.2原始時代から　.6近代）に準じて細区分できる。

　　〔例〕安村敏信『すぐわかる画家別近世日本絵画の見かた』　721.025 ←721.02（日本絵画史）＋.5（近世）

⑦【日本】日本画は近世までは様式（721.1/.8）で細区分し，明治以降はすべて721.9に収める。

　　〔例〕小林忠『江戸の浮世絵』　721.8（日本画：浮世絵）

⑧【漫画】特定主題を扱った漫画・劇画および挿絵集は各主題の下に収める。

　　〔例〕中川人司『マンガでわかる宇宙のしくみと謎』　440（天文学・宇宙科学）

⑨【写真】個々の写真家の写真集は748に収めるが，特定主題の表現のための補助的な写真集は各主題の下に収める。

　〔例〕森田米雄『柴犬のき・も・ち』　645.6（家畜・愛玩動物：犬）

⑩【骨董】骨董品・古器物はすべて金工芸の下の骨董品・古器物（756.8）の項に収める。

　〔例〕白洲信哉『骨董あそび　日本の美を生きる』　756.8（金工芸：骨董品）

b．音楽・演劇

①【歴史】世界全般にわたる音楽の各時代史および主要な様式の歴史や研究・評論は762.03/.07に収める。ただし，各国の音楽史は時代および様式に関係なく地理区分により762.1/.7に収める。

　〔例〕竹下節子『バロック音楽はなぜ癒すのか　現代によみがえる心身音楽』　762.05（音楽史：15-18世紀）

　〔例〕月渓恒子『現代日本社会における音楽』　762.1 ← 762（音楽史）+ -1（＊地理区分：日本）

②【作品】作曲家の特定の作品の研究・評論は各演奏形態の下に収める。

　〔例〕パウル・バドゥーラ＝スコダ『ベートーヴェン　ピアノ・ソナタ　演奏法と解釈』　763.2（楽器・器楽：ピアノ）

③【協奏】協奏曲（764.39）は演奏楽器の種類（763.2/.7）により細区分できる。

　〔例〕北爪道夫『クラリネット協奏曲』　764.3973 ← 764.39（協奏曲）+ .73（楽器：クラリネット）

④【歌手】流行歌手，ジャズ歌手，ロック歌手は767.8に収める。

　〔例〕落合真司『小田和正という生き方』　767.8（声楽：歌謡曲・流行歌）

⑤【俳優】各国の俳優および個人の伝記や研究・評論は772.1/.7に収め，主な活動の場と認められる国もしくは出身国により地理区分する。

　〔例〕森光子『女優　森光子』　772.1 ← 772（演劇史）+ -1（＊地理区分：日本）

c．スポーツ・体育，諸芸・娯楽

①【体育】体育〈一般〉および社会体育・スポーツ興行は780に収め，学校体育は374.98，体操（幼児教育）は376.157に，保健体育は375.49に収める。

② 【徒手】ジャズダンス，アクロバット，タンブリング[13]，巧技[14]は徒手体操（781.4）の下に収める。

③ 【登山】スポーツとしての登山は786に収める。登山記，ルート図，ガイドブックは地理・地誌・紀行（291/297）に収める。

　　〔例〕石川信義『鎮魂のカラコルム』　292.57 ← 29[0]（地理）+ -257（＊地理区分：パキスタン）

④ 【格闘】格闘技のうち相撲・レスリング・ボクシングは788に収め，それ以外はすべて789に収める。

　　〔例〕野瀬清喜『柔道学のみかた』　789.2（武術：柔道）

⑤ 【ダンス】ダンス（799）にはフォークダンス，社交ダンス，スクェアーダンスを収め，学校ダンスは374.98，ジャズダンスは781.4の下に収める。ただし民俗舞踊は386.8にまとめる。

　　〔例〕二ッ森司『社交ダンスメソッド』　799.3（ダンス：社交ダンス）

8章「4. 各類別(3)」演習問題

　次の図書(1)〜(10)は5類〜7類に分類される。それぞれに与えるべき分類記号をア〜コの中から一つずつ選びなさい。[　]の中は図書の内容の区分である。

(1)井上宏『大阪の文化と笑い』[芸術：大衆演芸：大阪]

(2)淡交社『明治の洋館24選：関東の名建築を訪ねて』[建築学：西洋建築：関東]

(3)長部玉美『ロンドン・アンティーク LESSON』[工芸：金工芸：骨董品]

(4)細井計『近世東北農村史の研究』[農業：農業史：東北]

(5)小暮規夫『猫の病気がよくわかる本』[畜産：家畜・愛玩動物：猫]

(6)渋谷辰吉『医院建築実践ガイド』[建築学：各種の建築：医学]

(7)三枝成彰『大作曲家たちの履歴書』[音楽：列伝]

(8)速水融『近世初期の検地と農民』[農業：農業経済：土地制度：日本]

(9)西尾忠久『クルマの広告』[商業：広告・宣伝]

13：タンブリングとは，床やマットの上で跳躍や回転を行う運動をいう。チアリーディングや男子新体操の演技に組み込まれているが，独立した競技種目としては，タンブリング台という弾みやすい長い床の上を通過しながら連続的に行う演技である。

14：巧技とはマット運動の二つの技の系統の一つをいう。前方や後方や側方に回転するのが回転系で，立ち技として，倒立したりバランスをとったり，巧みにジャンプするのが巧技系の運動である。

⑽ノルベール・デュフルフ『フランス音楽史』〔音楽：音楽史：フランス〕

    ア．523.13　　　　　　イ．526.49　　　　　　ウ．611.221

    エ．612.12　　　　　　オ．645.76　　　　　　カ．674.9

    キ．756.8*　　　　　　ク．762.35　　　　　　ケ．762.8

    コ．779.02163

    ＊756.8023333 ← 756.8＋-02＋-3333は不可

5．各類別⑷（8類　言語，9類　文学）

（1）8類　言語

　　ここには言語に関する著作を収める。

① 【区分】総記（801/808）と各言語（810/890）からなる。810/899は一般補助表の言語区分と一致する。

② 【優先】著作はまず言語により分類し，次に固有補助表にある言語共通区分で細区分する。ただし，言語共通区分は個々の言語に対して使用できるが，諸語のような言語の集合や分類記号を共有する言語に対しては使用できない。

③ 【事情】言語史・事情（802）に収めるものは，以下のとおりである。

　ⅰ言語史・事情に関する著作で言語・諸語・地域のどれをも特定できないもの（例：ピジン〈一般〉）。インド・ヨーロッパ諸語（802）もここに収める。

　ⅱ特定地域における複数の言語の全部または一部に関する著作で，それらの中に極めて優勢な言語または諸語が存在しないもの（例：スイスの言語802.345）。

　ⅲ言語政策〈一般〉に関する著作および特定地域の言語政策に関する著作で，その対象中に極めて優勢な言語または諸語が存在しないもの（例：カナダの言語政策　802.51）。

④ 【翻訳】翻訳法（801.7）に関して新訂10版は，以前の「特定の言語の翻訳に関するものも，ここに収める」という注記を削除した。著作の性格によって，それぞれの言語に分類した方がよい場合もあるという理由からである。

⑤【遊戯】言語遊戯（807.9）には特定の言語の遊戯に関するものも収める。

　〔例〕金田一秀穂『人間には使えない蟹語辞典』 807.9（言語学：言語遊戯）

⑥【生活】言語生活（809）には特定の言語の生活に関するものも収める。

　〔例〕松本茂『英語ディベート　理論と実践』 809.6（言語学：討論）

⑦【漢字】漢字〈一般〉は中国語の文字として821.2に収め，811.2には日本語における漢字の問題を収める。

　〔例〕高田時雄『漢字文化三千年』 821.2（中国語：漢字〈一般〉）

　〔例〕田中春泥『読めるようで，なぜか読めない漢字』 811.2（日本語：漢字）

⑧【辞典】語彙に関する辞典は言語共通区分により8□3（□＝言語区分）に収める。発音・文法・方言など，その他の主題に関する辞典は，各言語の主題の下に収め，形式区分を行う。

　〔例〕小西友七『英語基本名詞辞典』 835.2033 ← 835.2（英文法：名詞）＋-033（形式区分：辞典）

⑨【辞典】二言語辞典において，日本語対外国語のものは外国語の下に収める。ただし，漢和辞典および外国人向けの日本語辞典は日本語の下に収める。

　〔例〕竹林滋『ライトハウス英和辞典』 833.3（英語：辞典：英和辞典）

　〔例〕花田哲夫『漢和辞典』 813.2（日本語：辞典：漢和辞典）

⑩【辞典】二言語辞典において，外国語対外国語のものは日本人にとって疎遠な言語の下に収める。疎遠な言語と判断し難いものは，見出し語（解釈される語）の言語の下に収める。

　〔例〕『Collins concise German-English dictionary』 843 ← 84[0]（ドイツ語）＋-3（言語共通区分：辞典）

⑪【辞典】二言語辞典において，外国語対外国語のもので双方から検索できるように二つの部分からなるものは，後半が明らかに主要と判断されない限り，前半を対象として分類する。

　〔例〕『The pocket Oxford Russian dictionary：Russian-English, English-Russian』 883 ← 88[0]（ロシア語）＋-3（言語共通区分：辞典）

⑫【辞典】三つ以上の言語からなる辞典（多言語辞典）は801.3に収める。ただし，特定の言語に二つ以上の言語を対照させた辞典は，特定の言語の下に収める。

〔例〕ジョン・バチラー『アイヌ・英・和辞典』　829.23 ← 829.2（その他の東洋の諸言語：アイヌ語）＋-3（言語共通区分：辞典）

（2）9類　文学

ここには文学作品（詩歌・戯曲・小説など）と文学研究（作品研究・作家研究など）の両方を収める。

① 【作品】文学作品はまず原作の言語によって区分し，次に文学形式によって細区分する。日本語をはじめ言語区分された文学形式は時代区分が可能である。したがって，文学作品は「言語─文学形式─時代」の順に区分する。

〔例〕紫式部『源氏物語』　913.36（日本文学：小説・物語：平安時代前期の物語：源氏物語）

② 【同一】特定の文学・文学形式・作家・作品における文体・語法・語彙・登場人物（実在した者を含む）・特殊な主題を扱ったものは，その文学・文学形式・作家の総合的な伝記［作家研究］・作品に付随するものとして同一の分類記号を与える。

〔例〕小柳素子『歌人が歩いた平家物語』　913.434（日本文学：小説・物語：中世：軍記物語：平家物語）

③ 【研究】文学研究は，作家研究（作家に関する伝記・評伝・研究・解説・回想など）と作品研究（作品に関する評論・研究・解説・回想など）に分けて考える。以下，作家研究（④〜⑩）と作品研究（⑪〜⑱）に分けて解説する。

④ 【作家】作家研究は個人作家（二人まで）に関するもの（⑤〜⑦）と多数作家（三人以上）に関するもの（⑧〜⑩）とに分けて考える。

⑤ 【作家】個人作家の研究が総合的な研究である場合は，まず当該作家が採用する主たる文学形式で分類し，次に活動した時代で区分する。

〔例〕A．スミルノフ『シェークスピア　その世界観と芸術』　932.5 ← 932（英米文学：戯曲）＋.5（933.4/.7の時代で区分：16-17世紀）

⑥ 【作家】個人作家の研究が特定の文学形式に限定している場合は，文学形式─時代の順で区分する。

〔例〕中田雅敏『漂泊の俳諧師　小林一茶』　911.35（日本文学：詩歌：俳諧・俳句：文化・文政・天保期：小林一茶）

⑦【作家】個人作家の研究が特定の文学形式に偏らない近代作家の場合は，文学史―時代の順で区分する。

〔例〕川神傳弘『サルトルの文学』　950.278（フランス文学：フランス文学史：20世紀‐：作家の個人伝記［作家研究］）

⑧【作家】多数作家の研究が文学形式と時代の両方を限定している場合は，文学形式―時代の順で区分する。

〔例〕三村晃功『中世隠遁歌人の文学研究』　911.142（日本文学：詩歌：和歌・短歌：中世：歌人伝・研究）

⑨【作家】多数作家の研究が文学形式か時代のいずれかを限定している場合は，文学形式あるいは時代で区分する。

〔例〕馬場あき子『女歌の系譜』　911.102（日本文学：詩歌：和歌・短歌：和歌史・歌人列伝・研究）

〔例〕西垣勤『白樺派作家論』　910.26（日本文学：日本文学史：近代）

⑩【作家】多数作家の研究が文学形式も時代も限定していない場合は，総合的な列伝として9□028（□＝言語区分）に収める。

〔例〕井波律子『中国文章家列伝』　920.28（中国文学：中国文学史：作家の列伝［作家研究］）

⑪【作品】作品研究は単一作品に関するもの（⑫）と複数作品に関するもの（⑬）とに分けて考える。

⑫【作品】単一作品の研究はその作品と同一の分類記号を与える（上記②参照）。

⑬【作品】複数作品の研究は個人作家によるもの（⑭～⑮）と多数作家によるもの（⑯～⑱）とに分けて考える。

⑭【作品】複数作品の研究で，その作品が個人作家による場合，文学形式を限定しているものは，文学形式―時代の順で区分する。

〔例〕続橋達雄『宮沢賢治・童話の世界』　913.8（日本文学：小説・物語：童話）

⑮【作品】複数作品の研究で，その作品が個人作家による場合，文学形式を限定していないものは，総合的な個人伝記として扱い，文学史―時代の順で区分する。

〔例〕笠井秋生『芥川龍之介作品研究』　910.268（日本文学：日本文学史：

　　近代：作家の個人伝記［作家研究］）

⑯【作品】複数作品の研究で，その作品が多数作家による場合，文学形式と時代の両方を限定しているものは，文学形式―時代の順で区分する。

　〔例〕祐野隆三『中世自照文芸研究序説』　914.4（日本文学：評論・エッセイ・随筆：中世）

⑰【作品】複数作品の研究で，その作品が多数作家による場合，文学形式か時代のいずれかを限定しているものは，その文学形式か時代により区分する。

　〔例〕EQ編集部『英米超短編ミステリー50選』　933.78（英米文学：小説・物語：複数作家の作品集）

　〔例〕圷美奈子『王朝文学論　古典作品の新しい解釈』　910.23（日本文学：日本文学史：古代：平安時代）

⑱【作品】複数作品の研究で，その作品が多数作家による場合，文学形式も時代も限定していないものは，総合的な列伝として9□028（□＝言語区分）に収める。

　〔例〕英潮社『講座・イギリス文学作品論』　930.28（英米文学：英米文学史：作家の列伝［作家研究］）

⑲【小説】ただし上記一連の説明に関して，文学形式が近代小説の場合は一作品に関するものを除いて，文学史―近代の順で細区分する。理由は，近代文学では小説が主流であり，文学史と小説史は重なる部分が大きいからである。

　〔例〕清田文武『近代作家の構想と表現　漱石・未明から安吾・茨木のり子まで』　910.26（日本文学：日本文学史：近代：作家の伝記［作家研究］（列伝））

　〔例〕久保田修『『春琴抄』の研究』　913.6（日本文学：小説・物語：近代）

⑳【全集】全集などの作品集（9□8）には収録作品の文学形式が二つ以上にわたるものを収める。一つに特定できる作品集はその文学形式の下に収める。

　〔例〕『ゲーテ全集』　948.68（ドイツ文学：作品集：18-19世紀：個人全集・選集）

㉑【全集】908には言語を特定できない作品集，および文学形式を特定できない文学〈一般〉に関する研究叢書を収める。

　〔例〕『世界文学全集』　908（文学：叢書・全集・選集）

㉒【翻訳】作品の翻訳，評釈，校注，批評，研究，解説，辞典，索引などは原作の下に収める。

　　〔例〕三谷栄一『徒然草解釈大成』　914.45（日本文学：随筆：中世：徒然草）

8章「5. 各類別(4)」 演習問題

　次の図書(1)～⑽は8類か9類に分類される。それぞれに与えるべき分類記号をア～コの中から一つずつ選びなさい。[ ] の中は図書の内容の区分である。

(1)村田美穂子『体系日本語文法』［日本語：文法］
(2)山田勝『オスカー・ワイルドの生涯』［英米文学：個人伝記］
(3)吉川洋『「入門」英語の意味とニュアンス』［英語：語源・意味］
(4)司馬遼太郎『街道をゆく』［日本文学：紀行：近代（明治以後）］
(5)下山嬢子『近代の作家島崎藤村』［日本文学：近代：作家の個人伝記］
(6)安井稔『コンサイス英文法辞典』［英語：文法：辞典］
(7)上野さち子『女性俳句の世界』［日本文学：詩歌：俳句：列伝］
(8)荻野文子『ヘタな人生論より枕草子』［日本文学：随筆：古代（平安まで）］
(9)小池直己『英語力パズル』［言語：言語遊戯］
⑽堀井令以知『折々の京ことば』［日本語：方言：京都］

　　ア．807.9　　　　　イ．815　　　　　　ウ．818.62
　　エ．832　　　　　　オ．835.033　　　　カ．910.268
　　キ．911.302　　　　ク．914.3　　　　　ケ．915.6
　　コ．930.268

9章 | 件名作業の概要

　件名標目表を用いて個々の資料に件名標目を付与する作業を「件名作業」という。本章では，『基本件名標目表(Basic Subject Headings：BSH) 第4版』(日本図書館協会，1999) に基づいて，件名作業の内容とその実際を解説する。

　なお，「件名標目」の「標目」という語は，目録法でいう「アクセス・ポイント」のことだが，「件名標目」という場合，NCR2018でいう「典拠形アクセス・ポイント」[1]に相当する用語である。これは，資料の主題や形式を表す「件名」の統制語[2]といえる。『基本件名標目表』(以下，BSH と記す)では，「典拠形アクセス・ポイント」という用語は使用されず，その名称からもわかるように「標目」という用語が現在も使用されている。そのため，本章でもこの用語を使用する。

　また本章との関連で，シソーラスという件名標目表に類似するものについて言及する箇所があるが，シソーラスに関しては11章1節2項b③を参照いただきたい[3]。

1. 『基本件名標目表』(BSH) の概要と使用法

　「件名標目表」とは，統制語である件名標目 (資料の主題または形式を表す名辞で索引語に使用できるもの) と参照語 (件名標目として採録されなかった

1：3章5節では，件名の典拠形アクセス・ポイントではないが，さまざまな実体の典拠形アクセス・ポイントが，これと対をなす異形アクセス・ポイント共に説明されているので，こちらをも参照されたい。

2：統制語については，6章1節1項の脚注を参照されたい。

3：シソーラスについて詳しくは，本シリーズ第9巻『三訂 情報資源組織論』の6章4節を参照されたい。

名辞で索引語として使用できないもの）[4]を音順に排列した一覧表で，件名作業のよりどころとなるものである。

　BSH は主題分野を幅広くカバーする一般件名標目表で，主に公共図書館や大学図書館の主題組織で用いられる。また日本の標準件名標目表として TRC MARC などの民間 MARC にも採用されている。よって，主題組織には BSH の理解と習得が不可欠といえる。

（1）BSH の概要，用途，目的

　BSH の策定は，戦前の『日本件名標目表』（NSH）[5]の改訂に端を発する。1956年の初版発行後，2度の改訂を経て，現在の第4版（1999）へといたる。日本図書館協会件名標目委員会が一貫して編纂を担っている。

　BSH は，公共図書館，大学の教養課程を対象とする図書館，高校図書館において件名目録の編成に必要とされる基本的な件名標目を採録している。だが，採録を省略したり，例示にとどめた名辞も多く，すべての主題名辞を列挙していない（つまり基本的な件名標目に焦点を合わせて採録しているものであり，その意味で「基本」件名標目表とされる）。ただし，BSH 第4版では JAPAN/MARC や TRC MARC 等から必要な件名標目を補い，第3版より語数を大幅に増加させている（9-1表）。なお，件名付与の対象は図書であり，雑誌論文の主題表現に必要な名辞までは採録していない[6]。

　OPAC が主流になった現代では，公共図書館が導入する TRC MARC などの民間 MARC や，大学図書館が参加する NACSIS-CAT の参照 MARC（JAPAN/MARC など）に入力された件名標目がそのまま各館で所蔵資料のアクセス・ポイントとして利用され，個別の件名作業は行われない傾向にある。しかし，OPAC では主題からの検索（キーワード検索）が増加する一方，主題検索は失敗しやすいことが知られている。また Google などの検索エンジン

4：参照語は，NCR2018でいう「異形アクセス・ポイント」に相当する。また，シソーラスでは件名標目を「優先語」，参照語を「非優先語」などと呼ぶ。

5：青年図書館員聯盟件名標目委員会編. 日本件名標目表. 訂正増補版, 間宮商店, 1944, 468p.

6：雑誌論文の主題表現には，一般的にシソーラスが用いられる。

9-1表　『基本件名標目表 第4版』の構成と採録語数

（ ）内は第3版の語数

件名標目	7,847（約4,270）		
参照語	2,873（約2,540）		
説明つき参照	93（17）		
細　　目	一般細目	25（20）	169（64）
	分野ごとの共通細目	74（9注）	
	言語細目	53（18）	
	地名のもとの主題細目	17（17）	
計	10,982（約6,874）		

注：全体の一覧がないため，細目一覧に掲げられているもののみ。

に慣れた利用者には，自然語[7]と事後結合[8]による検索が当たり前で，統制語としての件名標目を使用しない状況がある[9]。目録利用者を適切な検索結果に導くためには，このような状況を踏まえた検索システムの構築と併せて，件名標目表の正確な理解に基づく件名作業が必要であるといえよう。

（2）BSH の構成

a. 基本構造

　BSH 第4版は2分冊で構成されている。第1分冊には，本表である「音順

7：検索者が自然に思いつく語や，対象資料に使用されている語など。例えば，資料のタイトルが「書籍の話し」であれば，タイトルに使用されている「書籍」が自然語となる。検索者が「書籍」という語を思いつけば，この資料の検索は成功する。しかし，「図書」を思いつけば，検索は不成功に終わる。なお，この場合の「書籍」は利用者が思いついた語という意味でも，自然語とみなすことができる（もちろん「図書」も自然語）。なお，自然語について詳しくは，本シリーズ第9巻『三訂 情報資源組織論』1章4節2項b❷などを参照されたい。

8：複数の概念を，順序を意識せず，自由に組み合わせて主題を表現すること。このような考え方に基づく索引法を「事後結合索引法」という。これに対して，件名標目のように，あらかじめ複数の概念を組み合わせて一定の主題を表現する索引法を「事前結合索引法」という。なお，これらについては6章1節3項の脚注をも参照されたい。また，ここで記されていることについて詳しくは，本シリーズ第9巻『三訂 情報資源組織論』4章6節を参照されたい。

9：国立国会図書館書誌部編. 件名標目の現状と将来：ネットワーク環境における主題アクセス. 国立国会図書館書誌部, 2005, 77p.

標目表」の他「国名標目表」「細目一覧」が収録され，約880ページの大部な冊子となっている。第2分冊は，「分類記号順標目表」「階層構造標目表」のみを収録している。

b．音順標目表

　音順標目表には，「件名標目」「参照語」「説明つき参照」「細目」の4種類の名辞がすべて五十音順に排列され，表示されている。以下，これらについて説明する。

■1件名標目　件名標目は，実際に資料にアクセス・ポイントとして付与され，かつ検索に使用されるもので，音順標目表では太字で示される（9-1図）。これには主題標目と形式標目の2種類がある。各件名標目のもとには，参照語（直接参照）と関連標目（連結参照）[10]，NDC分類などが表示される。

〈標目の表現形式〉

　件名標目には，次のような表現形式がある。

　(1)「イギリス」「スポーツ」「美術」「病気」のような常用の単語と，「法制　　史」「環境汚染」「農業協同組合」のように1語として慣用される熟語

　BSHは，学術用語よりも常用語を優先して採録している。

　(2)「借地・借家法」「医学と宗教」「表現の自由」のような複合語

　「借地・借家法」は複数主題を一つに結合した標目の例であり，「医学と宗教」は対立する二つの概念間の関係を表す標目の例である。

　(3)「価値（経済学）」「リアリズム（文学）」のように限定語を伴うもの

　複数の分野で共通に用いられたり，そのままでは明確さを欠く名辞に，意味を限定する語を付している。次の(4)との区別がつけにくい。

　(4)「漁業（沿岸）」「図書館（公共）」「料理（日本）」のような転置形

　「料理（日本）」は，西洋料理，中国料理，日本料理などの関連語を分散させないための措置であるが[11]，素材別料理の場合は「魚料理」「肉料理」「野菜料理」となっており，転置形の採用は限定的である。このほか，「写真撮影（人物）」などもある。

10：参照語は，既述のように件名標目として使用されない語のことで，直接参照は，参照語から件名標目への参照。連結参照はある件名標目から，これに関連する件名標目への参照。なお，これらについては本章2節で詳述する（ただし参照語については，次の**■2**でも触れる）。

```
件名標目：
ザッシ      雑誌  ⑧014.75：050  ⑨014.75：050
              SN：この件名標目は，雑誌に関する著作および総合雑誌にあたえる。
              UF：紀要
              TT：図書館資料  184.  マス  コミュニケーション  224
              BT：逐次刊行物.  マス  コミュニケーション
              NT：コミック誌.  週刊誌.  タウン誌
              RT：ジャーナリズム
              SA：各主題，分野のもとの細目—雑誌をも見よ。（例：映画—雑誌）

参照語：
キヨウ      紀要 → 雑誌

説明つき参照：
ザッシ      《雑誌》
              雑誌および雑誌に関する著作には，次の件名標目をあたえる。
              （1）雑誌一般に関する著作には，雑誌の件名標目をあたえる。
              （2）総合雑誌には，雑誌の件名標目をあたえる。
              （3）特定の分野・主題に関する雑誌，およびそれに関する著作には，その分
              野・主題を表す件名標目のもとに，—雑誌を一般細目としてあたえる。
              （4）雑誌の目録には，雑誌—書誌の件名標目をあたえる。
              （5）図書館の雑誌所蔵目録には，図書目録（図書館）の件名標目をあたえる。
              （6）雑誌記事索引には，雑誌—索引の件名標目をあたえる。

細  目：
ザッシ      ［雑誌］〈一般細目〉
              特定主題に関する雑誌・紀要に対して，その主題を表す件名標目のもとに，
              一般細目として用いる。（例：映画—雑誌）
```

9-1図 『基本件名標目表 第4版』の表示例

⑸ 「医学—法令」「映画—韓国」「日本—経済—歴史」のような細目つき標目「医学」「映画」「日本」などの標目の主たる部分を「主標目」と呼び，「—法令」「—韓国」「—歴史」などダッシュつきの名辞を「細目」と呼ぶ。細目については，本項b **4** と次節3項で詳述する。

〈例示件名標目群と固有名詞件名標目群〉（次ページの9-2表，9-3表）

　BSHには，件名標目を個別に採録せず例示にとどめた「例示件名標目群」と，固有名の採録を省略した「固有名詞件名標目群」がある。これは件名標目の数が膨大になることを防ぎ，表の簡素化をはかるための措置である。

11：カード目録では標目の五十音順に記入が排列されるため，「西洋料理」「中国料理」「日本料理」などの標目は，そのままでは排列位置が分散して検索しづらい。よって，「料理（西洋）」「料理（中国）」「料理（日本）」のように転置形にすることで，「料理」という名辞のもとに関連主題を集中させるのである。

9-2表　例示件名標目群（36分野）

例示件名標目の対象分野	採録されている名辞の例	採録されていない名辞の例
国家間の戦争名	ベトナム戦争	イラン・イラク戦争
歴史的，社会的な事件名	中国文化大革命（1965-75） リクルート事件（1986）	ワーテルローの戦い 二・二六事件
個々の災害名	阪神・淡路大震災（1995）	関東大震災
民族名，各国人を表す総称	アイヌ　ゲルマン民族 トルコ人　日本人　ユダヤ人	アラブ民族　漢民族　アメリカ人 中国人　ヨーロッパ人
各分野の団体の総称	スポーツ団体　農業団体	医学団体　国際交流団体
職業名，学者を表す名称	科学者　ピアニスト　弁護士	
植物または動物分類の門・綱・目の名称	高山植物　しだ植物 脊椎動物　魚類　哺乳類	
個々の植物または動物の種	サボテン　ばら　さくら（桜） さけ（鮭）　くま　わし（鷲）	
家畜，家禽名	いぬ（犬）　うし（牛）　ねこ（猫）	
総称的な疾患名	感染症　循環器疾患　糖尿病	エイズ　中皮腫　認知症
スポーツ名	サッカー　水泳　スキー　登山	
文学・芸術上の流派・主義	印象主義（音楽）	
楽曲の種類	管弦楽　ジャズ　シャンソン	レゲエ
言語名	スペイン語　フランス語	アラビア語　ペルシア語

その他の対象分野　宗教の宗派・教派　租税　元素・化合物　鉱物・岩石　星　人体の器官・部位　医薬品　各種建築　各種の機械・器具　金属　工業製品　船の種類　業種　資格　各種試験　公務員の職種　農作物・農産物　食品名　各国の美術　楽器

9-3表　固有名詞件名標目群（20項目）

固有名詞件名標目の種類	採録されている名辞の例	採録されていない名辞の例
個人名	キェルケゴール　孫文	伊藤博文　ソクラテス　バッハ
個々の団体	農業協同組合　ボーイスカウト	経済団体連合会　日本医師会
個々の国際機関，団体の名称	ヨーロッパ共同体　ユネスコ	国際オリンピック委員会
地名	アジア　ヨーロッパ（東部） ラテン アメリカ　神戸市	東京都　大阪府　横浜市　関西 カリフォルニア州　ロンドン
歴史上の国名	ギリシャ（古代）　ドイツ（西） ソビエト連邦	漢　唐　清　ビルマ
書名	聖書　平家物語　万葉集	源氏物語　史記
法律名	憲法　民法　労働基準法	著作権法　図書館法
条約・協定名	ガット	子どもの権利条約　日米通商条約
個々の議会・地方議会名	アメリカ合衆国議会　国会 神戸市議会	ドイツ議会　大阪府議会

その他の固有名詞　氏族名・家名　個々の政党　個々の会議・展覧会・競技会　日本の旧地方名　聖典　個々の神仏　個々の社寺　個々の遺跡　個々の美術品・文化財　建造物・庭園　道路・鉄道

BSH は，これらに該当するもので必要な件名標目は各館で追加採用するよう促している。しかしこの作業には，表現形式の決定（「日本放送協会」「NHK」のいずれを採用するか）と関連標目の設定（「放送事業」「放送局」「放送番組」などとの関係づけ）が要求され，件名標目の不備・不統一につながりやすいため，注意が必要である。

例示件名標目群については，スポーツ，疾患，楽曲や動植物の種類など実際に採録されているものも多いので，まずは「スポーツ」「病気」「音楽」「植物」「哺乳類」などの上位件名標目を検索して，具体的にどのようなスポーツや音楽，病気などの名辞が表示（採録）されているかを調べるべきである。具体的な名辞は，「スポーツ」や「病気」「音楽」などの上位件名標目の NT という記号（次節 1 項を参照）のところに表示される[12]。

2参照語　参照語とは，211ページの 9-1 図の「雑誌」に対する「紀要」のように，件名標目として採録されなかった名辞（同義語や類語）のことである。音順標目表では，「紀要 → **雑誌**」のように，参照語から件名標目へ案内する「直接参照（を見よ参照）」として表示される。これは，「「紀要」は件名標目として使用せず，「雑誌」を使用せよ」という意味である。加えて件名標目のもとには「**雑誌**　UF：紀要」のように「直接参照あり（を見よ参照あり）」が表示される。UF は Used for のことで，「「雑誌」は「紀要」に対して使用される」といった意味である。件名標目と参照語は必ずしも 1 対 1 の関係でなく，「児童　UF：子ども．小学生．青少年」のように，複数の名辞を一つに統一する場合も多い。

3説明つき参照　「外交」「戯曲」「小説」「書誌」「地域研究」「伝記」「法律」「歴史」など，表中に頻出する一般的主題や出版形式を表す名辞を取り出して，主標目や細目として使用する際の指針を説明したものである。音順標目表に《　》で括って表示され（9-1 図），93の名辞がある。この説明は，後述する件名規程や限定注記（SN）の内容に相当する。

4細目　細目は，主標目だけでは資料の主題を的確に表現できない場合に主標目の範囲を限定するために用いられる。音順標目表では［　］で括って表示

12：NT 以外の記号で，ここ（本項 b）で説明しなかった記号も次節 1 項を参照されたい。なお，次の本項 c でも 9-1 図⑧や⑨の記号について説明がなされる。

され，細目の種類を表す名称と，使用法が説明されている。細目の種類は「一
般細目」「分野ごとの共通細目」「言語細目」「地名のもとの主題細目」「地名細
目」「時代細目」「特殊細目」の7種類があるが，音順標目表で解説されている
のは「一般細目」から「地名のもとの主題細目」までである。

　なお，211ページの9-1図の「**雑誌**」の例でもわかるとおり，同じ名辞が主
標目と細目の両方で使用されることがある。それらの使い分けは，説明つき参
照で確認する。

ｃ．分類記号順標目表

　BSHに採録された件名標目には，NDC新訂8版，新訂9版による分類記号
が示されている（9-1図「**雑誌**」の右側の「⑧014.75；050　⑨014.75；050」）。
それを分類記号順に編成したものが「分類記号順標目表」[13]である（9-4表）。

一つの標目に複数の分類記号が付さ
れている場合（重出という）は，そ
れぞれの分類記号のもとに件名標目
を表示している。また，件名標目の
右側に重出した分類記号を表示して
いる。

　この表には三つの役割がある。第
一は，分類体系順の件名標目表を通
覧することで，最も適切な件名標目
を見つけ出すことができる。第二は，
分類作業に続けて件名作業を行えば，
分類記号から件名標目を探すことが
でき，作業の効率化がはかれる。第
三は，新標目の追加採用の際，分類

9-4表　分類記号順標目表（一部抜粋）[14]

〔070　ジャーナリズム．新聞〕		
070	ジャーナリズム	
	新聞	
	新聞社	
070.12	検閲	023.8；770.9
070.13	言論の自由	316.1；323.01
	報道の自由	
070.16	ジャーナリスト	
	取材	
	新聞記者	
070.163	新聞編集	
	編集	021.4
070.17	新聞印刷	
	報道写真	743.8
070.18	新聞広告	674.6
070.19	通信社	

13：2015年1月にNDC新訂10版が刊行されたことにより，「NDC10による分類記号順標目表」
　　が日本図書館協会のウェブ・サイトで公開されている（2019年10月公表，308p，PDFま
　　たはWordファイル）。

14：日本図書館協会件名標目委員会編．基本件名標目表分類体系順標目表・階層構造標目表．
　　第4版．日本図書館協会．1999．の該当部分を参考に作成．9-7表も同様。なお，BSH
　　には罫線がついていないが，この表では見やすいように罫線を付加した。

体系上の位置を確認して他の標目との関係づけを適切に行える。このように，音順標目表では関連標目が分散して適切な件名標目を見つけにくい，という欠点を補うことができる。

d．階層構造標目表

　各件名標目のもとに表示された連結参照のうちNT（下位標目）をたどって，関連主題の階層構造が通覧できるように編成されている。TT（最上位標目）は248標目あり，そのもとにNTを第6位まで字下げして表示している[15]。この表は，件名付与の際に最も適切な件名標目を選ぶのに役立つと共に，新主題の追加採用の際にも階層上の位置を確認したり，同一分野の類似標目をみることで，適切な表現形式を選ぶのに役立つ。階層構造標目表の実際は，220ページの9-7表を参照のこと。

e．国名標目表

　件名標目または地名細目に用いられる国名を採録し，その形式を定めている（9-5表）。国名は必ずしも正式名称でなく，「イギリス」「韓国」「中国」など

9-5表　国名標目表（一部抜粋）[16]

アメリカ合衆国	←米国
イギリス	←英国．グレートブリテンおよび北部アイルランド連合王国．連合王国
オーストラリア	←豪州
韓国	←大韓民国
ギリシア	
中国	←中華人民共和国．中華民国
朝鮮（北）	←北朝鮮．朝鮮民主主義人民共和国
タイ（国名）	
ドイツ	
フランス	
ベトナム	←ヴェトナム
ロシア	

注：表の左側が国名標目，右側は参照語。

15：NT，TTは，連結参照の文脈で，次節1項で説明する。
16：9-4表と同じく，ここでも見やすいように罫線を加えている。

は慣称を採用している。また現行の国名のみを収録しており，「アジア」「ヨーロッパ」などの地域名や「ギリシア（古代）」「ソビエト連邦」「ドイツ（西）」などの歴史上の国名は，音順標目表のほうに含めている。

9章「1. 『基本件名標目表』の概要と使用法」演習問題

　次の図書の下線部のことばを，9-1図，9-2～9-5表，章末の抜粋表（9-9表），および当節の本文中の例示を参照して，最も適切な件名標目に変換しなさい。

(1)『わたしの大好きな<u>野菜料理</u>』

(2)『<u>新聞記者</u>の仕事』

(3)『<u>心臓病</u>の診かた・聴きかた・話しかた』

(4)『上手な<u>ネコ</u>の飼い方』

(5)『学校に行けない<u>子どもたち</u>』

(6)『<u>俳句歳時記</u>』

(7)『<u>英国議会</u>・政治腐敗防止の軌跡』

(8)『四季<u>日本の料理</u>：夏』

(9)『北京烈烈：<u>文化大革命</u>とは何であったか』

(10)『<u>遠洋漁業</u>：お魚おってどこまでも』

(11)『「<u>移民</u>」という生き方』

(12)『<u>ボウリング</u>上達BOOK：ぐんぐんスコアがのびる』

(13)『新書<u>アメリカ史</u>』

(14)『<u>サハラ砂漠</u>をゆく』

(15)『<u>在日コリアン</u>百年史』

2. 件名標目表の見方，使い方

（1）参照：直接参照（を見よ参照）と連結参照（をも見よ参照）

　211ページの9-1図の件名標目「雑誌」のもとには，「SN」「UF」「TT」「BT」「NT」「RT」「SA」の7種類の記号がある。また，「紀要」という見出し語の右側には「→」がある。各記号の名称は次のとおりである。

　これらの記号はBSHにおける語の統制を具体的に示すもので，「→」以外は第4版になって採用された[17]。このうち「SN」を除く他の記号が，BSHの参

9-6表　BSH の語統制に関わる記号

→	直接参照（を見よ）
SN（Scope Note）	限定注記
UF（Used For）	直接参照あり（を見よ参照あり）
TT（Top Term）	最上位標目
BT（Broader Term）	上位標目
NT（Narrower Term）	下位標目
RT（Related Term）	関連標目
SA（See Also）	参照注記

照（直接参照と連結参照）の表示に用いられる。

　「SN（限定注記）」[18]は，その標目の使い方・適用範囲を述べたものである。
9-1図「**雑誌**」の SN を例に説明すると，『世界の雑誌大研究』（講談社）の
ような雑誌に関する著作，および『論座』（朝日新聞社）のような総合雑誌に
対しては「雑誌」という件名標目を付与せよ，となる。このように，SN では
どんな場合に「雑誌」が主標目になるのかが示されている。一方，「雑誌」を
細目として使用する場合もある。例えば『キネマ旬報』（キネマ旬報社）のよ
うな特定主題の雑誌とそれに関する著作に対しては，「**映画―雑誌**」のように
標目を付与することになる（9-1図「細目［雑誌］」参照）。このような「雑
誌」という件名の主標目と細目の使い分けを示したのが，「説明つき参照」《雑
誌》である（9-1図，前節2項 b **3 4** 参照）。

　「→」と「UF」は，BSH における二つの参照のうち直接参照の表示である。
これらは件名標目に対して参照語があることを示す。9-1図で「紀要」は件
名標目として使用できないため，「紀要 → **雑誌**」と表示することで，件名標
目「**雑誌**」に直接導くことができる。「雑誌」のもとには，参照語「紀要」が
あることを UF で示す。

　「TT（最上位標目）」「BT（上位標目）」「NT（下位標目）」「RT（関連標目）」
「SA（参照注記）」は連結参照の表示である。その件名標目に関連する標目が
あることを示し，それらの関係を階層構造に基づいて表示する。

　「TT」は，その標目が位置する階層の最上位にある標目である。9-1図

17：これらの記号は，元々シソーラスで用いられてきたものである。
18：シソーラスでは，「限定注記」ではなく，通常これの英語をカタカナ読みして「スコープ
　　ノート」と呼ばれる。

「**雑誌**」には「図書館資料」と「マスコミュニケーション」の二つの TT があり，「**雑誌**」という件名標目が二つの異なる階層に属していることがわかる。なお，各 TT の後ろに付されている数字（184と224）は，階層構造標目表における排列順位番号で，階層構造標目表での検索に役立つ。

　「BT」は，同一階層上の直近上位標目，「NT」は直近下位標目である。「**雑誌**」の BT は「逐次刊行物」と「マス コミュニケーション」の二つ，NT は「コミック誌」「週刊誌」「タウン誌」の三つがあることがわかる。

　「RT」は，同一階層上の上位／下位関係ではないが，その標目と関連のある標目である。「**雑誌**」に対して「ジャーナリズム」が RT となっている。なお RT は相互に付与されるため，「ジャーナリズム」からも「**雑誌**」は RT になる。

　「SA（参照注記）」[19]も関連標目の存在を示し，その標目を参照することを促すものである。本来 NT とすべきだが，例示件名や省略件名（固有名のように採録を省略された件名標目）のように該当する件名標目が多数ある場合や，「―雑誌」のように同じ細目を持つ標目が主題・分野ごとにある場合は，すべてを NT に書き出すことは到底できない。よって参照すべき件名標目を SA として包括的に注記し，簡素化を図ったのである。

　9-1図「**雑誌**」の SA では，「**雑誌**」という件名標目の他に，「―雑誌」が付された主題・分野ごとの雑誌（「**映画―雑誌**」など）も参照するよう指示している。また件名標目「条約」に示されている「SA：個々の条約名（例：**日米安全保障条約**）も件名標目となる」などは，省略件名に対する注意を促した例である。

（2）語と語の関係：同義関係，階層関係，関連関係

　ここでは，BSH の参照表示に見られる語と語の関係について解説する。

　「直接参照」，つまり件名標目と参照語の関係（同義語または類語同士の関係）は，同義関係と呼ぶ。本来は「川」と「河川」，「小児麻痺」と「ポリオ」，「IMF」と「国際通貨基金」のように交換可能な語同士の関係を指すが，BSH の場合，211ページの 9-1図の「**雑誌**」と「紀要」の他，「塩」と「食塩」，

19：SA（See Also）は「をも見よ」の意味だが，BSH では連結参照全体を「をも見よ参照」
　　と呼んでおり，SA を「限定注記」と呼んで区別する。

「賃金」と「時間給」，「医療制度」と「医薬分業」[20]など，上位語に案内する場合がある。これは，ごく狭い概念の語は件名標目に採用せず，上位語から検索させるためである。

「連結参照」は，件名標目同士の関係を階層関係（BT/NT）と関連関係（RT）に整理して示したものである。階層関係とは，ある語から見て広い概念の語（上位語：BT），または狭い概念の語（下位語：NT）とその語との関係を指す。また関連関係とは，同義関係でも階層関係でもないが，強い関連がある語（関連語：RT）との関係である。

「階層関係」には一般に，類種関係，全体部分関係，例示関係の3種類がある[21]。類種関係とは，「哺乳類」と「いぬ（犬)」のような生物学上の類と種の関係に代表されるもので，何かの種類であるとみなされる関係も含まれる。階層関係のうち最も基本的な関係である。9-1図の件名標目**「雑誌」**とその BT「逐次刊行物」，NT「週刊誌」は，「雑誌は逐次刊行物の種類である」「週刊誌は雑誌の種類である」といった意味であり，類種関係とみなされる。

全体部分関係とは，「人体」と「骨格」，「アジア」と「中国」，「物理学」と「力学」，「国会」と「衆議院」のような関係である。つまり「骨格は人体の一部である」「中国はアジアの一部である」「力学は物理学の一分野である」「衆議院は国会を構成する組織の一つである」など，身体組織，地理上の位置，学問分野，社会組織における全体と部分の関係をいう。

例示関係とは，「砂漠」と「ゴビ砂漠」，「法令」と「教育基本法」のような普通名詞と固有名詞の関係である。つまり「ゴビ砂漠は砂漠の一つの例示である」「教育基本法は法令の一つの例示である」といった意味になる。しかし BSH では固有名詞は省略件名であり（本節1項のSAの箇所参照），NTには表示されない。よって，必要な固有名詞は，SAに留意して採録することが求められる。

関連関係については，9-1図の例で，**「雑誌」**と「ジャーナリズム」が相互にRTに設定されていると述べた。しかし「放送」と「ジャーナリズム」間に

20：それぞれ，前者が件名標目，後者が参照語である。
21：ISO 2788:1986. 単一言語シソーラスの構成と作成のためのガイドライン. および，JIS X 0901:1991. シソーラスの構成及びその作成方法. を参照。

9-7表 階層構造標目表（一部抜粋）

184〈図書館資料〉	224〈マス コミュニケーション〉
図書館資料	マス コミュニケーション
・郷土資料	・映像メディア
・視聴覚資料	・雑誌
・資料選択法	・・コミック誌
・資料保存	・・週刊誌
・政府刊行物	・・タウン誌
・逐次刊行物	・ジャーナリズム
・・雑誌	・検閲
・・・コミック誌	・言論の自由
・・・・週刊誌	・ジャーナリスト
・・・・タウン誌	・取材
・・新聞	・報道の自由
・・年鑑	・新聞
・地方行政資料	・放送
・点字資料	・・放送事業
・特殊資料	・・・アナウンサー
・図書	・・・衛星放送
・図書館資料収集	・・・音声多重放送

はRTは設定されていない。このようにBSHには，どこまでをRTとするかの明確な基準がなく[22]，結果的にRTが設定された件名標目数も非常に少ない。

なお，基準があいまいなのはRTだけに限らない。実はBT/NTの階層関係も同様である。そのため，本来ならRTとすべき件名標目がNTになっていることがままある。例えば，9-7表のような例である。

件名標目「図書館資料」のNTに設定されている「資料選択法」「資料保存」「図書館資料収集」はいずれも階層関係でないのは明らかである。この場合，「図書館資料」は「資料選択」「資料保存」「資料収集」という行為の対象であり，このような関係は通常，関連関係とみなす。また，「ジャーナリズム」と「ジャーナリスト」，「放送事業」と「アナウンサー」の場合も，BT/NTではなくRTとすべきである。しかしながら，NTにもRTにも設定されないよりは，NTであっても設定されるほうがよいといえる。なぜなら，同じ階層に属する上位語／下位語同士はBT/NTをたどれば見つけ出せるが，階層が異なる関連語同士は，RTがなければ見つけられないからである。

22：前掲注21にあげた ISO 2788や JIS X 0901には一定の基準が示されているが，BSHでは RTを「検索にあたって連想される」関連標目と説明するのみである。

（3）細目の利用

　BSH では，「主標目」だけでは資料の主題が適切に表現できない場合に，主標目に「細目」を付加して表現する。これは，事前結合索引法[23]の具体的しくみと結合順序を定めている。

　細目として用いられる名辞の中には，主標目（主題標目または形式標目）としても用いられるものが少なくない。したがって，混乱しないよう，音順標目表中の説明と使用例（説明つき参照があればそれも）を必ず確認することが大切である。

■1一般細目　　　NDC の形式区分に相当する。次の25種類がある。

エッセイ　学習書　研究法　索引　雑誌　辞典　写真集　条例・規則　抄録　書誌　史料
資料集　随筆　図鑑　伝記　統計書　年鑑　年表　判例　文献探索　便覧　法令　名簿
用語集　歴史

　基本的な使用法と，使用例をいくつか示す。

① 「一般細目」は，どの標目にも付加できる。一般細目の後に他の細目を重ねることはしない。「―歴史」以外の一般細目は，他のすべての細目を付加した後に重ねて使用できる。
　〔例〕『図書館年鑑』　図書館―年鑑
　〔例〕常盤新平『アメリカ雑誌全カタログ』　雑誌―書誌
　〔例〕乾亮一，小野茂『英語慣用句小辞典』　　○　英語―慣用語句―辞典
　　　　（「慣用語句」は言語細目）　　　　　　　×　英語―辞典―慣用語句

② 「―歴史」は，主題を表す細目と地名細目の後に重ねて使用できる。また，「―歴史」の後に，「―歴史」以外の一般細目を重ねて使用できる。
　〔例〕P. デューロ，M. グリーンハルシュ『美術史の辞典』　美術―歴史―辞典

③ 「―史料」「―年表」は，「―歴史―史料」「―歴史―年表」の形で用いる。特定の時代に関するものは，時代細目の後に重ねて用いる。また，「法制史」のもとでは，地名細目の後に重ねて使用できる。

23：6章1節3項や本章1節1項の脚注を参照されたい。

　〔例〕『近代日本総合年表』　日本―歴史―近代―年表

　〔例〕『西洋法制史料選』　法制史―ヨーロッパ―史料

❷分野ごとの共通細目　　指定された分野に属する件名標目のもとで共通に使用することができる。第３版の特殊細目の大半を見直し，整理したもので，16分野74細目が指定されている（9-8表）。いくつか例を示す。

①「音楽共通細目」は，音楽の種類を表す件名標目のもとに用いる。

　〔例〕『モダン・ジャズ名曲＆ベスト・アルバム』　ジャズ―名曲解説

②「芸術・文学共通細目」のうち，「作法」は各文学形式のもとに，「作家」は各国文学のもとに，「評釈」は俳句・和歌・漢詩などのもとに，「評論」は芸術・文学に関する評論に対して，細目として用いる。

　〔例〕斎藤憐ほか『戯曲が書ける：構想から台詞まで』　戯曲―作法

　〔例〕『素顔のアメリカ作家たち：90年代への予感』　アメリカ文学―作家

③「生物・農業・畜産業共通細目」のうち，「育種」は農作物や家畜等を表す

9-8表　分野ごとの共通細目（16分野74細目）

分　　野	細　　　　　目
医学・薬学	検査法　非臨床試験　副作用　臨床試験
映画・演劇	演技　演出　制作
音楽	演奏　楽譜　作曲　編曲　名曲解説
会議	会議録
科学	採集　実験　定数表　標本　捕獲　命名法
芸術・文学	作法　作家　評釈　評論
工業・鉱業	採鉱　積算・仕様　腐食・防食
古典	研究　梗概　植物　諸本・諸版　撰抄　地理　動物　評釈
災害・戦争	戦没者　遭難　被害
作品集成	エッセイ集　歌集　画集　戯曲集　脚本集　句集　詩集　シナリオ集　小説集　随筆集　文集
宗教	儀式　教義　殉教　布教
商品・製品	カタログ
職業・資格	問題集
生物・農業・畜産業	育種　栽培　飼育　習性　知能　病虫害　分布　保護
美術・文化財	鑑定　技法　材料　収集　図案　図集　標本目録　保存・修復　目録
文学形式	戯曲　シナリオ　小説・物語

件名標目のもとに，「栽培」「病虫害」は栽培植物名のもとに，「飼育」「習性」「知能」は動物と個々の動物名のもとに，「分布」「保護」は動植物を表す件名標目のもとに用いる。

〔例〕長井雄次『バラの病気と害虫』 ばら―病虫害

〔例〕山岸哲『日本の希少鳥類を守る』 鳥類―保護

3言語細目　　各言語名のもとで共通に用いる。53細目から抜粋して示す。

アクセント	意味論	音韻	音声	解釈	外来語	会話	慣用語句	近世語	敬語 形容
詞	語彙	口語	構文論	語源	古語	作文	修辞法	熟語	書簡文 前置詞 俗語 単
語	読本	発音	反対語	標準語	文体	文法	方言	名詞	略語 類語

〔例〕日本郵便友の会協会『中・高生のための英文手紙の書き方』 英語―書簡文

4地名のもとの主題細目　　特定の地域に限定された主題のうち，特に地域性の強い主題（下表）は地名を主標目とし，下表の名辞を細目として用いる。

紀行・案内記	教育	行政	経済	工業	国防	産業	商業	人口	政治	対外関係 地
域研究	地図	地理	農業	風俗	貿易					

このうち「国防」「対外関係」は国名のみに使用するが，他は国名・地名を問わない。また「対外関係」「貿易」は相手国により区分できる。

〔例〕リッカ・パッカラ『フィンランドの教育力』 フィンランド―教育

〔例〕谷口将紀『日本の対米貿易交渉』 日本―貿易―アメリカ合衆国

5地名細目　　上記「地名のもとの主題細目」で指定された主題を除くすべての主題において，特定の地域に限定されたものは主題を主標目とし，地名を細目として用いる。ただし，次の「地名の関与する件名標目の形」に注意が必要である。

〈地名の関与する件名標目の形〉

「地名のもとの主題細目」以外の主題のうち，地名が主題名辞の前に形容詞として付され，慣用的に主題名辞と一語で用いられるものは，地名細目を採用せず，そのままの形を標目とする。次の分野に限られる。

哲学　思想　歴史　各国人　民族　言語　文学　美術　絵画　建築　彫刻　舞踊
（例：東洋思想　西洋史　日本人　日本民族　フランス語　アメリカ文学　イタリア美術
　　　中国画　エジプト建築　ギリシア彫刻　インド舞踊　　　など）

〔例〕菊池丘，高橋明也『フランス発見の旅』　フランス―紀行・案内記
　　　（地名のもとの主題細目の例）
〔例〕今谷和徳，井上さつき『フランス音楽史』　音楽―フランス―歴史
　　　（地名細目の例）
〔例〕ロジェ・ズュベール『一七世紀フランス文学入門』　フランス文学―歴史―17世紀
　　　（地名が主題名辞と一語で用いられる例）
〔例〕ジャン・ルースロ『フランス詩の歴史』　詩（フランス）―歴史
　　　（文学形式が特定される場合の例）

❻時代細目　歴史を表す件名標目，および「―歴史」を細目に用いる標目をさらに時代で限定したい場合，その後に時代細目を付加できる。時代区分は主題や地域によって異なるため，時代細目の一覧はない。よって，音順標目表の各主題または地域のもとに示された時代細目を参照して付加する。
〔例〕玉木俊明『近代ヨーロッパの誕生』　西洋史―近代
〔例〕于濤『実録三国志』　中国―歴史―漢時代

❼特殊細目　特定の件名標目のもとでのみ使用する。種類は限られる。
〔例〕経済学―限界効用学派　経済学―ケンブリッジ学派

　❹「地名のもとの主題細目」と❺「地名細目」で見たように，地名に関わる主題標目の表現形式と結合順序は複雑で，これに時代細目や一般細目が加わると，より一層複雑になる。しかし事後結合検索を行うOPACでは，地名を付加する順序によって結果が左右されない。事後結合との違いといえる。

9章「2．件名標目表の見方，使い方」演習問題

　次の図書の下線部の主題に対し，細目を組み合わせて，最も適切な件名標目を付与しなさい。下線部の主題は，ここまでの図表および章末の抜粋表（9-9表）と本文中の例示から探して件名標目に変換しなさい。ただし⑾⒂は，主題内容に応じて2種類の件名標目を付与しなさい（次節2項のa⑷を参照）。

(1)ロイ・カー『ジャズ100年史』
(2)西川喬『わかるスペイン語文法』
(3)乾裕幸『古典俳句鑑賞』
(4)吉田右子『デンマークのにぎやかな公共図書館』
(5)日本プロスポーツ協会『プロスポーツ年鑑』
(6)文化財保存修復学会『文化財の保存と修復』
(7)小林道夫ほか『フランス哲学・思想事典』
(8)小川嗣夫『卒論・修論のための心理学実験：こうすればおもしろい』
(9)川合宜雄『中南米ひとり旅』
(10)小林龍一『映画で学ぶ英語構文120』
(11)安藤勝『英米文学研究文献要覧』
(12)石橋崇雄『大清帝国への道』
(13)真鍋俊二『現代独米関係論』
(14)法政大学大原社会問題研究所『社会・労働運動大年表』
(15)高屋定美『欧州危機の真実：混迷する経済・財政の行方』

３．BSH による件名作業

（1）件名作業の手順

個々の資料に件名標目を付与する作業の手順は，およそ次のとおりである。
①件名標目表の理解（ここでは BSH 第４版とする）
②件名規程の理解（これは本節２項で解説する）
③資料内容の把握（これについては６章１節を参照していただきたい[24]）
④件名標目の決定
①では，件名標目の採録範囲の把握，標目の表現形式の理解，参照の使い方の理解，の３点が求められる。１点目について，BSH では特に例示件名標目群と固有名詞件名標目群の把握が必要となる。これらは本章１節２項b **1**で既述している。
④は，③で把握した資料の内容（主題）を，BSH に採録されている件名標

24：６章１節では，資料内容の把握を「主題分析」と呼んでいる。

目で表現することである[25]。そのためにはまず，把握した主題を表す名辞を音順標目表でひき，BSH に採録されているかどうかを調べる。採録されていればそのまま件名標目として使用する。見つからなければ，その同義語や類語で検索する。同義語や類語が件名標目として採録されていれば，それを件名標目として使用し，併せて元の名辞を参照語とすべきかどうか検討する。参照語とする場合は直接参照を作成する。もし，同義語も類語も件名標目に採録されていないならば，追加採用すべき新主題と考えられる。

（2）件名規程

件名作業にあたって，資料に件名標目を適切に付与するための指針を「件名規程」と呼ぶ。一般件名規程と特殊件名規程とがある。一般件名規程はすべての件名標目に適用される規程であり，特殊件名規程は特定主題の件名標目にのみ適用される規程である。ここでは主なものを取り上げる。

a．原則（一般件名規程）

（1）　個々の資料の主題を適切に表現する件名標目を選び，付与する

これは「特定記入の原則」[26]と呼ばれ，件名作業における最も基本的な原則である。その資料の主題を過不足なく表現する名辞を選ぶことを述べている。例えば『サッカーの社会学』（日本放送出版協会）という本の場合，件名標目は「サッカー」を選ぶべきであり，「球技」や「スポーツ」を選ぶべきでない。

では『Ｊリーグの経済学』（朝日新聞社）の場合はどうか。「サッカー」でなく「Ｊリーグ」を標目にすべきか。「特定記入の原則」は，徹底しすぎると小件名の乱立を招き，検索を妨げるおそれがある。そのため一定の限界を設けて関連主題を分散させない配慮が必要になる（「特定記入の限界」）。「Ｊリーグ」という名辞は BSH に未採録のため，新標目に採用する前に，「プロサッカー」「サッカー――日本」と併せて「Ｊリーグ」が必要かどうか判断すべきである。

〔例〕『週刊誌のすべて』（朝日新聞社）

週刊誌 → ○　　雑誌 → ×　　逐次刊行物 → ×

25：6 章 1 節では，このことを「翻訳」と呼んでいる。

26：BSH では「特殊記入の原則」と呼んでいるが，ここでは本来の意味を考慮して「特定記入の原則」とした。次の段落の「特定記入の限界」も同様である。

〔例〕『写真週刊誌の犯罪』（高文研）

　　　　週刊誌 → ○　　　写真週刊誌 → ×

⑵　主題が明らかな資料，特定の出版形式で編集された資料，多数人の文学
　　作品または芸術作品の集成に対しては，件名標目を付与する

　主題の明らかな資料に件名標目を与えるのは当然だが，主題が明確でなくと
も特定の出版形式で編集された資料，例えば『世界大百科事典』（平凡社）や
『世界年鑑』（共同通信社）のように，主題が多岐にわたる資料で特定の出版形
式を持つ資料は，「百科事典」「年鑑」を件名標目として付与できる。同様に，
「人名辞典」「世界地図」「地名辞典」「名簿」なども，これらの名辞を出版形式
を表す件名標目として付与できる。このような標目を「形式標目」と呼ぶ。一
方，人名辞典や世界地図についての著作であれば，「人名辞典」「世界地図」を
主題標目として付与するわけである。

〔例〕『タイムズ世界地図帳』　世界地図　　　　（形式標目の例）

〔例〕『「世界地図」の誕生』　世界地図—歴史　（主題標目の例）

　また，文学・芸術作品であっても，例えば個人の小説や小説集は著者名やタ
イトルで検索できるが，多数の作家による小説集は，著者名などでは検索は難
しい。その場合，「小説—小説集」という件名標目を付与すればよい。こちら
も，主標目「小説」は主題標目ではなく形式標目であり，「—小説集」は作品
集成共通細目である。作品集成共通細目は，各ジャンルの作品集のみならず，
特定の題材に関わる文学・芸術の作品集にも付与できる（次の⑶を参照）。

〔例〕チャン・トゥイ・マイほか『アジア短編ベスト・セレクション』　小説
　　　—小説集

　　　（ベトナム，タイ，インド，台湾など10か国の作家たちによる短篇小説集）

〔例〕富岡多惠子編『大阪文学名作選』　小説（日本）—小説集

〔例〕一柳廣孝，久米依子『ライトノベル研究序説』　小説（日本）
　　　（主題標目の例）

⑶　主題が明らかな文学・芸術作品に対しては，その主題を表す件名標目を
　　付与できる。この場合，主題を表す主標目のもとに，文学形式共通細目を
　　用いる

　これも⑵に関連している。文学・芸術作品でも主題が明らかなものには件名

標目を付与できる。例えば，イギリス庭園を題材にした写真集には「庭園―イギリス―写真集」を件名標目として付与してよい。また，特定の人物・事件・動植物を題材とする文学作品には文学形式共通細目を適用し，作品集には作品集成共通細目を適用すればよい。

〔例〕司馬遼太郎『竜馬がゆく』　坂本竜馬―小説・物語
〔例〕加藤類子『美人画の四季：松園，恒富，清方から麦僊まで』　美人画―
　　　画集
　(4)　件名標目は，その資料の主題または表現形式の数に応じて，必要な数だ
　　　け付与できる

　その資料が複数の主題を扱っており，一つの件名標目ではその資料の主題を表現できない場合は，2以上の件名標目を与えてよい。

〔例〕加藤幹雄『表象と批評：映画・アニメーション・漫画』　映画 アニメー
　　　ション 漫画
　(5)　必要な場合には，資料全体に対する件名標目と共に，資料の一部分を対
　　　象とする件名標目を付与できる

　これは「件名分出記入」と呼ばれ，次のような資料に対して行う。
①叢書，全集・講座・論文集に含まれる独立した著作で主題が明らかなもの
②列伝（叢伝）[27]中の個々の被伝者の章
③一つの件名標目でその資料の主題のほとんどを表しているが，一部表現できない主題が残されている場合
④資料の部分的主題で，利用者の検索の便宜上必要なもの
　　〔例〕岡村定矩『宇宙はどこまでわかったか？』　宇宙　惑星
　　　　　　内容：宇宙暗黒時代を探る 見えない宇宙の彼方を探る 太陽系外
　　　　　惑星を探る
　(6)　特定の人物，団体，事物，地域，著作などに関する資料に対しては，そ
　　　の固有名を件名標目として付与する

　人名・団体名・地名は，目録規則で規定する形式と一致させる。
〔例〕古賀純一郎『経団連：日本を動かす財界シンクタンク』　経済団体連合会

27：これについては，8章2節2項の脚注を参照されたい。

ｂ．各論（特殊件名規程）

❶歴史的な主題

①特定の地域またはある主題の地域的論述には，その地名または主題を主標目とし，「―歴史」を細目に付加する。ただし「世界史」「西洋史」「東洋史」はこのままの形で表す。

②その内容が一時代に限られているものには，その後に時代細目を用いる。また，さらに必要な場合は，一般細目を重ねて使用できる。

③戦争や歴史上の事件などには，その戦争，事件名を件名標目として用いる。

〔例〕ゴードン・トーマス『北京の長い夜：ドキュメント天安門事件』　天安門事件（１９８９）[28]

❷伝記書，人名辞典

①個人の伝記は，個人名を標目とする。

〔例〕北康利『白洲次郎：占領を背負った男』　白洲次郎

②国籍・職業とも一つに限定されない多数人の伝記は，「伝記」を件名標目とする。

③一国・一地方の多数人の伝記は，「伝記」を主標目とし，地名細目を付す。

〔例〕紀田順一郎『横浜開港時代の人々』　伝記―横浜市

④特定の職業・専門分野に限定された多数人の伝記または人名辞典は，その職業・分野を主標目とし，「―伝記」を細目として用いる。

〔例〕青澤唯夫『名指揮者との対話』　指揮者―伝記

⑤上記②～④に当てはまらない場合は，適切な主標目に「―伝記」を付して表す。

⑥人名辞典は「人名辞典」を主標目とし，必要に応じて地名細目を付す。

〔例〕上田正昭ほか『講談社日本人名大辞典』　人名辞典―日本

❸地誌的な記述，地名辞典

①特定の地域の事情を記述した資料には，その地名を標目とする。これらに「旅行・案内記」「地域研究」「地図」「地理」「風俗」など，「地名のもとの主題細目」から適切なものを選んで付与する。

②地名辞典は「地名辞典」を主標目とし，必要に応じて地名細目を付す。

28：戦争や歴史上の事件などには，年代を付記する。例えば「阪神・淡路大震災（１９９５）」「太平洋戦争（１９４１－１９４５）」

〔例〕三省堂編集所『コンサイス外国地名事典』　地名辞典

　　　（上記は世界地名辞典なので地名細目は不要）

4 社会事情・産業事情

①政治・行政・対外関係・経済・人口・教育・風俗・国防に関する資料で，一国または一地域の事情を記述したものは，国名・地域名を標目とし，「地名のもとの主題細目」から適切なものを選んで付与する。国防，対外関係は国名のみに使用。

②一地域の一般社会事情および文化一般に関するものは，地名のみを標目とする。

〔例〕宇野毅『現代イギリスの社会と文化：ゆとりと思いやりの国』　イギリス

③工業・産業・商業・農業・貿易に関する資料で，一国または一地域の事情を記述したものは，国名または地域名を標目とし，「地名のもとの主題細目」から適切なものを選んで付与する。

④上記①③とも，それらに含まれる個々の小主題に記述が限定されているときはその主題を主標目とし，地名細目を付与する。

〔例〕濱田武士『日本漁業の真実』　漁業―日本

5 法令

①日本の一般法令集は「法令集」を件名標目とする。外国の法令集は，「法令集」に国名を地名細目として付す。

〔例〕我妻栄，宮沢俊義『六法全書』　法令集

②日本の一地方の例規集には，地方名のもとに「―条例・規則」の細目を付す。

③特定の主題に関する法令集には，各主題を表す主標目のもとに，「―法令」の細目を付す。

〔例〕中井博文『介護保険六法』　介護保険―法令

④個々の法令に関する著作は，対象となっている法令名を件名標目とする。

〔例〕浪本勝年，三上昭彦『「改正」教育基本法を考える』　教育基本法

⑤外国の憲法・刑法・商法・民法などは，それらを主標目とし，国名を細目とする。

〔例〕松井茂記『アメリカ憲法入門』　憲法―アメリカ合衆国

⑥各国の一般的な法律事情は，「法律」を主標目とし，国名を地名細目とする。

〔例〕木間正道ほか『現代中国法入門』　法律―中国

6統計書

①一地域または特定主題の統計書は，その地名または主題を主標目とし，「―統計書」を細目に付す。世界統計は「統計―統計書」とする。

　〔例〕『日本統計年鑑』　日本―統計書

　〔例〕『日本の図書館：統計と名簿』　図書館―日本―統計書

7病気に関する資料

①個々の病気に関する記述には，その病名を件名標目として付与する。

②臓器系に関する病気の総合的記述には，臓器名を冠した疾患を表す名称を標目として付与する。

　〔例〕竹本忠良『最新胃腸病のはなし』　消化器疾患

③障害・症状・外傷などは，それぞれを表す名称を付与する。

（3）件名標目表の維持管理

　件名作業には，個々の資料に適切な件名標目を付与する他に，個々の図書館で与えた件名標目を記録し管理する仕事，すなわち，件名の典拠コントロール[29]が必要である。これを適切に行わなければ，同一主題に異なる件名標目が付与されたり，同種の主題の表現形式に不統一が生じるなどして，検索に混乱を招くことになる。したがって，MARC に含まれる件名標目をそのまま使用する場合でも，個々の図書館の所蔵資料に付与された件名標目と，それに伴って作成した参照を記録しておかなければならない。これらの情報を記録したものを「件名典拠ファイル」と呼ぶ。

　かつては，件名典拠ファイルをカード形式で作成したり，件名標目表そのものに情報を書き込むなどして行われていたが，現在は，著者名やタイトルと共に，図書館のコンピュータシステム上で典拠コントロールが行われている[30]。

29：これについては，2章1節2項b**1**の脚注を参照されたい。

30：日本図書館協会目録委員会編．目録の作成と提供に関する調査報告書：2010年調査．日本図書館協会，2012，81p.

9章「3. BSH による件名作業」演習問題

次の図書に，9-1図，9-2〜9-5表，章末の抜粋表（9-9表），および当節の本文中の例示を参照して最も適切な件名標目を付与しなさい。

(1)亀井敏昭ほか『アスベストと中皮腫』

(2)本間信治『江戸東京地名事典』

(3)文部科学省編『文部科学統計要覧』

(4)全国社会保険労務士会連合会『労働基準法の実務相談』

(5)孟蘭子ほか『韓国女流随筆選』

(6)北村一郎『現代ヨーロッパ法の展望』

(7)柳瀬尚紀『広辞苑を読む』

(8)埼玉県教育委員会『埼玉人物事典』

(9)メディア・リサーチ・センター『雑誌新聞総かたろぐ』

(10)坂本満津夫『私小説の「嘘」をよむ』

(11)稲越功一ほか『写真集・新シルクロード』

(12)寺野典子『15歳の選択：僕らはこうしてJリーガーになった』

(13)猿谷要，我妻洋『カリフォルニア・リポート：その無限の可能性をさぐる』

(14)『ドイツ現代戯曲選』※全30冊

(15)渡辺房男『日本銀行を創った男：小説・松方正義』

9章「件名作業の概要」演習問題[31]

次の図書に，ここまでの図表および章末の抜粋表（9-9表），本章の本文中の例示を参照して，最も適切な件名標目を付与しなさい。

(1)河上繁樹，藤井健三『織りと染めの歴史 日本編』（昭和堂）　四季折々の暮らしが織りなす染織という和様美の世界。正倉院の染織，小袖の美と技法，近代の染織など，日本の染織の歴史をたどりながら，係わりの深い東洋の染織について考察する。

(2)杉本徹雄編『新・消費者理解のための心理学』（福村出版）　モノやサービスを消費するとき，人は何に刺激を受け，どのように行動し，何を感じるのか。消費者行動を心理学から読み解く方法を，最新の研究成果を取り入れて解説する。

(3)三浦隆『政治と文学の接点：漱石・蘆花・竜之介などの生き方』（教育出版センター）　1．政治と文学の接点　2．亀井勝一郎の傷痕　3．漱石・蘆花と忠孝道徳　4．大逆事件と石川啄木　5．芥川竜之介の思想　6．芥川竜之介とキリスト教　など8編。

(4)中島マリン『タイのしきたり』（めこん）　仏教から，日常生活や宗教行事における

31：各演習問題の解説は TRC MARC より引用した。

マナー，出家，結婚，病気，年間行事まで，観光地・移住地として人気のあるタイの「しきたり」を，写真やイラストと共に紹介する。

(5)国際比較環境法センター監修『廃棄物・リサイクル六法 平成25年版』（中央法規出版）廃棄物処理制度のすべてをカバーする実務六法の決定版。廃棄物・リサイクル関連業務に必要な法令・通知・ガイドラインを網羅し，最新の法改正に対応。

(6)松岡完『ケネディと冷戦：ベトナム戦争とアメリカ外交』（彩流社）　ベトナム戦争と冷戦をめぐるケネディの認識と行動，そしてアメリカ外交政策の特徴を1963年代に焦点を当てて振り返る。

(7)江口絵理『ボノボ：地球上で，一番ヒトに近いサル』（そうえん社）　チンパンジーとならんで，人間の最も近くにいるといわれる類人猿・ボノボ。その高い知的能力と平和をこのむ社会とをつぶさに見つめたノンフィクション。

(8)村瀬憲夫『万葉びとのまなざし：万葉歌に景観をよむ』（塙書房）　春夏秋冬，花，鳥，雪，霧，富士山，筑波山，和歌の浦。自然や風景に接して反応し感応した万葉びとの心のありようを，万葉歌に歌われた表現・風景を通して読み解く。

(9)野内良三『レトリックのすすめ』（大修館書店）　清少納言から村上春樹まで，古今の名文に見られるレトリックの使われ方を解明。作者の脈動がいかに読者に共振して伝わるか，その不思議に迫る。文例の採択基準は「忘れてほしくない日本語」「懐かしい日本語」に重点を置く。

(10)インデックス・オン・センサーシップ編，田島泰彦監修『表現の自由と検閲を知るための事典』（明石書店）　自由な表現を巡る現状について知っておくべきこと，これまで隠されてきたことを伝える。政府による公式な検閲のほか，非公式な言論弾圧も取り上げる。

9-9表　『基本件名標目表 第4版』抜粋表

アメリカガッ	アメリカ合衆国* ⑨295.3 UF：アメリカ合衆国 —社会．アメリカ合 衆国—文化．米国	—ケイザイ	アメリカ合衆国—経済* ⑨332.53 UF：アメリカ経済 NT：アメリカ合衆国 —産業．アメリカ合 衆国—商業
—キコウ	アメリカ合衆国—紀行・案内記* ⑨295.309 UF：アメリカ合衆国 —案内記	—コクボウ	アメリカ合衆国—国防* ⑨392.53
—キョウイ	アメリカ合衆国—教育* ⑨372.53	—ザイセイ	アメリカ合衆国—財政　→ 財政—アメリカ合衆国
—ギョウセ	アメリカ合衆国—行政　⑨317.953	—サンギョ	アメリカ合衆国—産業* ⑨602.53

―セイジ　**アメリカ合衆国―政治**　⑨
312.53
　　　　　NT：ホワイトハウス
　　　　　（米国大統領府）

―タイガイ　**アメリカ合衆国―対外関
係**＊　⑨319.53
　　　　　SN：この件名標目は，
　　　　　アメリカ合衆国の対
　　　　　外関係一般（外交，
　　　　　その他）に関する著
　　　　　作にあたえる。
　　　　　SN：特定の相手国と
　　　　　の関係は，アメリカ
　　　　　合衆国―対外関係―
　　　　　○○で表す。
　　　　　UF：アメリカ合衆国
　　　　　―外交

―トウケイ　**アメリカ合衆国―統計書**
⑨355.3

―ネンカン　**アメリカ合衆国―年鑑**＊
⑨059.53

―フウゾク　**アメリカ合衆国―風俗**＊
⑨382.53

―ボウエキ　**アメリカ合衆国―貿易**＊
⑨678.253
　　　　　SN：この件名標目は，
　　　　　アメリカ合衆国の貿
　　　　　易事情一般に関する
　　　　　著作にあたえる。
　　　　　SN：特定の一国との
　　　　　貿易事情は，アメリ
　　　　　カ合衆国―貿易―○
　　　　　○で表す。

―レキシ　**アメリカ合衆国―歴史**＊
⑨253
　　　　　UF：アメリカ史
　　　　　NT：キューバ危機
　　　　　（1962）．南北戦争
　　　　　（1861-65）

アメリカガッ　**アメリカ合衆国議会**＊　⑨
314.53
　　　　　UF：アメリカ合衆国

TT：アメリカ合衆国
―経済 4
BT：アメリカ合衆国
―経済

　　　　　―議会
　　　　　TT：政治 141
　　　　　BT：議会

アメリカシ　**アメリカ史　→アメリカ合
衆国―歴史**

アメリカブン　**アメリカ文学**＊　⑨930.29
　　　　　UF：英米文学
　　　　　TT：文学 216
　　　　　BT：文学
　　　　　NT：戯曲（アメリカ）．
　　　　　黒人文学．詩（アメ
　　　　　リカ）．小説（アメ
　　　　　リカ）
　　　　　RT：英文学

―レキシ　**アメリカ文学―歴史**＊　⑨
930.29

イミン　**移民・植民**＊　⑨334.4；
334.5；611.91
　　　　　SN：各国に在留する
　　　　　外国人に関する著作
　　　　　には，○○人（××
　　　　　在留）を件名標目と
　　　　　する。（例：**日本人
　　　　　（外国在留）．日本人
　　　　　（ブラジル在留）**）
　　　　　UF：移植民．植民
　　　　　TT：社会問題 111.
　　　　　人文地理 132
　　　　　BT：人口問題
　　　　　NT：インド人（タイ
　　　　　在留）．外国人（ド
　　　　　イツ在留）．植民政
　　　　　策．植民地．中国人
　　　　　（外国在留）．中国人
　　　　　（朝鮮在留）．日本人
　　　　　（アフリカ在留）．日
　　　　　本人（外国在留）．
　　　　　日本人（カリフォル
　　　　　ニア在留）．日本人
　　　　　（カンボジア在留）．
　　　　　日本人（台湾在留）．
　　　　　日本人（南洋在留）．
　　　　　日本人（ブラジル在
　　　　　留）．プエルトリコ
　　　　　人（アメリカ合衆国
　　　　　在留）

ガイコクジン　**外国人（日本在留）**＊　⑨

329.21；329.9；334.41
SN：この件名標目は，国籍を限定しない日本在留の外国人一般に関する著作にあたえる。
SN：日本在留の各国外国人は，○○人（日本在留）を件名標目とする。
NT：外国人労働者（日本在留）．韓国人（日本在留）．中国人（日本在留）．朝鮮人（日本在留）．ブラジル人（日本在留）

カチク　家畜*　⑨645
TT：畜産業 158
BT：畜産業
NT：いぬ（犬）．うし（牛）．うま（馬）．家畜―飼育．ねこ（猫）．ひつじ（羊）．ぶた（豚）．やぎ
SA：その他個々の家畜名も件名標目となる。

―シイク　家畜―飼育*　⑨643；644
UF：家畜飼養
TT：畜産業 158
BT：家畜

キヨウ　紀要　→雑誌

サッカー　サッカー*　⑨783.47
UF：蹴球．フットボール
TT：スポーツ 139
BT：球技

ザッシ　《雑誌》
雑誌および雑誌に関する著作には，次の件名標目をあたえる。
（1）雑誌一般に関する著作には，**雑誌**の件名標目をあたえる。
（2）総合雑誌には，**雑誌**の件名標目をあたえる。
（3）特定の分野・主題に関する雑誌，およびそれに関する著作には，その分野・主題を表す件名標目のもとに，**―雑誌**を一般細目としてあたえる。
（4）雑誌の目録には，**雑誌―書誌**の件名標目をあたえる。
（5）図書館の雑誌所蔵目録には，**図書目録（図書館）**の件名標目をあたえる。
（6）雑誌記事索引には，**雑誌―索引**の件名標目をあたえる。

ザッシ　[雑誌]〈一般細目〉
特定主題に関する雑誌・紀要に対して，その主題を表す件名標目のもとに，一般細目として用いる。（例：**映画―雑誌**）

ザッシ　雑誌*　⑨014.75；050
SN：この件名標目は，雑誌に関する著作および総合雑誌にあたえる。
UF：紀要
TT：図書館資料 184．マス　コミュニケーション 224
BT：逐次刊行物．マス　コミュニケーション
NT：コミック誌．週刊誌．タウン誌
RT：ジャーナリズム
SA：各主題，分野のもとの細目**―雑誌**をも見よ。（例：**映画―雑誌**）

―サクイン　雑誌―索引*　⑨027.5
SN：この件名標目は，一般の雑誌記事索引にあたえる。
UF：記事索引．雑誌記事索引

　　　　　SA：各主題．分野の
　　　　　もとの細目—**書誌を**
　　　　　も見よ．（例：**化学**
　　　　　—書誌）

ザッシキジサ　雑誌記事索引→**雑誌—索引**

サバク　　　**砂漠**＊　⑨454.64
　　　　　TT：地理学 165
　　　　　BT：環境（地理学）
　　　　　SA：個々の砂漠名
　　　　　（例：**ゴビ砂漠**）も
　　　　　件名標目となる。

ジドウ　　　**児童**＊　⑨371.45；376.2；
384.5
　　　　　UF：子ども．小学生．
　　　　　青少年
　　　　　NT：虚弱児．言語障
　　　　　害児．混血児．児童
　　　　　心理学．児童福祉．
　　　　　児童文化．少年．青
　　　　　少年問題．精神遅延
　　　　　児．問題児
　　　　　RT：幼児

ジュンカンキ　**循環器**＊　⑨491.12
　　　　　TT：人体 131
　　　　　BT：人体
　　　　　NT：血圧．血液循環．
　　　　　血管．心臓．脈拍

ジュンカンキ　**循環器疾患**　⑨493.2
　　　　　UF：循環器病
　　　　　TT：病気 207
　　　　　BT：病気
　　　　　NT：血栓症．高血圧．
　　　　　静脈瘤．心臓病．低
　　　　　血圧．動脈硬化症．
　　　　　脳血管障害．不整脈

ショウヒシャ　**消費者**＊　⑨331.87；365；
675.2
　　　　　TT：経営管理 58．経
　　　　　済学 60．社会問題
　　　　　111．商業 118．生
　　　　　活 140
　　　　　BT：生活問題．マー
　　　　　ケティング
　　　　　NT：消費者教育

ショウヒシャ　**消費者教育**　⑨365
　　　　　TT：教育 47．経営管

　　　　　理 58．経済学 60．
　　　　　社会問題 111．商業
　　　　　118．生活 140
　　　　　BT：教育．消費者

シルクロード　**シルクロード**＊　⑨222.8；
292.28
　　　　　TT：中国—歴史 161．
　　　　　美術 205
　　　　　BT：中国—歴史．東
　　　　　洋美術—歴史

シンゾウビョ　**心臓病**　⑨493.23；494.643
　　　　　UF：心臓—疾患
　　　　　TT：病気 207
　　　　　BT：循環器疾患
　　　　　NT：狭心症．心筋炎．
　　　　　心筋梗塞．心筋症．
　　　　　心不全

シンリガク　**心理学**＊　⑨140
　　　　　NT：意志．意識．異
　　　　　常心理学．応用心理
　　　　　学．音楽心理学．音
　　　　　響心理学．学習心理
　　　　　学．感覚．環境（心
　　　　　理学）．感情．記憶．
　　　　　教育心理学．癖．芸
　　　　　術心理学．ゲシュタ
　　　　　ルト心理学．言語心
　　　　　理学．行動．行動心
　　　　　理学．思考．宗教心
　　　　　理学．条件反射．女
　　　　　性心理．人格．心理
　　　　　学—実験．スポーツ
　　　　　心理学．性格．政治
　　　　　心理学．精神検査．
　　　　　精神分析．生理学的
　　　　　心理学．知能．認知
　　　　　（心理学）．発達心理
　　　　　学．比較心理学．法
　　　　　心理学．本能．民族
　　　　　心理学．臨床心理学

センショク　**染色**＊　⑨587；593.7；
753.8
　　　　　UF：染物
　　　　　TT：工芸 83．繊維工
　　　　　業 151
　　　　　BT：繊維工業．染織
　　　　　工芸

NT：更紗．色彩．絞
染．染色—図案．染
料．捺染．漂白．友
禅染

センショクコ　**染織工芸**＊　⑨*753*
UF：織物工芸
TT：工芸 83
BT：工芸
NT：織物．刺繍．染
色．染織工芸—図案．
ひも．袋物

ハイカイ　**俳諧**＊　⑨*911.3*
UF：俳文学
TT：日本文学 193
BT：詩歌
NT：雑俳．俳画．俳
句．俳人．俳文．俳論

ハイカイサイ　俳諧歳時記　**→歳時記**

ハイガン　**肺癌**　⑨*493.385*
TT：病気 207
BT：癌．肺疾患

ハイキブツシ　**廃棄物処理**＊　⑨*518.52*：
519.7：*571.9*
TT：環境衛生 39．環
境問題 40．公害 78．
都市計画 182
BT：環境保全．公害．
清掃事業

ハイク　**俳句**＊　⑨*911.3*
UF：発句
TT：日本文学 193
BT：俳諧
NT：俳句—句集．俳
句—作法．俳句—評
釈．連句

—クシュウ　**俳句—句集**＊　⑨*911.308*
TT：日本文学 193
BT：俳句
SA：個々の句集（例：
猿蓑）も件名標目と
なる。

—サクホウ　**俳句—作法**＊　⑨*911.307*
UF：句作．作句法
TT：日本文学 193
BT：俳句
NT：季語．切字．歳

時記

—ヒョウシ　**俳句—評釈**＊　⑨*911.304*
TT：日本文学 193
BT：俳句

ハイシッカン　**肺疾患**　⑨*493.38*：*494.645*
UF：肺—疾患
TT：病気 207
BT：呼吸器疾患
NT：肺炎．肺癌

ハイジンショ　**肺じん症**　⑨*498.87*
UF：じん肺
TT：医学 7．衛生 15．
病気 207．労働科学
243．労務管理 246
BT：職業病

ブンガク　**文学**＊　⑨*900*：*901*
UF：文芸
NT：アイヌ文学．ア
フリカ文学．アメリ
カ文学．アラビア文
学．イタリア文学．
インドネシア文学．
インド文学．英文学．
エッセイ．カナダ文
学．戯曲．ギリシア
文学．記録文学．ケ
ルト文学．口承文芸．
滑稽文学．作家．詩．
自然（文学上）．児
童（文学上）．児童
文学．宗教と文学．
宗教文学．小説．植
物（文学上）．女性
（文学上）．スイス文
学．スペイン文学．
性（文学上）．中国
文学．朝鮮文学．デ
ンマーク文学．ドイ
ツ文学．動物（文学
上）．農民文学．バ
ロック文学．比較文
学．ビルマ文学．諷
刺文学．フランス文
学．文学—評論．文
学—歴史．文学賞．
文学と社会．文学と
政治．ヘブライ文学．

北欧文学. 翻訳文学. ユダヤ文学. ユーモア. ラテン アメリカ文学. ラテン文学. 恋愛（文学上）. ロシア・ソビエト文学
SA：その他各国文学も件名標目となる。

―ヒョウロン **文学―評論*** ⑨901.4：904
UF：文学評論. 文芸批評
TT：文学 216
BT：文学
SA：各国文学のもとの細目**―評論**（例：**日本文学―評論**）をも見よ。

―レキシ **文学―歴史*** ⑨902
UF：文学史
TT：文学 216
BT：文学
NT：印象主義（文学）. 古典主義（文学）. 自然主義（文学）. 象徴主義（文学）. 文学地理. 唯美主義（文学）. リアリズム（文学）. ロマン主義（文学）
SA：各国文学のもとの細目**―歴史**（例：**日本文学―歴史**）をも見よ。
SA：その他個々の文学上の流派・主義名も件名標目となる。

ブンガクトシ **文学と社会** ⑨900
TT：文学 216
BT：文学

ブンガクトセ **文学と政治*** ⑨310：900
UF：政治と文学
TT：憲法 77. 文学 216
BT：国家と個人. 文学

ブンカザイ **文化財*** ⑨709
UF：重要文化財
NT：国宝. 美術品

ブンカダンタ **文化団体*** ⑨063
TT：団体 156
BT：団体
NT：演劇団体. 音楽団体. 美術団体
SA：その他各分野の文化団体も件名標目となる。

ボーリング **ボーリング（スポーツ）*** ⑨783.9
TT：スポーツ 139
BT：球技

ボーリング **ボーリング（土木工学）** ⑨511.27：561.39
TT：土木工学 186
BT：地盤調査

マグロ **まぐろ** ⑨487.763：664.63
TT：水産業 136. 動物 177. 物産 211
BT：魚類

マーケティン **マーケティング** ⑨675
UF：市場開発
TT：経営管理 58. 経済学 60. 商業 118
BT：業務管理. 市場論. 商業経営
NT：消費者. マーケティング リサーチ

マーケティン **マーケティング リサーチ** ⑨675.2
UF：市場調査
TT：経営管理 58. 経済学 60. 商業 118
BT：マーケティング
RT：需要予測

マンヨウシュ **万葉集*** ⑨911.12
UF：万葉集〔マンニョウシュウ〕
TT：日本文学 193
BT：和歌
NT：防人歌. 万葉集―作家. 万葉集―植物. 万葉集―撰抄. 万葉集―地理. 万葉集―動物. 万葉集―

	評釈		―ショクブ	**万葉集―植物*** ⑨*911.125*
―サクイン	**万葉集―索引*** ⑨*911.121*			UF：万葉植物
―サッカ	**万葉集―作家*** ⑨*911.122*			TT：日本文学 193
	TT：日本文学 193			BT：万葉集
	BT：万葉集		―ショシ	**万葉集―書誌*** ⑨*911.121*
―ジテン	**万葉集―辞典*** ⑨*911.123*			

（日本図書館協会件名標目委員会編. 基本件名標目表. 第 4 版, 1999. より抜粋して作成した。ただし，一部に省略を加えている）

Ⅲ部

応用編

10章 | ネットワーク情報資源のメタデータ

1．メタデータとその役割[1]

（1）メタデータとウェブ

a．メタデータとは何か

「メタデータ（metadata）」とは，データの意味を記録し，そのデータの意味を代わりに表す"データ"のことである[2]。例えば，新聞や雑誌の記事には，その内容を端的にまとめた"見出し"がつけられる場合が多いが，これはメタデータの一例である。また，スマートフォンやデジタルカメラで撮影した写真には，撮影日時や撮影場所の情報が自動で記録されることも少なくないが，これらの情報もメタデータである。そのほか，図書館にとってなじみの深い存在である「書誌データ（bibliographic data）」もメタデータの一種とされることも多い。

b．ウェブにおけるメタデータの活用

メタデータは，インターネットにおける「ワールド・ワイド・ウェブ（World Wide Web）」，略して「ウェブ（Web）」と称される"仕組み"の上で公開される情報を，探しやすくする手段として活用されている。一例をあげると，「Google」などの「検索エンジン（search engine）」には，画像検索と呼ばれる機能が備わっている。利用者は"金閣寺"や"秋田犬"などの語を入力することで，それらの画像を一覧できる検索結果を，十分な精度で得ることができ

1：本節の内容は，本シリーズ第9巻『三訂 情報資源組織論』の3章において，詳しく説明されている。そちらも参照されたい。

2：言い換えれば，メタデータとはデータについての"データ"のことであり，そのデータについての概要がわかるようにしたものと考えることもできる。

る。この精度を実現する一助となっているものが，それぞれの画像の内容を端的に説明すべく付与された"見出し"，すなわちメタデータである。例えば"金閣寺"の画像については，ウェブ上に掲載する際に，その画像に"金閣寺"という文字列（テキスト）がメタデータとして結びつけられる場合がある。このような場合，検索エンジンは，その画像が"金閣寺"のものであることを，メタデータを通じて正しく理解できるようになり，結果として検索結果の精度が高まることになる[3]。

（2）ネットワーク情報資源のメタデータ

a．相互運用性

　近年の図書館では，長年にわたり蓄積してきた書誌データやメタデータを図書館外のデータベースなどと積極的に連携させ，活用しようという動きが台頭している。例えば，大学図書館において導入が進む「ウェブスケール・ディスカバリ・サービス（webscale discovery service）」では[4]，ウェブ上にある世界中のさまざまなデータベースのメタデータを収集し，自館の蔵書に関する書誌データと統合しての検索が可能となっている。同様に「国立国会図書館サーチ（National Diet Library search：NDL search）」[5]や「ジャパンサーチ（Japan Search）」[6]は，日本国内のさまざまなデータベースのメタデータを収集し，国立国会図書館が所蔵する資料のメタデータと統合して検索できるようになっているが，これらもそういった事例の一つである[7]。

　このように複数のデータベース・システム間において，適切な情報交換（やり取り）を行うことで，それらを一体的に運用できる性質を指して「相互運用

3：ウェブ上で提供される「Twitter」や「Facebook」「Instagram」といった「ソーシャル・ネットワーキング・サービス（social networking service：SNS）」では，投稿内容を端的に表現する目的で，しばしば「ハッシュタグ（hashtag）」が付与されるが，これもメタデータの一種である。

4：「ウェブスケール・ディスカバリ」ともいう。

5：日本国内の図書館等が提供する資料等のメタデータを統合的に検索できるシステム。

6：日本国内のさまざまな「デジタル・アーカイブ」（資料をデジタル化して管理，公開するシステム）のメタデータを統合的に検索できるシステム。

7：日本国内という限定した枠組み（グループ）のデータで運用されることから，これらを「グループスケール・ディスカバリ・サービス」という。

性（interoperability）」という。

b．メタデータ標準

　メタデータの"書き方"（記述要件）やデータ項目（要素）の名称，それが指し示す内容などの"取り決め"を「メタデータ・スキーマ（metadata schema）」という。相互運用性を担保するためには，これをある程度標準化する必要がある。その理由は以下のようなものである。

　例えばA，B，Cの三つのシステム，すなわち機械間でメタデータのやり取りを行う際に，Aでは図書の"タイトル"と表現されるデータ項目が，Bでは"書名"，Cでは"図書名"などとされていた場合を考えてみよう。想像力を持たない機械にとって，"タイトル"と"書名"，そして"図書名"が同一の要素であると認識することは簡単ではない。ゆえに，そのままでは三者のデータを統合して扱うことは困難となる。だが，メタデータ・スキーマが標準化されており，A，B，C共に同一のスキーマを採用していれば，これらは同一のデータ項目となるのでそのような問題は生じえない。このような考え方を背景に，さまざまな分野や業界，国家等において標準化されたメタデータ・スキーマを「メタデータ標準（metadata standard）」という。

c．ダブリン・コア

　代表的なメタデータ標準の一つに「ダブリン・コア（Dublin Core：DC）」がある。DCは，「ダブリン・コア・メタデータ基本記述要素集合（Dublin Core Metadata Element Set：DCMES）」[8]を中核とするメタデータ・スキーマの通称であり，図書館をはじめとする多くの分野で活用されている。DCMESは，2003年に「国際標準化機構（International Organization for Standardization：ISO[9]）」が定める標準（標準番号：ISO15836）となったほか，2005年には「日本産業規格（Japanese Industrial Standards：JIS）」が定める規格（規格番号：X 0836）となった。

　DCMESでは，さまざまなメタデータにおいて，"コア（core）"，すなわち

8：英語には「基本記述」に該当する語がないが，日本語では「基本記述」を入れることになっている。"Simple Dublin Core：SDC"とも呼ぶ。

9：もともと"International Standard Organization"であり，このときにISOとされていたので，現在でもISOと略されている。

核として共通に利用できる要素として，「タイトル（title）」や「公開者（publisher）」「言語（language）」など，10-1表にある15種類が示されている。

10-1表　DCMESの15の基本記述要素（JIS X 0836による）

基本記述要素名	表示名	定義
title	タイトル	情報資源に与えられた名称
creator	作成者	情報資源の内容の作成に主たる責任をもつ実体
subject	キーワード	情報資源の内容のトピック
description	内容記述	情報資源の内容の説明・記述
publisher	公開者	情報資源を公開することに対して責任をもつ実体
contributor	寄与者	情報資源の内容に何らかの寄与，貢献をした実体
date	日付	情報資源のライフサイクルにおけるなんらかの事象の日付
type	資源タイプ	情報資源の内容の性質又はジャンル
format	記録形式	情報資源の物理的形態又はディジタル形態での表現形式
identifier	資源識別子	当該情報資源を一意に特定するための識別子
source	出処	当該情報資源が作り出される源になった情報資源への参照
language	言語	当該情報資源の知的内容を表す言語
relation	関係	関連情報資源への参照
coverage	時空間範囲	情報資源の内容が表す範囲又は領域
rights	権利管理	情報資源に含まれる，又はかかわる権利に関する情報

　DCMESでは，要素の不使用や同一要素の繰り返しが認められるなど，自由度が高く設定されており，さまざまな分野のデータベースやシステムに適応できるようになっている。しかし，精緻なメタデータを作成するという用途では，要素が15種類しかないということもあり，十分なものとはいいがたい。それゆえ，DCの維持管理団体である「ダブリン・コア・メタデータ・イニシアチブ（Dublin Core Metadata Initiative：DCMI）」は，2008年にDCMESを拡張した70種類の要素からなる「DCMIメタデータ語彙（DCMI Metadata Terms）」を公開し[10]，現在ではDCMESに代わるものとして，その利用を推奨している[11]。なおDCMIメタデータ語彙は，2020年に国際標準ISO15836-2となった。

10：“Qualified Dublin Core：QDC”とも呼ぶ。
11：DCMIメタデータ語彙の70種類の要素には，DCMESの15種類の要素が内包されている。

d．XML と RDF

標準化されたメタデータの相互運用性を確固とするためには，機械可読な形式でそれを表現する必要がある。「拡張マークアップ言語（eXtensible Markup Language：XML）」は，そのための手段として広く受け入れられた表記方法であり，昨今では「資源記述の枠組み（Resource Description Framework：RDF）」と呼ばれる"文法"と組み合わせて利用されることが多い。これらを適切に用いると，例えば，ある画像について，"○○を作成者とする"というような高度な意味づけが可能となる[12]。これらの技法は，検索エンジンなど，機械における検索能力を向上させることから，一層の普及が期待されている。

2．メタデータ作成の実際

（1）"オープン"な学術情報と機関リポジトリ

昨今，ウェブの世界においては"オープン（open）"という概念が存在感を増している。この概念は，情報を誰もが利用できるように無償で"公開"するという意味合いを持つ。

"オープン"を是とする考え方は，図書館においても身近なものとなっており，近年は誰もが無償でアクセスできる形で学術情報を公開する「オープン・アクセス（Open Access：OA）」という手法に関心が集まっている。OA にはさまざまな長所が指摘されるが，図書館においては OA として公開される学術雑誌や論文が増加することで，学術雑誌などの購読費用を抑制できることが長所となる。また著者にとっては研究成果を特定の学術雑誌の購読者に限ることなく，広く社会に還元することができることが長所となる[13]。

12：機械に意味がわかるように，メタデータを含む形で構築されたウェブ・ページ上のコンテンツを「構造化データ」という。また「構造化データ」が有機的に結びつき，機械に意味がわかる形で組織されたウェブを「セマンティック・ウェブ（semantic Web）」という。

13：近年では論文を執筆する際に利用した研究データなどについても，不正防止や透明化を目的として，OA 化する動きがある。このような研究データをも含めて OA 化を目指す"サイエンス"を「オープン・サイエンス（open science）」という。

　なお OA においては，大学などの学術機関が運営し，そこに所属する研究者や教員が生産した学術情報の登録，公開を行う「機関リポジトリ（Institutional Repository：IR)」と呼ばれるシステムが多大な役割を担うようになっている。IR の運用や管理は一般的に図書館が行うことが多く，そこに収集された学術情報に対するメタデータの付与も，図書館の業務とされることが多い。

（2）IRDB と JPCOAR スキーマ

a．IRDB

　「国立情報学研究所（National Institute of Informatics：NII)」によれば，日本国内には，2020年3月の時点で構築中のものも含め，853の IR が存在する[14]。このうち，734の IR に登録された学術情報のメタデータは，NII が運営する「学術機関リポジトリデータベース（Institutional Repositories DataBase：IRDB)」によって，「ハーベスト（harvest)」あるいは「ハーベスティング（harvesting)」と呼ばれる収集作業を介して集約され，IRDB において統合的な検索が行えるようになっている[15]。

　IR のメタデータの構成は，運営する各学術機関に任されている。このため IR によって，利用されている要素や語彙（要素名）には，ばらつきが見られる。それゆえ，IRDB によるハーベストの際には，メタデータ標準を利用して，一定の標準化を行った上で出力，提供することが，相互運用性を保つために必要となる。

b．JPCOAR スキーマ

　IRDB において，メタデータ標準とされているものの一つに「JPCOAR スキーマ（JPCOAR Schema)」がある。JPCOAR スキーマは，NII および大学図書館を主体とする「オープンアクセスリポジトリ推進協会（JaPan

---

14：“機関リポジトリ公開数とコンテンツ数の推移”．学術機関リポジトリ構築連携支援事業．2020-04-02. https://www.nii.ac.jp/irp/archive/statistic/, （参照 2021-02-26).

15：これらのメタデータは，IRDB から NII が運営する「CiNii Articles」という雑誌記事索引やウェブスケール・ディスカバリ・サービスにも提供されている。なお，雑誌記事索引については11章1節1項などを参照されたい。

Consortium for Open Access Repositories：JPCOAR)」によって策定された
メタデータ・スキーマである。

1アプリケーション・プロファイル　　JPCOAR スキーマの要素は，既存の
メタデータ標準で定義されている要素が流用できる場合にはそれを流用し，そ
れ以外を独自要素として定義する形で構成されている。その上で，これらの要
素を記述するための方法などについては，「アプリケーション・プロファイル
(application profile)」と呼ばれる規則[16]によって，別途定義する形をとっている。

　メタデータ・スキーマの設計に際して，要素とアプリケーション・プロファ
イルを分けて定義するという手法には，独自要素の乱立を防ぐことで，既存の
メタデータとの相互運用性を担保できるという長所がある。

　なおこのような手法で構築されたメタデータ・スキーマの場合，要素がどの
メタデータ標準で定義されたものかを判別する必要があるが，これは要素に接
頭辞を加えるという手法により，可能となっている。すなわち JPCOAR スキ
ーマでは，接頭辞が "dc" であれば "DCMES" を指すことや，"dcterms" で
あれば "DCMI メタデータ語彙" を示すこと，そして "jpcoar" は独自要素に
該当することなどが，あらかじめ定められており，要素と組み合わせることで，
該当の要素の出自が一目でわかるように工夫されている。

　10-2表は，ある学術雑誌論文に関するメタデータを JPCOAR スキーマで表
現したものである。

　例えばこの表の "要素名" という列において，"dc:title" という要素名が見
えるが，これは "タイトル" を記録するための要素 "title" に，接頭辞 "dc"
を付加したものである。それゆえ "title" については，DCMES で定義された
要素であると判別できる。一方，この表では，"作成者" を記録する要素
"creator" は，"jpcoar:creator" とあるように，JPCOAR スキーマの独自定義
とされている。すなわち，245ページの10-1表にあるように，DCMES で同名
の要素が定義されているにも関わらず，流用されていない。これは JPCOAR
スキーマの "creator" が，使われ方において，DCMES の "creator" と異な
る特徴を有しているからである。

16：記述方法のほか，メタデータの記述目的やその対象となる事物，ガイドラインなどを対象
　　とする規則。

10-2表　JPCOAR によるメタデータ表現例

要素名			要素値	言語
	属性		属性値	属性値
dc:title			「検索システム」としての図書館ウェブサービスのデザイン	ja
dc:title			ケンサク　システム　トシテノ　トショカン　ウェブ　サービス　ノ　デザイン	ja-Kana
dc:title			The design of library web service as a "search system"	en
jpcoar:creator			—	—
	jpcoar:nameIdentifier		0000-0002-8131-0822	—
		nameIdentifierScheme	ORCID	—
		nameIdentifierURI	https://orcid.org/0000-0002-8131-0822	—
	jpcoar:creatorName		飯野，勝則	ja
	jpcoar:creatorName		イイノ，カツノリ	ja-Kana
	jpcoar:creatorName		IINO, Katsunori	en
	jpcoar:affiliation		—	—
	jpcoar:nameIdentifier		0000000096552395	—
		nameIdentifierScheme	ISNI	—
		nameIdentifierURI	https://isni.org/isni/0000000096552395	—
	jpcoar:affiliationName		佛教大学	ja
	jpcoar:affiliationName		Bukkyo University	en
dcterms:accessRights			open access	—
	rdf:resource		http://purl.org/coar/access_right/c_abf2	—
jpcoar:subject			図書館ウェブサービス	ja
	subjectScheme		Other	—
jpcoar:subject			図書館ウェブサイト	ja
	subjectScheme		Other	—
jpcoar:subject			ウェブスケールディスカバリー	ja
	subjectScheme		Other	—
jpcoar:subject			ウェブスケールディスカバリーサービス	ja
	subjectScheme		Other	—
jpcoar:subject			ディスカバラビリティ	ja
	subjectScheme		Other	—
jpcoar:subject			ファインダビリティ	ja
	subjectScheme		Other	—
datacite:description			図書館ウェブサービスでは，ウェブスケールディスカバリーに代表される「検索システム」における「ディスカバラビリティ」と，「検索システム」の一部として…（略）	ja
	descriptionType		Abstract	—
datacite:description			Library web service needs improving (1) "discoverability" at web scale discovery service as a "search system" and (2) "findability" … （略）	en
	descriptionType		Abstract	—
dc:publisher			一般社団法人情報科学技術協会	ja
datacite:date			2018-11-01	—
	dateType		Issued	—
dc:language			jpn	—
dc:type			journal article	—
	rdf:resource		http://purl.org/coar/resource_type/c_6501	—

oaire:version	VoR	—
rdf:resource	http://purl.org/coar/version/c_970fb48d4fbd8a85	—
jpcoar:identifier	https://archives.○○○-u.ac.jp/repository/AB123456789	—
identifierType	URI	—
jpcoar:relation		—
relationType	isIdenticalTo	—
jpcoar:relatedIdentifier	10.18919/jkg.68.11_542	—
identifierType	DOI	—
jpcoar:sourceIdentifier	AN10005857	—
identifierType	NCID	—
jpcoar:sourceIdentifier	2189-8278	—
identifierType	EISSN	—
jpcoar:sourceIdentifier	0913-3801	—
identifierType	PISSN	—
jpcoar:sourceTitle	情報の科学と技術	ja
jpcoar:volume	68	
jpcoar:issue	11	
jpcoar:numPages	6	
jpcoar:pageStart	542	
jpcoar:pageEnd	547	
jpcoar:file	—	
jpcoar:URI	https://archives.○○○-u.ac.jp/repository/123456789.pdf	
objectType	fulltext	
jpcoar:mimeType	application/pdf	
datacite:date	2018-09-03	
dateType	Accepted	

注：表中の"—"は値を記録できないことを示す。

　例えば DCMES の"creator"は，"夏目，漱石"といった値を直接記録することが前提となっている。しかし10-2表の"jpcoar:creator"の"要素値"の項目は"—"とあるように，いずれの値も記録することはできない。加えて"jpcoar:creator"の下には，"jpcoar:nameIdentifier"や"jpcoar:creatorName"などが置かれ，これらの"要素値"の項目には何らかの値が記録されている。すなわち JPCOAR スキーマにおいては，要素"creator"自身は値をとらず，その下に別の要素を配置するためだけの存在となっている。このため，JPCOAR スキーマにおける"creator"は DCMES の"creator"を流用することができないのである。

2属性と識別子の活用　　JPCOAR スキーマには，属性と呼ばれる"補足情報"を活用することで，要素の内容をより詳細かつ正確に示すことができると

いう特徴がある。例えば，249ページの10-2表では，要素名 "dc:title" について，三種類のタイトルが示されている。これらの違いを明確化するのは，その言語的な情報を付加する属性である。"言語属性値" という項目を見ると，三種類のタイトルのそれぞれに，"ja" や "ja-Kana" そして "en" という言語コードが付与されている。これらのうち，"ja" と "en" は，国際標準ISO639-1により，それぞれ "日本語" "英語" を示すものとされており，それぞれのタイトルが日本語と英語で表現されていることを明示している。なお"ja-Kana" はISO639-1には規定されていないが，JPCOAR スキーマではこれを "カタカナ" を指す言語コードとして独自に定義しており，該当のタイトルがヨミであることを明確にしている。

　JPCOAR スキーマは，識別子（Identifier：ID）を重要視するメタデータ・スキーマでもある。例えば "creator" については，その下に位置する"jpcoar:nameIdentifier" において，文献の著者や作成団体に付与される「国際標準名称識別子（International Standard Name Identifier：ISNI）」や，研究者等に付与される「ORCID（Open Researcher and Contributor ID）」，あるいは世界各国の典拠ファイルを集約した「バーチャル国際典拠ファイル（Virtual International Authority File：VIAF）」の ID などを併せて記録することが求められている。

　とはいえ，"jpcoar:nameIdentifier" の値に何らかの ID を記録しても，それが何の ID なのか，例えば ISNI なのか ORCID なのかといったことを明確にしなければ，その活用は難しい。それゆえ ID の出自を明らかにする "補足情報" として，ここでも属性の利用が求められている。一例をあげると，10-2表では "jpcoar:nameIdentifier" に付随して，"nameIdentifierScheme" と"nameIdentifierURI" という属性が設定されている。そのうえで値が "0000-0002-8131-0822" とある "jpcoar:nameIdentifier" については，属性"nameIdentifierScheme" において "ORCID" という値が記録されており，該当の ID が ORCID に由来するものであることが分かる。

　さらにこれらの ID の記録にあたっては，「統一資源識別子（Uniform Resource Identifier：URI）」も活用されている。URI とは，「統一資源位置指定子（Uniform Resource Locator：URL）」を拡張することで，ウェブ・ペー

ジのみならず，実体のあるモノやヒト，あるいはコトを指し示す ID として機能するようにしたものである。上述した属性 "nameIdentifierURI" においては，"https://orcid.org/0000-0002-8131-0822" という値が記録されているが，これは ORCID の ID を用いて表現された URI である。当然のことであるが，こういった ID に関するさまざまな取り決めは，同姓同名の人物や団体が存在していたとしても，それらを正確かつ一意に特定できるようにすることを目的としている。すなわち，ID は目録法における著者名典拠[17]が意図する役割と同様の役割を担っているといえる。

　紙面の限りもあり，10-2表の説明はこれにとどめるが，この表に見えるその他各要素の意味等については，本章末の10-4表にて概要を説明しているので，そちらを参照してほしい。

　JPCOAR スキーマは IR の収録対象となる学術論文や博士論文，学術会議での発表資料，そして各種の研究データ等に幅広く対応できるような柔軟な設計となっている。今回の事例では，学術論文のメタデータに的を絞って採りあげたが，本来は多様なデータに対応できるメタデータ・スキーマである。そのことを念頭において，続く演習に取り組んでいただきたい。

10章「ネットワーク情報資源のメタデータ」　演習問題

1．J-STAGE[18]は日本国内の学会等が刊行する学術雑誌の論文を公開するウェブ・サイトである。J-STAGE において全文公開されている学術論文「モバイル機器を支える電池：これからも世界を変えるリチウムイオン電池」[19]の執筆者について，ISNI，VIAF ID が付与されているか否かを ISNI[20]，VIAF[21]の各ウェブ・サイトの検索機能を利用して調べなさい。もし存在しているようなら，その ID を URI で表現しなさい。
2．上記1の学術論文の PDF ファイル（コピー）が，IR において，別途 OA として公開されることになった。10-3表は JPCOAR スキーマにより，そのメタデータを表現

17：これについては，2章1節2項b ■ を参照されたい。
18：J-STAGE. https://www.jstage.jst.go.jp/browse/-char/ja，（参照 2021-02-26）.
19：吉野彰. モバイル機器を支える電池：これからも世界を変えるリチウムイオン電池. 化学と教育. 2018, vol.66, no.6, p.296-299, https://doi.org/10.20665/kakyoshi.66.6_296, （参照 2021-02-26）.
20：ISNI. https://isni.org/，（accessed 2021-02-26）.
21：VIAF. https://viaf.org/，（accessed 2021-02-26）.

したものであるが，【1】から【10】のように，一部が空欄となっている。この空欄の
メタデータを表現しなさい。

　なお10-2表はこの問題で設定された条件下でのメタデータ表現例であるほか，10-
4表においてJPCOARスキーマの主要なメタデータ項目の表現について説明してい
るので，参考にされたい。

10-3表　JPCOARスキーマによるメタデータ表現（演習）

要素名		要素値	言語
	属性	属性値	属性値
dc:title		モバイル機器を支える電池：これからも世界を変えるリチウムイオン電池	ja
dc:title		モバイル　キキ　オ　ササエル　デンチ：コレカラ　モ　セカイ　オ　カエル　リチウム　イオン　デンチ	ja-Kana
jpcoar:creator		―	―
	jpcoar:nameIdentifier	【1】	―
	nameIdentifierScheme	ISNI	―
	nameIdentifierURI	【2】	―
	jpcoar:creatorName	吉野, 彰	ja
	jpcoar:creatorName	ヨシノ, アキラ	ja-Kana
	jpcoar:creatorName	【3】	en
	jpcoar:affiliation	―	―
	jpcoar:nameIdentifier	000000012225398X	―
	nameIdentifierScheme	ISNI	―
	nameIdentifierURI	https://isni.org/isni/000000012225398X	―
	jpcoar:affiliationName	旭化成株式会社	ja
	jpcoar:affiliationName	Asahi Kasei Corporation	en
dcterms:accessRights		【4】	―
	rdf:resource	http://purl.org/coar/access_right/c_abf2	―
datacite:description		リチウムイオン電池は小型・軽量化を実現した二次電池であり，現在のモバイルIT社会の実現に大きな貢献をしてきた。現在ではほぼすべての …（略）	ja
	descriptionType	Abstract	―
dc:publisher		公益社団法人日本化学会	ja
datacite:date		2018-06-20	
	dateType	Issued	
dc:language		【5】	
dc:type		journal article	
	rdf:resource	http://purl.org/coar/resource_type/c_6501	
oaire:version		VoR	
	rdf:resource	http://purl.org/coar/version/c_970fb48d4fbd8a85	
jpcoar:identifier		https://archives.○○○-u.ac.jp/repository/CD987654321	
	identifierType	URI	
jpcoar:relation		―	―
	relationType	isIdenticalTo	―

jpcoar:relatedIdentifier			10.20665/kakyoshi.66.6_296			—
	identifierType		DOI			—
jpcoar:sourceIdentifier			AN10033386			—
	identifierType		NCID			—
jpcoar:sourceIdentifier			2424-1830			—
	identifierType		EISSN			—
jpcoar:sourceIdentifier			0386-2151			—
	identifierType		PISSN			—
jpcoar:sourceTitle			【6】			ja
jpcoar:volume			【7】			—
jpcoar:issue			6			—
jpcoar:numPages			【8】			—
jpcoar:pageStart			【9】			—
jpcoar:pageEnd			【10】			—
jpcoar:file			—			—
jpcoar:URI			https://archives.○○○-u.ac.jp/repository/987654321.pdf			—
	objectType		fulltext			—
jpcoar:mimeType			application/pdf			—
datacite:date			2019-06-01			—
	dateType		Available			—

注：表中の“—”は値を記録できないことを示す。

10-4表　JPCOARスキーマの主要なメタデータ項目（学術論文向け）

項目名	要素名		説明	補足事項	要素への言語属性の設定	要素の繰り返し	要素の必須レベル
	属性		説明	補足事項			
タイトル	dc:title		コンテンツのタイトル		有	可	◎
作成者	jpcoar:creator		コンテンツの作成に責任を持つ個人または団体等		—	可	○
作成者識別子	jpcoar:nameIdentifier		作成者のID。ISNI，ORCIDなど		—	可	○
	nameIdentifierScheme		IDの出自を選択肢の中から記入	選択肢：ISNI，ORCID，VIAFなど	—	—	—
	nameIdentifierURI		可能な場合はIDをURIで表現		—	—	—
作成者姓名	jpcoar:creatorName		(個人の場合）作成者の姓名を原則「姓，△名」（カンマ＋半角空白）で記入		有	可	○
作成者所属	jpcoar:affiliation		作成者の所属する機関		—	可	△
所属機関識別子	jpcoar:nameIdentifier		機関のID。ISNIなど		—	可	△
	nameIdentifierScheme		IDの出自を選択肢の中から記入	選択肢：ISNI，kakenhi（科研費番号）など	—	—	—
	nameIdentifierURI		可能な場合はIDをURIで表現		—	—	—
所属機関名	jpcoar:affiliationName		所属機関の正式名称を記入		有	可	△
アクセス権	dcterms:accessRights		コンテンツのアクセス状態を記入	選択肢：open access（オープンアクセス），restricted access（アクセス制限有）など	—	—	○

関連識別子	jpcoar:relatedIdentifier	関連するコンテンツの識別子（ID）を記入		—	—	△
	identifierType	採用した識別子を選択肢の中から記入	選択肢：URI, DOI, PISSN（冊子版国際標準逐次刊行物番号）, EISSN（電子版国際標準逐次刊行物番号）, NCID（NACSIS-CAT 書誌ID）など	—	—	
収録物識別子	jpcoar:sourceIdentifier	学術雑誌などの収録物の識別子（ID）を記入	ISSN, NCID がある場合は必ず記入	—	可	○
	identifierType	採用した識別子を選択肢の中から記入	選択肢：PISSN, EISSN, NCID など	—	—	
収録物名	jpcoar:sourceTitle	コンテンツの収録物のタイトルを記入		有	可	○
巻	jpcoar:volume	収録物の巻数などをアラビア数字のみで記入				○
号	jpcoar:issue	収録物の号数をアラビア数字のみで記入				○
ページ数	jpcoar:numPages	コンテンツの総ページ数をアラビア数字のみで記入				○
開始ページ	jpcoar:pageStart	コンテンツの収録物中における開始ページをアラビア数字のみで記入				○
終了ページ	jpcoar:pageEnd	コンテンツの収録物中における終了ページをアラビア数字のみで記入				○
ファイル情報	jpcoar:file	コンテンツ本体に関する情報		—	可	○
本文 URL	jpcoar:URI	コンテンツ本体ファイルのURIを記入				○
	objectType	コンテンツ本体の種類を選択肢の中から記入	選択肢：abstract, fulltextなど。抄録は abstract, 全文ファイルであれば fulltext.			
フォーマット	jpcoar:mimeType	コンテンツのファイル形式を選択肢の中から記入	選択肢：application/pdf（PDFファイル）, application/msword（ワードファイル）など	—	—	△
日付	datacite:date	ISO8601で規定する次の3形式（YYYY-MM-DD, YYYY-MM, YYYY）を用いてコンテンツに関連する日付を記入		—	可	○
	dateType	日付の意味を選択肢の中から記入	選択肢：Accepted（受理日）, Available（利用開始日）, Issued（発行日）など	—	—	

注：本表は「JPCOAR Schema」（https://github.com/JPCOAR/schema）にて提供されている ver.1.0の「JPCOAR スキーマ項目一覧」から学術論文のメタデータ表現におおむね必要となる項目を抜粋し，著者において改変執筆したものである。

注1：表中の "—" は値を記録できないことを示す。

注2："要素の必須レベル" における◎は "必須"，○は "情報があれば必須"，△は "推奨"。なお属性はそれが属する要素が記録された際には，"情報があれば必須" となる。

	rdf:resource	COAR Access Rightsのウェブ・ページで指定されるURIを記入	例：open access のURIは http://purl.org/coar/access_right/c_abf2	ー	
主題	jpcoar:subject	コンテンツの内容を表す件名，著者キーワード，分類コードを記入		有	
	subjectScheme	記入した件名や著者名キーワードなどの出自を選択肢の中から記入	選択肢：BSH（基本件名標目表），NDC（日本十進分類法），Other（その他）など	ー	
	subjectURI	可能な場合は件名などをURIで表現			
内容記述	datacite:description	コンテンツの内容を示す情報を記入		有	
	descriptionType	内容記述について選択肢の中から記入	選択肢：Abstract（抄録・要旨），TableOfContents（目次），Other（その他）など	ー	
出版者	dc:publisher	コンテンツ本体を公開した主体を正式名称で記入		有	
日付	datacite:date	ISO8601で規定する次の3形式（YYYY-MM-DD，YYYY-MM，YYYY）を用いてコンテンツに関連する日付を記入	Issued（発行日）がある場合は記入必須		
	dateType	日付の意味を選択肢の中から記入	選択肢：Accepted（受理日），Available（利用開始日），Issued（発行日）など	ー	
言語	dc:language	コンテンツ本文で用いられている主な言語を記入。言語コードはISO639-3を利用	jpn（日本語），eng（英語）など	ー	
資源タイプ	dc:type	コンテンツの種類を選択肢の中から記入	選択肢：departmental bulletin paper（紀要論文），journal article（学術雑誌論文）など	ー	
	rdf:resource	COAR Resource Typeのウェブ・ページで指定されるURIを記入	例：departmental bulletin paper，journal article のURIはいずれも，http://purl.org/coar/resource_type/c_6501	ー	
出版タイプ	oaire:version	コンテンツの版などの情報を選択肢の中から記入	選択肢：AO：Author's Original（著者が査読に出した原稿），VoR：Version of Record（出版物に掲載された版）など	ー	
	rdf:resource	COAR Versionのウェブ・ページで指定されるURIを記入	例：AO のURIは http://purl.org/coar/version/c_b1a7d7d4d402bcce VoR のURIは http://purl.org/coar/version/c_970fb48d4fbd8a85	ー	
識別子	jpcoar:identifier	リポジトリコンテンツ自身のIDを記入	URI，DOI（デジタルオブジェクト識別子）など	ー	可
	identifierType	利用したIDの種類を選択肢の中から記入	選択肢：URI，DOIなど	ー	ー
関連情報	jpcoar:relation	登録するコンテンツと関連するコンテンツ間の関連性を属性のみで表現		ー	可
	relationType	関連性を選択肢の中から記入	選択肢：isVersionOf（～の異版である），isIdenticalTo（～に同一である）など	ー	ー

11章 索引・抄録作業

1．索引作業

（1）索引の定義と種類

　本書の巻末には「さくいん」がついている。この「さくいん」を利用すると，読者が自分の知りたい情報が本書のどこに書かれているかを見つけることができる。ある読者は初めに目次を見て，次に本文をパラパラとめくって自分の知りたい内容が書かれているページを探すこともある。目次は，その図書に何が書かれているのか，全体の構成を知るには都合がよいが，特定の言葉や説明等がどのページに書かれているのかを即座に知るには不便である。「索引（index）」は特定のキーワード，固有名詞，記号等から必要な情報に容易にアクセスできるものである。

　図書の場合，索引は通常本文の後に掲載されて，読者が必要な情報に容易に迅速にアクセスできるように，あらかじめ情報内容を表す見出し語（キーワード，固有名詞，記号等）と，それが何ページに書かれているかという所在表示と共に，五十音順あるいはアルファベット順等にリストされたものである。著者や編者などの「索引作業者（indexer）」の立場からいえば，見出し語は索引語と呼ぶこともできる。専門書や百科事典などではこのような巻末に置かれる索引（巻末索引という）が，必要な情報を探すためには欠かせない。

　1冊の図書単位で作成される巻末索引とは別に，雑誌や新聞に掲載された論文や記事に書かれた内容を容易に探せるように作られる雑誌記事索引と新聞記事索引もある。雑誌や新聞は継続的に発行されるため，図書の場合とは異なり，

「索引作業（indexing）」[1]は訓練された索引作業専門家によって継続的に行われ，索引誌に収録される。索引誌（以下，この段落では雑誌記事の索引誌を想定して記す）は，雑誌論文をキーワードから探せるように作成された二次資料の一種である。二次資料とは，一次資料（図書や雑誌など）を見つけ出すための資料（情報資源）のことで，この場合の一次資料は雑誌に収録された個々の論文などを指している。今日では，索引誌という冊子体形式のものはほとんど終刊となり，索引は，基本的にデータベース化されている。索引データベースの例としては，国立国会図書館の NDL ONLINE から提供されている「雑誌記事」や，国立情報学研究所が提供する「CiNii Articles」などがある。

　巻末索引，雑誌記事索引，新聞記事索引のいずれも必要な情報をキーワード（言葉や用語）から探したいときに使用される点では共通している。本章では，学術論文や新聞記事に対する雑誌記事索引と新聞記事索引についての索引作業を演習することを目的として説明する。ただし，この両者を視野に入れて解説すると文章が煩雑になるので，次項「索引作業のプロセス」では，説明の便宜上，主に雑誌記事索引を想定して記す。学術論文であっても新聞記事であっても，索引作業における基本的な考え方は同じと考えてよい。すなわち，以下の記述で「論文」と書かれているところを，「新聞記事」と置き換えて考えてもよいということである。なお，新聞記事に対する索引作業について分けて説明する必要がある場合には，適宜新聞記事についても補足して記述する。

（2）索引作業のプロセス

a．主題と主題分析[2]

　学術論文は執筆者が読者に読んでもらうことを目的として作成され，そこには，情報内容を表す「主題（subject）」が必ず存在する。ここで主題とは，「○○について書かれた論文」という場合の「○○」に相当するものである。すな

1：索引作業は，索引を作成することであり，正確に言えば索引作成作業ということができるが，本章では索引作業という用語を使用する。
2：主題と主題分析については6章1節2項でも論じられており，ここを参照することで，主題と主題分析について，より総合的に理解できる。なお，主題分析に絞っては，同節4項，同章3節で詳しく触れられている。

わち，主題は論文の中で，研究の対象，解説の対象となるもので，その文献[3]
で中心的に論じられている内容で，著者が読者に伝えたいと考える重要なポイ
ントのことである。雑誌論文などを対象とする文献検索では，著者名や固有名
詞からの検索も行われるが，「○○について」書かれた論文を探したいという
要求に基づいて，検索が行われることも多い。

　検索方法の一つとして，文献の書誌データなどから語（名辞）をコンピュー
タによって自動的に抽出し，検索者の思いついた語（自然語[4]）とマッチングさ
せる方法も行われている。この方法では機械的に語を抽出するだけであり，文
章が意味する概念や内容についての配慮は行われない。そのため，検索者の思
いつく語と文字列が一致すれば検索できるが，一致しない場合は，内容として
は適合していても検索されないことがある。例えば「家が燃えている」という
文章に対して，人はこれを「火事」と考えるであろう。しかし，検索対象とな
る文章中から索引語になりうるものを機械的に抽出しただけでは，「火事」と
いう言葉が文中に出てこないため，「火事」という検索語で検索しても検索さ
れない。

　そのような場合に重要となってくるのが，人による索引作業である（正確に
は「主題索引作業（subject indexing）」という）。索引作業とは，情報内容の
主題分析によって抽出された主題要素に対して，索引語を付与することである。
「主題分析（subject analysis）」は，論文に書かれている内容を構成している
いくつかの主要な概念（これを「主題」という）に分析することである。そし
て，これらの主題のうち，とくにその論文にとって重要な概念を「主題中心」
という。

ｂ．索引作業の手順

　索引作業は，261ページの11-1図に示したプロセスによって行われ，その手
順は以下のようにまとめることができる。①と②の作業を「主題分析」，②か

3：原則として，「資料」という用語を使用してきたが，この章の文脈では「文献」という用
　語が良く使用されるので，ここではこの用語を採用している。なお，6章でも同様な理由
　から，原則として「文献」という用語を使用している。
4：文献中に使用されていたり，検索者が思いつく語。これについては，9章1節1項の脚
　注をも参照されたい。

ら③の作業を「翻訳」[5]といい，「主題分析」と「翻訳」の作業全体を「索引作業」という。主題分析法には，分析の細かさにより「要約法」と「網羅的索引法」がある[6]。本章で述べる主題分析法は，雑誌論文や新聞記事に対する索引作業であるため「網羅的索引法」に相当する。すなわち，副次的もしくは周辺的な主題まで含めて主題を導き出し，これらに対しても索引語を付与する分析法である。なお，索引作業は必ず原文献を手元において，直接参照しながら行わなければならない。

　索引作業の手順は以下のようなプロセスで行う。

①論文を読み，書かれている主題を複数とらえる。このとき，標題，抄録，目的，方法，結果，結論などに注目して読む。図・表，写真があれば，それも参考にする。熟読する必要はない。

②抽出した主題を主題要素（主題を構成している要素）に置き換える。初めに標題と抄録から主題要素のうち，とくに重要な要素である主題中心をつかみとる。次に，論文で述べられている副次的あるいは周辺的な重要な内容を読み取る。通常，学術論文の場合は，主題要素の数は7～15程度となる。新聞記事の場合は，記事の長さにもよるが5～10程度となる。主題中心の数は1～3とする。

③主題要素は抽象的な概念として情報の内容をとらえているので，それを具体的な言葉で表現する必要がある。主題要素を索引語で表現することが，「翻訳」という作業になる。この作業では，自然語で表現する場合と，シソーラス（thesaurus）[7]などを使用して統制語[8]で表現する場合がある。どちらで行うかは，文献データベースや新聞データベースの作成方針に依存する。著者が自分の論文作成時に索引語を付与する場合は，自然語で行う。なお，シソ

5：翻訳とは，一般的には，ある言語で表現された文章の内容を他の言語に置き換えて表すことであるが，ここでは，「主題を表す索引語を割り当てること」という意味で使用する。翻訳については，6章1節2項，あるいは本シリーズ第9巻『三訂情報資源組織論』4章3節を参照されたい

6：これについて詳細は，6章1節3項，あるいは本シリーズ第9巻『三訂 情報資源組織論』4章3節を参照されたい。

7：次々文でこれについての説明があるが，詳しくは，本シリーズ第9巻『三訂 情報資源組織論』の6章4節を参照されたい。

8：これについては，6章1節1項の脚注を参照されたい。

論文あるいは記事

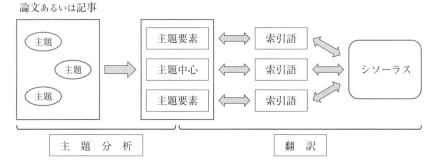

11-1図 索引作業のプロセス

ーラスとは，語と語の同義語関係，概念関係（ある語に対して上位概念の語と下位概念の語の関係があり，階層構造で表示できる関係），関連語関係を整理して，どの語を用いるかを定めた語彙表（用語集）のことであり，主に論文や新聞記事などの索引作業や情報検索に使用される。同じような語彙表には件名標目表（subject headings）がある[9]。

c．索引作業で留意すべきこと

1 作業の一貫性を保つ　　雑誌記事索引や新聞記事索引では，先に述べたように継続的に索引作業を行い，大勢の索引者が関わるため，索引作業マニュアルに沿った作業の一貫性や統一性が求められる。

2 普遍性・客観性に留意する　　すべての物事に適合する性質を普遍性というが，論文に書かれている内容を共通的な観点から見るようにすることや，客観性をもって索引作業を行うようにすることが重要である。

3 索引の広さ（網羅性）と深さ（特定性）に留意する　　書かれている論文の内容のある部分だけを索引したり，ある部分だけ詳しくたくさんの索引語を付与したりしないようにすることが重要である。論文で述べている内容と同じレベルで索引する。

4 オーバー・インデクシング（過剰に索引語を付与すること）にならないように注意する　　論文に書かれている内容をすべて索引作業するのではなく，論文に書かれている重要な主題を注意深く選択し，検索利用者にとってあまり役

9：これについて詳しくは，本書9章や本シリーズ第9巻『三訂 情報資源組織論』の6章5節を参照されたい。

に立たない，検索ノイズ（不要情報）となるような索引語を付与してはならない。

（3）自然語を使用した索引作業と統制語を使用した索引作業

　索引作業で自然語を使用するか，統制語を使用するかについては，文献データベースの索引方針とその文献で使用するシソーラスが用意されているか否かによる。日本の代表的なシソーラスには，『JST 科学技術用語シソーラス』（以下「JST シソーラス」と略記する），『日経シソーラス』がある。前者は，科学技術振興機構（Japan Science and Technology Agency：JST）が作成する「JSTPlus」「JMEDPlus」というデータベースにおける索引作業に使用されている。後者は，日本経済新聞社が発行する日経四紙（日本経済新聞，日経産業新聞，日経 MJ（流通新聞），日経金融新聞）の索引作業に使用されている。いずれの印刷版も2008年版で終刊となり，現在は電子版をオンラインで検索中に参照するか，ウェブサイト上のシソーラスを無料で参照することで利用できる[10]。

a．自然語を使用した索引作業

　著者が使用している用語を重視して索引語を付与することが基本であるが，文章の内容や概念を的確にとらえ，それらの概念や内容に最も適切な用語を選定するのがよい。先の例で述べた「家が燃えている」という文章では，索引語としては，燃え方により「火事」あるいは「ボヤ」などを付与することが適切である。このように索引語を割り当てる作業が「翻訳」である。

10：「JST シソーラス」は，J-GLOBAL の中に「JST シソーラス map」として，用語検索を行って，統制語を調べて map 表示する方法がとられている（https://thesaurus-map.jst.go.jp/jisho/fullIF/index.html（参照 2021-02-26））。しかし，これは「JST シソーラス」を拡大した「大規模辞書」も表示されるため，分かりにくい。そこで，本章の演習問題を行うときは，最後の印刷体である2008年版の「JST シソーラス」（無料。https://dbs.g-search.or.jp/jdsub/thesaurus/thesaurus_index.htm（参照 2021-02-26））を参照されたい。索引語として考えている語が統制語になっているかどうか検索ボックスで検索するか，五十音順で探せるようになっている。また，所属する大学図書館が JDream Ⅲ を契約している場合は，「JSTPlus」あるいは「JMEDPlus」の検索画面で，オンラインシソーラスを参照することができる。
「日経シソーラス」（https://t21.nikkei.co.jp/public/help/contract/price/00/thesaurus/index_AA.html（参照 2021-02-26））は，検索エンジンで「日経シソーラス」と入力して検索すると，「日経テレコン21・ヘルプ【日経シソーラス 50音順索引】」が検索されるので，これをクリックすると無料で参照できる。

　検索のことを考えて，この概念や内容を検索者がどのような検索語を使用して検索するかどうかということに配慮して索引語を付与することが望ましい。ただし，先に述べたようにオーバー・インデクシングにならないようにすることも重要である。

b．統制語を使用した索引作業

　シソーラスを使用して索引作業を行う場合は，261ページの11-1図に示したように，シソーラスを参照しながら主題要素を索引語に置き換える作業（「翻訳」）が必要となる。すなわち，シソーラス中の「優先語（preferred term）」もしくは「ディスクリプタ（descriptor）」を付与する作業を行う[11]。使用したい用語が「非優先語（non-preferred term）」もしくは「非ディスクリプタ（non-descriptor）」の場合は，必ず優先語を付与する[12]。11-2図に示したように，例えば，「カード目録」という用語を著者が論文中で使用している場合，この用語は，「JST シソーラス」を確認すると非優先語になっている（非優先語の見出し語には＊記号が付いているのですぐにわかる）ので，USE 記号の右側に

＊カード目録（カードモクロク）	←非優先語（＊が付いていることで表示）
BA01	←主題カテゴリーコード
USE　図書目録	←USE は同義語参照（「図書目録」が優先語であることがわかる）
図書目録（トショモクロク）	←優先語（シソーラスの見出し語）
BA01	←主題カテゴリーコード
UF　カード目録	←UF は USED FOR の略で非優先語（「図書目録」の同義語）
NT　所蔵目録	←NT とは意味的に「図書目録」の下位概念の語
・総合目録	←「総合目録」は「所蔵目録」のさらに下位概念の語
RT　目録規則	←RT は意味的に上位・下位の関係にはないが，
目録作業	「図書目録」に関連している語

11-2図　「JST シソーラス」における非優先語と優先語の例

11：これらは，「件名標目表」では「件名標目」と呼ばれる。9章1節の脚注も参照されたい。
12：これらは，「件名標目表」では「参照語」と呼ばれる。これについても，9章1節の脚注を参照されたい。

書いてある優先語である「図書目録」を索引語として使用しなければならない。

　11-3図には，ウェブ上に無料で公開されている「JST シソーラス」と「日経シソーラス」の「情報サービス」という見出し語（優先語）を示している。両者の「情報サービス」を見比べてみると，同じ「情報サービス」という優先語でも，「JST シソーラス」では，「情報サービス」の上位語（BT）に「サービス」があり，下位語（NT：下位概念を表す語）には，「VOD【ビデオオンデマンド】」「Web サービス」「カレントアウェアネス」「図書館サービス」がある。さらに「カレントアウェアネス」の下位語（「・」で１階層下の下位語を示す）に「SDI【情報】」が，同様に「図書館サービス」の下位語に「レファレンスサービス」が存在する。また，「情報サービス」の関連語（RT）として「オンライン処理」「計算機網」「データベース」が存在する。なお，「VOD」と「SDI」には【　】で示した限定詞が付けられている。限定詞とは，見出し語が表現している意味の範囲を限定する語のことである。同じ略語や同音異義語などが存在する場合に，限定詞を付けて用語の意味を区別している。

　「日経シソーラス」は，「JST シソーラス」とは異なり，初めに「五十音順

「JST シソーラス」	「日経シソーラス」
情報サービス（ジョウホウサービス） BA01 NT VOD【ビデオオンデマンド】 　　Web サービス 　　カレントアウェアネス 　　・ SDI【情報】 　　・ コンテンツサービス 　　図書館サービス 　　・ レファレンスサービス BT　サービス RT　オンライン処理 　　計算機網 　　データベース	情報サービス ・オンラインサービス ・情報提供サービス ・・ 医療情報サービス ・・ 気象情報サービス ・・ 結婚情報サービス ・・ 不動産情報サービス ・ビデオ・オン・デマンド

11-3図　「JST シソーラス」と「日経シソーラス」の例

▶図中の BT は上位概念の語を意味する記号で，「情報サービス」の上位語が「サービス」であることを示している。

索引」で「情報サービス」が優先語として登録されているかどうかを確認する。
「五十音順索引」の「し」のところをずっと見ていくと，「情報サービス［LG］」
という見出し語（優先語）が存在することがわかる。そこで，「［LG］」の部分
をウェブ上でクリックすると，「情報産業，マルチメディア［LG］」という「中
分類（カテゴリーを表している）」にとぶことができる。その「中分類」の中
は見出し語（優先語）の五十音順にリストされているので，「情報サービス」
を探す。11-3図に示したように，「情報サービス」には上位語は存在しないが，
下位語として「オンラインサービス」「情報提供サービス」「ビデオ・オン・デ
マンド」が存在する。さらに「情報提供サービス」の下位語（情報サービスか
らみると「・・」が付いているので2階層下の優先語）には「医療情報サービ
ス」「気象情報サービス」「結婚情報サービス」「不動産情報サービス」が存在
する。なお，「日経シソーラス」では関連語は「五十音順索引」に「See Also
（をも見よ参照）」[13]として記載されているが，その数は非常に少ない。

　このように，シソーラスによって階層関係，同義語関係，関連語関係は異な
るため，収録対象分野，および学術論文なのか新聞記事なのかという資料形態
によって適切なシソーラスを索引作業で使用することが重要である。通常は，
データベースを作成する機関が採用しているシソーラスを使用して索引作業を
行う。「JSTシソーラス」は科学技術分野の学術論文を対象とした文献データ
ベースの索引作業に使用するためのシソーラスであり，「日経シソーラス」は
経済新聞記事データベースの索引作業に使用するためのシソーラスであるので，
このように同じ「情報サービス」でも，その階層関係や優先語に対する扱いが
異なることは当然といえる。この例では，「情報サービス」の下位語で共通す
る優先語は，中点（「・」）の有無の違いはあるものの，「ビデオオンデマンド」
と「ビデオ・オン・デマンド」だけである。

　統制語を使用した索引作業では，主題要素を索引語に置き換えるときに以下
の点に注意するとよい。例については，「JSTシソーラス」で述べる。
①主題要素を表現する用語が優先語として存在しない場合，同義語が優先語と
　して存在するかどうかを調べる。263ページの11-2図の例でいえば，「JST

13：関連する優先語に導くための参照。

シソーラス」では「カード目録」の見出し語の頭に「＊」記号がついているので非優先語であることがわかる。そこには「USE 図書目録」と記載されているので優先語である「図書目録」を索引語として使用する。

②主題要素を表現する用語が優先語にも非優先語にも存在しない場合，その用語の上位概念の優先語（BT：上位語）を索引語として使用する。例えば，「ビジネス支援サービス」について書かれた論文では，「ビジネス支援サービス」という優先語は「JST シソーラス」には存在しないため，その上位の概念の優先語として「図書館サービス」を索引語して使用する。この場合，「情報サービス」では大きな概念となり過ぎるので不適切である（264ページの11-3図）。

③付与する索引語は，該当する優先語がある場合は，なるべく下位語を付与する。例えば，論文の主要なテーマが「レファレンス・サービス」である場合は，「図書館サービス」や「情報サービス」ではなく，「レファレンスサービス」という優先語を索引語として使用する（11-3図）。

④例えば，論文中で「Web サービス」「カレント・アウェアネス・サービス」「図書館サービス」についてどれも同じぐらい言及している場合，これらを個別に索引語として付与すると，索引語数が多くなりすぎてしまう。その場合は，上位概念の「情報サービス」の優先語を索引語として使用する（11-3図）。

11章「1．索引作業」演習問題

1．以下の新聞記事ａあるいはｂを読み，(1)自然語で索引語を付与しなさい。次に(2)「日経シソーラス」オンライン版を利用して，統制語を付与しなさい。索引語数は5～10程度とし，主題中心の索引語1～2語を選び，「＊」（アスタリスク）を索引語の前に付けなさい。「日経シソーラス」オンライン版については，脚注10を参照のこと。

ａ．「図書館にロボット」読売新聞2020年6月29日朝刊 19ページ［熊本］（ヨミダス歴史館を使用して検索）

ｂ．「日本の美　ネットにずらり100万件」朝日新聞2020年8月5日夕刊 6ページ 大阪本社（聞蔵Ⅱビジュアルを使用して検索）。
なお，いずれの原文献も入手できない場合は，任意の記事でもよい。

2．以下の雑誌論文ａあるいはｂを読み，(1)自然語で索引語を付与しなさい。次に(2)

「JST シソーラス」オンライン版を利用して，統制語を付与しなさい。索引語数は7
〜15程度とし，主題中心の索引語1〜3語を選び，「＊」（アスタリスク）を索引語の
前に付けなさい。

a．小山憲司. ILL 文献複写の需給状況の変化と学術情報の電子化. 図書館雑誌. 2008.
Vol.102, No.2，p.97-99.

b．小野寺夏生. Dr.Garfield の論文の計量書誌学的分析. 情報の科学と技術. 2017,
Vol.67, No.12, p.639-642.

〈シソーラスの参照方法と，雑誌論文の検索および入手方法〉

①「JST シソーラス」オンライン版の利用方法は，脚注7を参照のこと。

②aおよびbの雑誌論文は，「CiNii Articles」の詳細検索を利用する。「本文あり」をク
リックし，フリーワードに標題中の語（aでは「ILL」，bでは「計量書誌学的分析」），
著者名（aでは「小山憲司」，bでは「小野寺夏生」），刊行物名（aでは「図書館雑
誌」，bでは「情報の科学と技術」）を入力して検索する。検索結果一覧表示の該当文
献のaは 機関リポジトリ ボタンを，bは J-STAGE ボタンをクリックすると各論文
の PDF 版を入手できる。

2．抄録作業

（1）抄録の定義と種類

「抄録（abstract）」とは，「記事内容の概略を迅速に把握する目的で作られ
た文章で，主観的な解釈や批判を加えず，記事の重要な内容を簡潔かつ正確に
記述したものをいう」と定義される[14]。索引は，主題分析の結果を言葉（用語，
キーワード）で表現するのに対して，抄録は主題分析の結果を文章で表現した
ものである。新聞記事では，一面に掲載されるトップ記事のように大きな記事
では，「リード文」と呼ばれる130〜180字程度の記事の要約がついているが，

14："SIST 01：抄録作成 -1980（1987確認）". SIST：科学技術情報流通技術基準. https://
jipsti.jst.go.jp/sist/handbook/sist01/main.htm，（参照 2021-02-26）. SIST
(Standards for Information of Science and Technology) は，日本語で科学技術
情報流通技術基準といい，科学技術振興機構（JST）が科学技術情報の流通を円滑にす
るための基準の制定と普及を行い，全部で14種類の基準を制定した。SIST 事業は2011年
度末をもって終了したが，論文の著者や出版に関する編集者，データベース作成者を対象
とした基準であり，現在でも活用されている基準も多い。

これが学術論文の場合の抄録に相当する。

　抄録は，情報内容，書き方，作成者，掲載場所の観点から種別できる。作成者という観点からは，論文や新聞記事を書いた著者が作成する「著者抄録」と，著者以外が作成する「第三者抄録」がある。掲載場所という観点からは，原文献と一緒に掲載される「同所抄録」と原文献とは別の抄録誌やデータベースなどに掲載される「非同所抄録」がある。

　本章の演習を進めるにあたり，情報内容と書き方による種類については詳しく述べる。

ａ．情報内容による種類

１指示的抄録（indicative abstract）　　指示的抄録とは，「原記事の主題とその範囲を説明した抄録で，原記事を読む必要の有無を判断するのに役立つように作成されたもの」である[15]。長さは，和文で50〜70字程度，欧文で30〜50語（words）程度で書かれる。一般に，総説（review），解説記事，モノグラフ（専門分野の単行書）に対して作成される。11-4図は，同一の原文献に対する指示的抄録と，次に述べる報知的抄録の例を示している。

２報知的抄録（informative abstract）　　報知的抄録は，「原記事の内容（結果，結論を含む）を記述した抄録で，原記事を読まなくても，内容の要点が理解できるように作成されたもの」である[16]。長さは，和文で400字程度，欧文では200語（words）程度で書かれる。一般に，原著論文（original article/original paper），学位論文（thesis/dissertation），特許文献（patent literature）などに対して作成される。原著論文とは，研究者の新しい研究成果を発表するもので，学術雑誌に掲載され，著者のオリジナリティを有する内容が記載され，研究テーマに沿って研究の目的・方法・結果・考察・結論が記載されているものをいう。学位論文は，文部科学省令「学位規則」によって大学が授与する学位を請求するための論文であり，一般的には博士論文と修士論文を指し，オリジナリティがあり学術的価値の高い論文である。特許文献は，特許権（産業財産権の一つ）を取得するために特許庁に出願する特許明細書が掲載される「公開特許公報」や審査の結果特許として認められたものが掲載される「特許公報」

15：前掲注14参照。

16：前掲注14参照。

原文献：山﨑久道．商用文献データベースに適用される検索モデルの評価－
　　　　検索者の視点からの考察－．中央大学社会科学研究所年報．2017.
　　　　第 22 号，p.69－84.

［指示的抄録の例］
文献データベースを対象にした主題検索に使用される Boolean logic model，
ベクトル空間モデル，確率モデルの3つの検索モデルについて，検索者によ
る検索予見性と検索モデルの適応性について比較評価した。

［報知的抄録の例］
文献データベースを対象にした主題検索に使用される Boolean logic model，
ベクトル空間モデル，確率モデルの主要な3つの検索モデルについて，その
手法の変遷と特徴を比較評価し，検索における予見可能性について考察した。
3つのモデルのうち，Boolean logic model は他のモデルに比べて検索過程が
分かりやすく，検索結果を評価しやすいという点で，検索者の予見性を高く
担保できるシステムであると考えられた。一方，Boolean logic model は検索
式作成の困難さ，ランキング機能の欠如，適合か不適合の二元論的分割など
の問題点がある。そこで，Boolean logic model とランキング方式（ベクトル
空間モデルと確率モデル）の優劣を，(1)一般的な検索例と(2)学術やビジネス
の検索例に分け，網羅的調査と適切な事例の抽出の観点から，その適応性を
比較検討した。結論として，検索要求により検索モデルを使い分ける検索シ
ステムが望ましいが，現行ではほとんど顧慮されていない。今後は，検索技
術者，システム開発者，研究者がそれぞれの立場から，将来あるべき検索シ
ステムの姿を明確にしてゆくことが重要である。

11-4図 同一文献に対する指示的抄録の例と報知的抄録の例

などがある。

❸報知的指示抄録（informative/indicative abstract）　報知的指示抄録は，
字数制限から，原記事の結果というような重要な項目だけを報知的に記載し，
他は指示的に表現する抄録で，「半報知的抄録」ともいう。

b．書き方による種類

❶構造化抄録（structured abstract）　構造化抄録は，論文の研究目的，方法，
結果，結論について，原文献の内容を項目に分けて記載する抄録である。11-

5図は，構造化抄録の例を示している。

原文献：原田智子. ハイブリッドライブラリー時代のレファレンスサービス
　　　　に呼応する司書養成教育. 鶴見大学紀要 第4部 人文・社会・自然科
　　　　学編. 2008. 45号，p. 77-88.

目的：紙メディアと電子メディアが共存するハイブリッドライブラリー時代の
　　　レファレンスサービスに必要な司書養成教育の内容について検討する。

方法：司書講習受講生104名および司書資格取得を目指している大学生211名
　　　の計315名を対象に，司書が持っているべき知識と技術，デジタルレフ
　　　ァレンスサービスの利用について，無記名式のアンケート調査を実施
　　　した。

結果：90%以上の回答者が，レファレンスサービス，情報検索，データベー
　　　スの利用に関する技術が重要であり，データベース検索技術，レファ
　　　レンスサービス技術，コミュニケーション技術が重要であると考えて
　　　いた。リンク集の利用経験者が66%，Q&AあるいはFAQの利用経験
　　　者が60%である一方，電子メールレファレンスやレファレンス事例デ
　　　ータベースの利用経験者は少なく，今後利用したいという希望者が多
　　　かった。レファレンスツールについては記録メディアにこだわらず，
　　　レファレンス質問の内容に応じて適切なメディアを使用すべきである
　　　と考えていた。ハイブリッドライブラリー時代では，メディアや情報
　　　要求の多様化，自宅からのOPACの利用やレファレンスサービスの利
　　　用について，紙メディア時代と異なると考えていることが明らかにな
　　　った。

結論：現状ではデータベースならびにデータベース構築法，ウェブサイトや
　　　リンク集作成などの情報発信に関する知識や技術に対する意識が低い
　　　傾向にある。その一因として現行（1996年制定・公布）の図書館法施
　　　行規則にあげられている「情報機器論」が1単位ではコンピュータに
　　　関する知識や技術の習得が不十分であると考えられる。今後はデジタ
　　　ルレファレンスサービスが進展すると考えられるので，図書館学を核
　　　としながら，情報学やコミュニケーション技術の学習強化をはかるべ
　　　きである。

11-5図　構造化抄録の例

❷非構造化抄録（non-structured abstract）　　非構造化抄録は，記載する内容は構造化抄録と同じでも，269ページの11-4図に示したように，項目に分けずに通常段落を設けず追い込み式で記載する抄録である。

（2）抄録作業のプロセスと留意点

「抄録作業（abstracting）」[17]は，原文献の記事の内容を主題分析して，主題要素を抽出して文章形式で表現する作業である。抄録作業の手順は，以下のように行う。

①標題（タイトル）を読む。

②著者抄録がある場合はそれを参考にするが，そのまま利用するには著作者の許諾が必要であり，そのまま転記してはならない。

③「序論」あるいは「はじめに」などを読み，目的や主題範囲を把握する。

④本文中の各章・節などの「見出し」を読み，内容の概略を把握する。

⑤必要に応じて本文を読む。

⑥写真・図・表などを参考にする。

⑦抄録に盛り込む内容を整理する。

なお，抄録作業における一般的留意事項は，次ページの11-1表に示したとおりである。

11章「2．抄録作業」演習問題

ここでは，「11章「1．索引作業」演習問題」で使用した同じ文献を使用して演習を行う。11-4図や11-5図のように，書誌データも最初に記載しなさい（書誌データについては，序章の脚注4をも参照されたい）。

1．aあるいはbの新聞記事の抄録を作成しなさい。字数は150～200字程度とする。原文献が入手できない場合は，任意の記事でもよい。

2．aの論文に対しては，指示的抄録（50～150字程度）を作成しなさい。bの論文に対しては，報知的抄録（400字程度）あるいは構造化抄録（字数制限無し）を作成しなさい。

17：SIST 01では「抄録作成」という用語が使用されるので，注意されたい。

11-1表　抄録作業における一般的留意事項「SIST 01：抄録作成」

留意する点と抄録に含める事項	抄録には含めない事項
(1)客観的に書く。	(3)常識的な内容は排除する。
(2)著者が読者に伝えたい内容を重点的にとりあげる。	(5)標題の内容の繰返しは避ける。
(4)簡潔で明確な表現をする。	(6)一人称は使わない。
(7)主題の取り扱い方を明示する。	(8)図・表・数式番号の引用はしない。
(9)原則として，原記事で使われている専門用語を使う。	(14)図・表は原則として使用しない。
(10)略語，略称，略号は，初めて出てくる箇所で説明を加える。	
(11)単位記号，量記号は，原記事に使用されているとおりに使用する。	
(12)商品名は，内容の理解に不可欠な場合に限り使用してよい。	
(13)数式，化学式は使用してもよい。	

注：表中の番号は，「SIST 01：抄録作成　4．抄録の書き方」に記載されている番号である。

3．引用文献索引

（1）引用文献索引の定義

　学術論文を執筆する際に，著者は当該研究に深く関連する文献や先行文献を参考に挙げたり引用したりする。それらの参考文献や引用文献は論文の最後に「参照文献（references）」[18]として番号順に一覧表示される。「引用文献

18：論文によっては，参考文献（references）と引用文献（citations）をあわせて参照文献（references）あるいは参考文献（references）と称する場合がある。一方，参考文献と引用文献を分けて表示する場合もある。これらは，論文を掲載する雑誌の「投稿規程」による。厳密にいうと，参考文献は論文全体に関わる内容を参考にした文献であり，引用文献は特定の箇所を引用した文献をいう。しかし，引用文献索引というときは，参考文献も引用文献も含めて「引用」という用語で表現しており，この節ではこの意味で「引用」という用語を使用することとする。

（citation）」は，「文献Aにおいて，文献Bの文章や図・表など，何らかの表現や情報を利用して，その出典を文献中に示した場合，文献Bを文献Aの引用文献と呼ぶ」と定義される[19]。この引用文献を利用した索引を「引用文献索引（citation index）」といい，ある文献が他の研究者が書いた文献にどのように引用されたか（これを被引用という）を知ることができる。

　引用文献索引誌が世界で初めて刊行されたのは，ガーフィールド（Eugene Garfield）により1964年に刊行された『Science Citation Index』（SCI）であった。現在では印刷物は終刊され，「Web of Science Core Collection」が引用文献索引データベースとして世界中の研究者に利用されている。このほか，「CiNii Articles」「J-STAGE」「JSTPlus」「Google Scholar」「Derwent Patents Citation Index」「Scopus」で引用（他の論文を引用すること）・被引用（他の論文から引用されること）の検索が可能である。

（2）引用文献索引データベースの特徴

　「ある論文がどのような論文を引用しているのか」「ある論文がどのような論文に引用されているのか」という引用・被引用論文が検索できると，類似研究，その後の研究の発展などを知ることができる。

　引用文献索引の代表的なデータベースである「Web of Science Core Collection」には，次ページの11-6図に示したように，3種類の論文グループが存在している。三つのグループ間の関係は，「論文A」を核として以下のようにいうことができる。

- グループⅠ：論文Aが引用した論文（citing articles）。過去に遡（さかのぼ）ることで，関連のある先行文献を検索できる。
- グループⅡ：論文Aを引用した論文（この場合「論文A」は被引用論文（cited article）とみなされる）。未来へ辿（たど）ることで，当該分野の研究動向や発展状況を確認できる。
- グループⅢ：論文Aの関連論文（related articles）。論文Aと同じ文献を引用していることから，論文Aと潜在的に近い分野の研究あるいは類似研

19：“引用文献”．図書館情報学用語辞典．日本図書館情報学会用語辞典編集委員会．第五版，丸善出版，2020, p.13. なお，引用も citation という英語が用いられるので注意されたい。

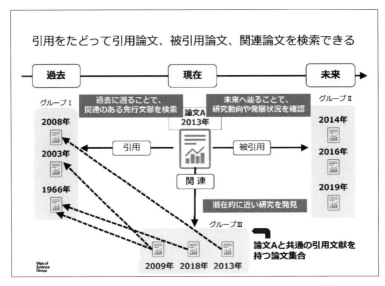

11-6図　引用文献索引データベースにおける論文の関係[20]

究の論文を発見できる。

（3）引用文献索引における引用索引作業

　引用文献索引データベースは，学術論文が引用した文献に着目してデータベースが構築される。引用索引作業では，11-6図の論文Aの書誌データだけを入力するのではなく，論文Aが引用したグループⅠの論文の書誌データも入力され，それらの論文が論文Aに引用された（被引用である）という情報も入力される。通常の索引・抄録データベースでは，論文Aの書誌データのみが入力され，グループⅠの被引用情報は入力されない。これが引用文献索引データベースの大きな特徴になっている。もし，グループⅠの論文が，すでにデータベースに収録されていれば，論文Aの被引用論文であるという情報を紐づけ（リンク付け）するだけで済む。論文Aが発行された後，論文Aを引用した論文が

20：クラリベイト社「使ってみよう！　Web of Science」2020（https://clarivate.com/webofsciencegroup/ja/learning/web-of-science_grg/（参照 2021-04-14））の「学生向けの活用メソッド」を選択すると表示される動画をもとに，一部加筆修正。

発行されると，その論文の書誌データを入力すると同時に，論文Aが被引用論文であるという情報が，論文Aに紐づけ（リンク付け）される。このようにして，論文同士が引用・被引用という関係で紐づけされてデータベース内に存在することになる。このようにして，引用文献索引データベース内では，論文同士が結び付き，ネットワーク構造となって存在している。さらに，これらの論文には引用数・被引用数もカウントされて収録されている。

　今日では電子ジャーナルの普及に伴い，学術論文に DOI（Digital Object Identifier）が付与されていることが多い。DOI が分かっている場合は，DOI も同時にデータとして収録され，論文同士の紐づけも確実に行える。DOI は，「国際 DOI 財団（International DOI Foundation：IDF）が管理する電子データの識別子」である[21]。DOI は，ウェブ情報資源における URL のリンク切れを防ぐために考えられた永続的に使用できる識別子である。

11章「3．引用文献索引」 演習問題

1．「CiNii Articles」の詳細検索の「参考文献」に，任意の「著者の名前」を入れて検索しなさい。その著者が本当に被引用文献の著者名となっているか，オープン・アクセス論文で確認しなさい。「CiNii Articles」で電子ジャーナルを見るには，検索結果一覧リストに表示された J-STAGE や 機関リポジトリ のリンクボタンをクリックする。
2．「CiNii Articles」の詳細検索の「参考文献」に，「主題を表すキーワード」を入れて検索しなさい。例えば，「機関リポジトリ」を入力する。当該論文の参考文献（引用文献）を確認して，本当にそのキーワードが被引用文献になっているか確認しなさい。

21："DOI". 図書館情報学基礎資料. 今まど子，小山憲司編著. 第3版，樹村房，2020，p.110.
　　詳しくは，田窪直規編著. 情報資源組織論. 三訂，樹村房，2020，p.198. も参照されたい。

参考文献
（より進んだ勉強のために）

緒方良彦編著. インデックス：その作り方・使い方：データベース社会のキー・テクノロジー. 産業能率大学出版部, 1986, 242p.

オープンアクセスリポジトリ推進協会. JPCOAR スキーマガイドライン. https://schema.irdb.nii.ac.jp/, （参照 2021-04-14）.

オープンアクセスリポジトリ推進協会コンテンツ流通促進作業部会. "JPCOAR スキーマ項目一覧 ver.1.0.2". JPCOAR Shema. 2019-12-02. https://github.com/JPCOAR/schema/blob/master/1.0/documents/JPCOAR スキーマ項目一覧 .pdf, （参照 2021-04-14）.

科学技術振興機構. "SIST 01　抄録作成". PDF, 科学技術情報流通技術基準, 1980, http://sti.jst.go.jp/sist/pdf/SIST01.pdf, （参照 2021-04-14）.

学術情報センター. "目録情報の基準 第4版 目録システム利用マニュアル データベース編". 国立情報学研究所目録所在情報サービス. http://catdoc.nii.ac.jp/pdf/kijun4.pdf, （参照 2021-04-14）.

加藤宗厚. 件名入門. 理想社, 1972, 194p.

蟹瀬智弘. NDC への招待：図書分類の技術と実践. 樹村房, 2015, 293p.

川村敬一. サブジェクト・インディケーション：主題表示におけるエリック・コーツの寄与. 日外アソシエーツ, 1988, 283p.

国立国会図書館. "電子情報に関する標準". 国立国会図書館 Web サイト. http://www.ndl.go.jp/jp/aboutus/standards/, （参照 2021-04-14）.

国立国会図書館書誌部編. 件名標目の現状と将来：ネットワーク環境における主題アクセス. 国立国会図書館書誌部, 2005, 77p., （書誌調整連絡会議記録集, 第5回）.

国立国会図書館図書館研究所編. 利用者の検索行動と主題情報：国立国会図書館におけるOPAC モニター調査を中心に. 国立国会図書館図書館研究所, 1995, 84p., （図書館情報学調査研究リポート, no.5）.

国立情報学研究所. "NACSIS-CAT/ILL セルフラーニング教材". 2020-12-16. https://contents.nii.ac.jp/hrd/product/cat/slcat, （参照 2021-04-30）.

国立情報学研究所. "メタデータ・フォーマット　junii2（バージョン3.0）". 学術機関リポジトリ構築連携支援事業. http://www.nii.ac.jp/irp/archive/system/junii2.html, （参照 2021-04-14）.

国立情報学研究所. "目録システムコーディングマニュアル（CAT2020対応版）". 2020-08. http://catdoc.nii.ac.jp/MAN2/CM/mokuji.html, （参照 2021-04-29）.

小林康隆編著, 日本図書館協会分類委員会監修. NDC の手引き：「日本十進分類法」新訂10版入門. 日本図書館協会, 2017, 208p., （JLA 図書館実践シリーズ, 32）.

ジーン・エイチスン，アラン・ギルクリスト；内藤衛亮，影浦峡，中倉良夫訳．シソーラス構築法．丸善，1989，195p.

谷口祥一．メタデータの「現在」：情報組織化の新たな展開．勉誠出版，2010，154p.

時実象一，小野寺夏生，都築泉．情報検索の知識と技術．新訂，情報科学技術協会，2010，268p.

日本図書館協会件名標目委員会編．基本件名標目表：BSH．第4版，日本図書館協会，1999，2冊．

日本図書館協会分類委員会編．日本十進分類法．新訂10版，2014，2冊．

日本図書館協会目録委員会編．日本目録規則．2018年版，日本図書館協会，2018，761p.

根本彰，岸田和明編．情報資源の組織化と提供．東京大学出版会，2013，198p.，（シリーズ図書館情報学，第2巻）.

丸山昭二郎編．主題情報へのアプローチ．雄山閣，1990，267p.，（講座図書館の理論と実際，4）.

丸山昭二郎，岡田靖，渋谷嘉彦．主題組織法概論：情報社会の分類／件名．紀伊国屋書店，1986，224p.

宮澤彰．図書館ネットワーク：書誌ユーティリティの世界．丸善，2002，193p.，（情報学シリーズ／国立情報学研究所監修，5）.

山下栄編．件名目録の実際．日本図書館協会，1973，241p.，（図書館の仕事，12）.

Brown, A.G., in collaboration with D.W. Langridge and J. Mills. An introduction to subject indexing. 2nd ed. London, Clive Bingley, 1982, 260p.

Buchanan, B. A glossary of indexing terms. London, Clive Bingley: Hamden, CT, Linnet Books, 1976, 144p.

Cleveland, D. B. and Cleveland, A. D. Introduction to indexing and abstracting. 4th ed. Santa Barbara, 2013, 384p.

Langridge, D.W. Subject analysis: principles and procedures. London, Bowker-Saur, 1989, 146p.

Ranganathan, S.R. assisted by M.A. Gopinath. Prolegomena to library classification. 3rd ed. Bombay, Asia Publishing House, 1967, 640p.

さくいん

[シリーズ監修者]

高山正也　元国立公文書館館長
たかやままさや　慶應義塾大学名誉教授

植松貞夫　筑波大学名誉教授
うえまつさだお

[編集責任者・執筆者]

小西和信（こにし・かずのぶ）

1948	北海道沼田町に生まれる
1972	北海道大学文学部卒業
	国立大学図書館勤務，文部省学術情報セン
	ター及び国立情報学研究所を経て
2007	武蔵野大学文学部教授（2019まで）
現在	武蔵野大学名誉教授
主著	『改訂 情報資源組織演習』（編著）樹村房，ほか

田窪直規（たくぼ・なおき）

	大阪府に生まれる
	図書館情報大学大学院博士課程修了
	奈良国立博物館仏教美術資料研究センター
	研究官を経て
現在	近畿大学司書課程担当
	博士（図書館情報学）
	著書，論文など多数

[執筆者]

飯野勝則（いいの・かつのり）

	京都大学大学院文学研究科修士課程修了
	西日本旅客鉄道株式会社，京都大学附属図書館などを経て
現在	佛教大学図書館専門員，佛教大学非常勤講師
主著	『図書館を変える！ウェブスケールディスカバリー入門』（単著）出版ニュース社，「電子リソースデータの「共有」とその先に見えるもの：システム共同調達・運用への挑戦」『大学図書館研究』111，「「検索システム」としての図書館ウェブサービスのデザイン」『情報の科学と技術』68(11)，『三訂 情報資源組織論』（共著）樹村房，ほか

岡田智佳子（おかだ・ちかこ）

1970	京都市に生まれる
1993	京都大学教育学部教育社会学科卒業
	京都大学図書館，国立情報学研究所勤務を経て
2006	図書館アドバイザーとして独立
現在	NPO法人大学図書館支援機構理事長
	武蔵野大学・聖徳大学非常勤講師
主著	「IAAL大学図書館業務実務能力認定試験過去問題集総合目録－図書編」「同 総合目録－雑誌編」（共著）樹村房，「デジタル資源の活用を進め社会的学問的ニーズを満たす目録作成におけるRDAの可能性について」『東京大学経済学部資料室年報』7，ほか

蟹瀬智弘（かにせ・ともひろ）

1960	石川県に生まれる
1983	慶應義塾大学文学部社会・心理・教育学科卒業
1985	慶應義塾大学大学院社会学研究科修士課程修了
	（株）紀伊國屋書店などを経て
現在	藤女子大学教授（特別任用教員）
主著	『RDA入門』（共著）日本図書館協会，『NDCへの招待』（単著）樹村房，『やさしく詳しいNACSIS-CAT』（単著）樹村房，『情報資源組織論及び演習』（共著）学文社，ほか

川村敬一（かわむら・けいいち）

1948	青森市に生まれる
1976	図書館短期大学別科修了
	元獨協医科大学
2013	博士（創造都市）大阪市立大学
主著	『Broad System of Ordering (BSO)』（単著）樹村房，『主題検索の現状理解と今後の方向性について』（単著）樹村房，『Bibliography of the British Technology Index』（単著）樹村房，『サブジェクト・インディケーション』（単著）日外アソシエーツ，ほか

小林康隆（こばやし・やすたか）

1953　東京都に生まれる
　　　神奈川大学外国語学部スペイン語学科卒業
　　　東京農業大学図書館，東京情報大学教育研究情報センターなどを経て
現在　前聖徳大学文学部准教授
主著　『三訂　情報資源組織論』（共著）樹村房，『NDC の手引き』（編著）日本図書館協会，ほか

原田智子（はらだ・ともこ）

　　　学習院大学理学部化学科卒業
　　　慶應義塾大学大学院文学研究科図書館・情報学専攻修士課程修了
　　　（財）国際医学情報センター業務部文献調査課長，産能短期大学教授，鶴見大学文学部教授，鶴見大学寄附講座教授を経て
現在　鶴見大学名誉教授
主著　『情報アクセスの新たな展開』（分担執筆）勉誠出版，『改訂　情報サービス論』（編著）樹村房，『三訂　情報サービス演習』（編著）樹村房，『三訂　情報資源組織論』（共著）樹村房，『図書館情報学基礎資料　第 4 版』（共著）樹村房，『プロの検索テクニック　第 2 版』（編著）樹村房，『検索スキルをみがく　第 2 版』（編著）樹村房，ほか

渡邊隆弘（わたなべ・たかひろ）

1962　三重県に生まれる
1985　京都大学文学部史学科卒業
2003　大阪教育大学教育学研究科修士課程修了
　　　神戸大学附属図書館を経て
現在　帝塚山学院大学教授
主著　『三訂　情報資源組織論』（分担執筆）樹村房，『新しい時代の図書館情報学』（分担執筆）有斐閣，ほか

鴇田拓哉（ときた・たくや）

1978　千葉県君津市に生まれる
2001　図書館情報大学図書館情報学部図書館情報学科卒業
2003　図書館情報大学大学院情報メディア研究科博士前期課程修了
2010　筑波大学大学院図書館情報メディア研究科博士後期課程修了
　　　東洋大学文学部助教などを経て
現在　共立女子大学文芸学部准教授
　　　博士（図書館情報学）
主著　「電子資料を対象にした FRBR モデルの展開」『日本図書館情報学会誌』52(3)，『電子資料を対象とした図書館目録に対する概念モデル』（博士論文），ほか

松井純子（まつい・じゅんこ）

1959　福岡県北九州市に生まれる
1995　大阪教育大学大学院教育学研究科修士課程修了
現在　大阪芸術大学芸術学部教授
主著　『情報資源組織論』（共著）ミネルヴァ書房，ほか

現代図書館情報学シリーズ…10

三訂 情報資源組織演習

2013年11月 6 日	初版第 1 刷発行
2016年 2 月24日	初版第 4 刷
2017年 3 月31日	改訂第 1 刷発行
2019年 9 月20日	改訂第 5 刷
2021年 7 月15日	三訂第 1 刷発行
2024年 2 月29日	三訂第 4 刷

著者代表 ©　小 西 和 信
　　　　　　田 窪 直 規

〈検印廃止〉

発 行 者　大 塚 栄 一

発 行 所　株式会社 樹 村 房
　　　　　　JUSONBO

〒112-0002
東京都文京区小石川5-11-7
電　話　　03-3868-7321
ＦＡＸ　　03-6801-5202
振　替　　00190-3-93169
https://www.jusonbo.co.jp/

印刷　亜細亜印刷株式会社
製本　有限会社愛千製本所

ISBN978-4-88367-350-6　乱丁・落丁本は小社にてお取り替えいたします。